偏見から共生へ

名古屋発・ホームレス問題を考える

藤井克彦・田巻松雄 著

風媒社

はじめに

大都市を中心に、路上で野宿して暮らす人々が増えています。

この本は、「公園などの公共の場を占拠しているホームレスはけしからん」という意見をもっている人や、「難しい問題であり、どう考えればいいのか」と思っている人、ホームレスのために何か活動をしたいと考えている人も含めて、ホームレスの現実や関連する問題が気になっている幅広い人を念頭に置いて、書かれたものです。

全国的にホームレスが増大し、ホームレス問題は放置しておけない、なんらかの意味で社会的な解決が必要であるという認識が高まっています。政府も一九九九年五月に「ホームレス問題に対する当面の対応策」を出しました。しかし、何が「問題」であり、どのような「解決」が望ましいのかについては、さまざまな見方や考え方があります。二つの根本的に対立する見方を並べてみましょう。ひとつは、ホームレスが公園や駅など公共の空間を勝手に占拠して社会の秩序を脅かし、住民や市民に迷惑をかけていることを問題視するものです。このような「占拠」や「迷惑」に対する非難の論理は、突き詰めていけば「占拠」されている場所からホームレスを排除するという「解決」につながります。東京の新宿駅西口地下からの強制排除や、名古屋の「冒険とりで」からの強制排除などは、マスコミで連日大きく報道されましたし、読者のみなさんも覚えているでしょう。

もうひとつは、野宿という厳しい生活を余儀なくされている人がいるということ、そしてそうした事態が社会的に放置されていることを問題視するものです。この場合には、ある場所からの追い出しはなんの解決にもならないこと、失業して働く機会に恵まれてないことや、社会保障制度が有効に機能していないことなどが本質的な問題ととらえられ、政府や自治体が野宿をしなくてもよい施策をとることが必要な「解決」と考えるものです。

二つの対立する見方を示してみました。ホームレスに対する社会的な対応は、「問題」の中身や「解決」の方向性についての合意が得られにくいという点があることも含め、難しい課題を抱えているといえるでしょう。

さて、藤井は、今から二七年前の一九七五年に、野宿を強いられている日雇労働者の現実に関わるようになりました。直接のきっかけは、オイルショックを契機とする不況によって、名古屋でも十数人の日雇労働者が餓死・凍死したという新聞記事を目にしたことでした。「なぜ、豊かな日本の中で、自分と同じ労働者が餓死・凍死していかねばならないのか?」。これが、この現実に関わるときの問題意識でした。

田巻は、一九九〇年代はじめに、新聞紙上で目にした〈笹島体験プログラム〉〈藤井ら支援者が企画したプログラム）への参加を通して、身近なところにホームレスが存在することを知り、この問題に関心をもちはじめました。身近なところにある現実が全然見えていなかったことに気づかされたこと、中高年の男性が一杯の雑炊を求めて並んでいる光景に衝撃を感じたことなどが、関心をもちはじめた大きな誘因でした。

以来私たちはおのおのこの現実に関わってきたのですが、ホームレス問題の解決に向けて、いろいろな立場の人が事実を謙虚に踏まえながら一緒に考え、率直に話し合って、社会的な合意を目指すことが必要であるという思いを共有してきました。たとえば、公園にホームレスが寝泊まりする問題にしても、「排除」なのか「占拠を認めるのか」という二者択一的な考え方ではなく、住民の利害とホームレスのニーズを踏まえ、社会的にどのように解決していくのかを検討していく柔軟な発想が求められるでしょう。しかし現実には、事実に基づいていろいろな角度から議論がされるのではなく、感情的に、時には偏見をもったまま、特定の立場から一方的に発言がなされ、声が大きいほうの意見によって施策が決められているきらいがあります。

私たちがこの本の出版を企画した最大の理由は、主として名古屋の現実を踏まえながら、「ホームレスおよび関連する問題をどのように考えたらいいのか」について、みなさんと一緒に考えていくための素材を提供したかったからです。これまで、名古屋のホームレスの聞き取り報告書や、ホームレスの生存権訴訟といえる林訴訟の資料集など、個々の問題に関する報告書的なものは出されてきましたが、名古屋のホームレスに関するまとまった本は一冊も出版されていません。本書は、全体を包括し、わかりやすく、かつ手に入れやすいかたちでの出版を目指しました。

本書の内容や視点について簡潔に二点述べておきます。

第一に、これは全国的にいえることですが、どのような仕事をしてきた人がホームレスになっているかというと、高い割合を占めているのは日雇労働者なのです。言い換えると、日雇労働者が経済的に困窮してホームレスになるというケースが多いわけです。また、日雇労働者が通常早朝に仕事を求める場所を寄せ場といいますが、名古屋には、「笹島」（労働者からは一般にシマと呼ばれている）という寄せ場があります。ホームレス、日雇、寄せ場の問題は深く関連していて、本書ではこれらの関係におもな関心を向けています。

第二に、本書は、「生活・労働」「行政」「支援の活動や運動」の側面に比重を置いて、一緒に議論していくための素材の提供を心がけました。つまり、本書は、おもに①ホームレスや日雇労働者の生活および労働の実状、②行政はどのような政策を行ってきたのか、③支援の活動や運動の歴史と現在、④急展開するホームレス施策（国政レベルおよび名古屋の現状）と今後、の四点について報告するとともに、問題提起することを目指したものです。

序章では、名古屋におけるホームレス問題の概況を述べるとともに、本書全体の内容を概括するようにこころがけました。そのほうが、それ以降の章を読み進めやすいと考えたからです。その後の章は、個々の問題・角度から、報告や問題提起するものですが、それぞれが一応独立していますので、関心をもったところから読んでもらっても結構です。

本書が、名古屋におけるホームレスや関連する問題の現実的な理解を高めると同時に、全国各地で社会問題化しているホームレスの現実を考えるうえで、参考になることを願っています。ぜひ、みなさんのご意見をお寄せください。

なお、本書の執筆は、序章、第5章、第6章、第8章、終章を藤井が、第1章〜第4章、第7章を田巻が担当しました。

●基本用語解説

「ホームレスと野宿者」

本書では、路上で野宿して暮らす人々を指す言葉として、基本的に、「ホームレス」と「野宿者」の二つを用い、文脈によって使い分けています。一九八〇年代の中頃まで、野宿する人は一般に「浮浪者」という差別的な言葉で呼ばれていました。「野宿者」は「浮浪者」という差別語に対抗するために、寄せ場の運動や支援の側から形成されてきた言葉です。運動や支援の世界では「野宿労働者」という言葉もよく使われますが、この言葉は、野宿者も働く労働者であることを示し、「野宿者は怠けて働かない人たちだ」と思いがちな世間に対する異議申し立てという意味合いが含まれています。

一九八〇年代末頃から、欧米のホームレス問題が日本でも紹介されるようになりました。「ホームレス」という言葉は、一九九〇年代に入ってマスメディアで用いられるようになり、定着してきたものです。政府は一九九九年二月に「ホームレス問題連絡会議」を立ち上げましたが、そこでは、「失業、家庭崩壊、社会生活からの避難などさまざまな原因により、特定の住居を持たずに、道路、公園、河川敷、駅舎などで野宿生活をしている人を、その状態に着目してホームレスと呼ぶ」と定義されています。欧米では、「ホームレス」は、路上で生活する人ばかりではなく、シェルターなどの施設で生活する人も含まれるのが一般で、日本より広くとらえられています。なお、野宿する人々のあいだでは、野宿することを意味する言葉として、「アオカン」がよく用いられています。

「寄せ場／笹島」

寄せ場とは、日雇労働者が仕事を探す場所で、通常は早朝の労働市場として、労働力の売買がなされる路上およびその周辺地域を指します。規模が大きく簡易宿泊所街が形成されている代表的な寄せ場として、山谷（東京）、寿（横浜）、釜ヶ崎（大阪）があります。簡易宿泊所はドヤともいわれ、料金が安い宿のことです。ドヤの語源は、宿（ヤド）の逆語だといわれています。

笹島は、名古屋市中村区名駅南二丁目にある名古屋中公共職業安定所付近に形成されている寄せ場で、労働者のあいだでは通常「シマ」と呼ばれています。現在、笹島にはドヤ街はありません。笹島のようにドヤ街のない寄せ場は、全国に散在しています。たとえば高田馬場（東京）、原っぱ（川崎）、新開地（神戸）、ドン（広島）などがあります。

「日雇（労働者）」

「日雇」とは、労働行政上の定義では、従業上の地位を表す言葉で、「日々または一カ月未満の契約で雇われる」形態を指します。これに対し、「一カ月以上一年以内の期間を定めて雇われる」形態を「臨時雇」、「一年を超える又は雇用期間を定めない契約で雇われる」形態を「一般常雇」といいます。総務庁が毎年発行している『労働力調査年報』によると、一九九八年平均の雇用者のなかで、日雇労働者は一二六万人、そのうち建設業従事者は三〇万人となっています。

日雇労働者の就労形態は、大きく三つに分類することができます。第一は、「現金」と呼ばれるもので、文字どおりの日々雇用、つまり「その日に雇用され、その日のうちに解雇される」という形態です。これは、寄せ場でもっとも一般的な形態です。第二は、「契約（出張）」と呼ばれるもので、一定期間（一五日契約が多い）飯場に寝泊りしながら就労する形態です。飯場への手配は、駅や公園などで行われることも少なくありません。第三は、「直行」と呼ばれるもので、特定の業者と継続的な関係をもちながら、作業現場や集合場所に直接出向いて就労する形態です。

偏見から共生へ——名古屋発・ホームレス問題を考える◎目次

序章　名古屋発　ホームレスと私たち

偏見を排して考えよう

多くの人が野宿に追い込まれるという状況は、失業や労働問題あるいは社会保障制度の仕組みなどが深く関わる現代の貧困問題のひとつの表れであり、社会問題です。しかし、残念ながら日本社会に住む多くの人々は、そのことに無自覚です。

その原因のひとつは、「豊かな日本で、普通に努力をすればまあまあ豊かになれる。怠けるから、貧しくなるのだ。野宿は個人の責任だ」という考えが主流になっているからです。日本が果たして本当に「豊か」なのかどうかは大きな問題でしょうが、ホームレスは、「豊かな国」にいながら「まともな市民」になれない一部の人々の問題とみなされがちです。ホームレス自身の問題性を強調する傾向は先進諸国のなかでも特に日本で強いと思われますが、このことには、日本のホームレスの多くが高齢の男性だという事情が関係しているのかもしれません。私たちは、「今の日本のような豊かな国では、大の大人（男性）ががんばって働けばホームレスになるはずがない」と思いがちですが、こうした思いはホームレス問題への関心や目を閉じさせてしまいます。

もうひとつの原因は、ホームレスの生活や労働の実態がほとんど知られていないなかで、強い予断と偏見が存在していることです。

たとえば、昼間に公園のベンチで野宿者が寝ていたり、座っているのを見て、市民は「昼間から怠けて寝ている」「仕事も探さないであんなところでブラブラしている」と判断することが多いでしょう。「野宿者は、怠けもの」という予断と偏見があるから、そう見えるのです。そして、やっぱり彼らは怠け者だと確認します。こうして偏見や差別が再生産されるのです。しかし現実は、夜中に食べ物を探したり、廃品回収をしているために、昼間に寝ていることが多いのです。あるいは、仕事にあぶれて行くところがないので、公共の場所にいるのです。

どのような問題であれ、ものごとを予断や偏見でみないで、事実を確認し、それをもとにさらに背景を探り、何が基本的な問題なのかを考えることが必要ですが、このことは、特にホームレス問題について強調されるべきでしょう。

私たちが関わる研究者中心の団体「〈笹島〉問題を考える会」は、一九九八年に名古屋市内中心部を回って約二〇〇人の野宿者に聞き取りを行いました。ここではまず、この聞き取り結果から、野宿生活の厳しさや野宿になる原因について簡潔にふれておきます（聞き取り結果については第1章でより詳しく述べます)。

野宿生活のきびしさ

名古屋を少し知っている人は、ホームレスと聞くと、「ああ、あの若宮大通公園や白川公園でテントを張ったり、小屋で生活している人たちね」という答えをするでしょう。確かに、中心部の公園ではブルーシートや小屋は多いし目立ちやすいので、野宿＝「公園でのブルーシートあるいは小屋」というイメージとなります。しかし、聞き取りの結果では、生活場所がなく、毎日寝る場所を探して転々としている人が、約四割もいます(名古屋市から委託された二〇〇一年九月の聞き取り調査の結果では、約五割でした)。この人たちは、ビルの片隅や地下街の階段で、ダンボール(冬でも毛布一枚)で寝ざるをえないのです。テントを張っても、公園管理の職員が回ってきて、「違法だから〇月〇日までに撤去するように」という警告書が張られるので、そのたびにテントをたたみ、次の寝場所を求めて転々とする人もいます。

寝る場所の確保のほかに、食事の確保も大変な問題です。「毎日朝から晩まで食べ物をどのように確保しようかと考えている」とよく聞きます。一日に二回の食事ができない人は、六五%もいます。また、支援者が行う炊き出しでは、おかわりがもらえるならもらいたいと数時間前から並びます。また、コンビニの期限切れ弁当などをもらうために、夜中に歩き回ります。期限切れ弁当の確保も激しい競争になります。

ホームレス殴られ死亡

若い男3人 鉄パイプで襲う

中川のガード下

四日午前零時十分ごろ、名古屋市中川区若山町一、名古屋臨海高速鉄道（通称西名古屋港線）の的場架道橋ガード下の路上で人が殴られているような音がして、「痛い、痛い」という声が聞こえる、という一一〇番通報が付近の住民女性からあった。中川署が調べたところ、佐賀県生まれで路上生活者（ホームレス）の無職吉本一（はじめ）さん（五七）が座り込んでおり、約三時間後に病院で外傷性肺挫傷などで死亡した。

ホームレスが襲われた現場近くの歩道を調べる捜査員＝4日午前6時45分、名古屋市中川区若山町で

調べでは、中川署員が現場にかけつけたとき、吉本さんはガード下の歩道のほぼ中央に座り込んでいた。事情を聴くと、三人組の若い男にいきなり銀色のスプレーをかけられて襲われ、鉄パイプや素手などで殴られたと話した。

吉本さんは、目じりに血をにじませていて「体が痛い」などと訴えたため、警察が救急車を呼び中区の病院に運んだが、三時間後に容体が急変し死亡した。

中川署は傷害致死事件として捜査を始め、犯行場所の特定や襲った男ら

全国各地で襲撃多発

名古屋市内では八月十三日、路上生活者で碧南市生まれの無職男性（六九）が、中村区の旧国鉄笹島跡地でバットを持った数人の若い男らに襲われ死亡している。

また六月二十七日には名古屋城の堀端のベンチで寝ていた路上生活の男性（四七）が、男にゴルフクラブの柄で殴られた。

全国的にも、路上生活者が若者に襲撃される事件は相次いでおり、埼玉県熊谷市や東京都東村山市では中学生に襲われる事件が起きている。

名古屋市によると、市内のホームレスは今年七月の調べで約千七百四十人で昨年度より約四百人増え、五年前の約六百五十人の三倍近くになっている。市当局はホームレスの社会復帰を援助するため緊急一時宿泊施設（シェルター）を設置するなどの対策を進めているが「襲撃から守るための施策はとりようがない」（保護課）と話している。

『中日新聞』2002年12月4日（夕刊）

野宿者に対して怖いというイメージがありますが、実は野宿者とくに初めて野宿をする人は、「夜寝ようとするとき、コツコツという通行人の靴音がするとすぐに目がさめて眠られない」と言います。野宿をしていて襲われたり嫌がらせをされた経験のある人は四割もいます。たとえば、三角コーンを投げられた、空き缶・空き瓶を投げられた、ダンボールやテントをずたずたに切られた、暴走族から寝場所にガソリンを投げられた、寝場所から出て行けと言われた、若い人から襲撃を受けた、自転車や花火を投げられた、といったことが起きています。最近では、二〇〇二年八月に名古屋市中村区で、私も知っている大橋富夫さん（六九歳）が、若い男性数人に襲われ（金属バットで殴られたとされています）死亡する

りました。

事件が起こり、一二月四日には同市の中川区で吉本一さん（五七歳）が襲われて、数時間後に亡くな

想像していただきたいのですが、もしあなたが大都市の中心街で、生活などに必要なものを入れた紙袋やバッグなどを持って野宿をした場合、襲われたらどうしよう、嫌がらせに荷物を持って行かれたらどうしようと、おちおち眠れないのではないでしょうか。野宿では熟睡できないという訴えをよく聞きます。ましていつ仕事が見つかるか、いつまで野宿が続くかわからない不安な毎日です。以上のような生活では、当然心身ともに疲労し、仕事や生活をする意欲が減退することが予想されます。

よく知っている野宿者が言いました。「藤井さん、野宿に追いやられて、腹が減って、初めてゴミ箱に手を突っ込まないといけなくなった時は、たまらなかった。恥ずかしいので誰も見ていないことを確認して、手を突っ込み残飯を食べた。ああ、とうとう俺もこんなものを食べなければならないようになってしまったかと思うと、情けなかった。人間としての誇りを奪われるように思われたよ。藤井さん、野宿とは、そういうことを繰り返すことなんだよ。そのたびに人間の尊厳が奪われていくんだよ。そして、ゴミ箱に手を突っ込むことを恥ずかしく思わなくなり、人前でも突っ込むことになる。どんどん奪われるんだよな」と。これを聞いた私は、ジーンときました。長年関わっていてもこういうことは言われてみなければわからないことでした。こういう生活を誰が欲するでしょうか。

しかし、野宿生活の厳しさゆえに、野宿者同士が助けあって生活をしているという現実もあります。仕事をして稼いできた人が、働けない人に弁当を買ってきたり、いろいろ援助していますし、福祉事

務所に一緒について行ったりします。みんなで襲撃に備えたりもします。炊き出しがどこで何時にあるかなどの情報を交換しあっています。初めて野宿になった人は、どこで、どのように野宿をすればよいのかもわかりませんが、野宿の場所や仕方について親切に教えてもらったという話をよく聞きます。

野宿になる原因はなんだろう

野宿になる理由としては、「日雇仕事がない」「失職（リストラ、高齢、病気・事故・ケガ）」「離職（求職のため）」「倒産による失業」「自営業経営の失敗・倒産」など、仕事関連の理由が全体の七割を占めていました。そして、その圧倒的多くが、非自発的に仕事を失ったことに関連しています。

また、野宿者の約七割は仕事を探しているけれども十分に働けていない状況がありました。このことには、寄せ場・笹島では日雇求人が少ないことや高齢者が敬遠される状況があること、職安で仕事を探すことがとても難しいことなどが大きく関係しています。仕事を探していないと答えた人の多くは、仕事がないこと、高齢や病気・ケガで働けないことを理由としてあげています。

このように、野宿になる最大の原因が失業であることははっきりしています。最近、東京や大阪で大規模な野宿者調査が行われていますが、そこでも、野宿にいたる最大の問題は失業問題であるとの同様の結果が出ています。

野宿者はどのくらいいるのか――「平成大不況」下のホームレス

全国的に野宿する人が増えはじめ、ホームレス問題が注目されるようになったのは、バブル経済崩壊以降の「平成大不況」下においてです。名古屋でも、野宿者は一九九二年頃から急激に増えはじめ、市内中心部で一九九三年には四〇〇人近くとなり、九六～九七年には五百数十人となりました。さらに、九八年春頃から急増しています。また市当局の調べで市内全域で現在一七〇〇人を超えています（次ページの数値を見てください）。

参考までに全国の状況を示しておきます。政府は一九九九年三月に初めて全国のホームレス概数を発表しましたが、その数は一万六二四七人でした。二〇〇一年九月末では、ホームレスは合計二万四〇九〇人にまで増えています。この時の内訳は、五大都市（東京、大阪、名古屋、川崎、横浜）で一万七〇八一人、その他指定都市で一九〇〇人、中核都市および県庁所在地で一六八四人、そのほかの市町村で三四二五人でした。

二〇〇一年九月の愛知県当局の集約によると、名古屋市以外では、豊橋市一七七人、一宮市二七人、春日井市二六人、岡崎市二五人、安城市一五人、刈谷市一四人、豊田市一一人、日進市一一人、東海市一〇人、などとなっています。

もとより、野宿している人の数的な把握は難しいですから、実際にはもっと多くの野宿者がいるものといわれています。

「野宿労働者の人権を守る会」が市内中心部の夜回りをして出会った野宿者数

年	1991	1992	1993	1994	1995	1996	1997	98/2	98/7	99/5
野宿者数	230	289	382	434	480	521	532	539	898	909

（注）毎週金曜日夜回り：市内の一部である名古屋駅・栄・若宮大通り周辺

名古屋市当局が公園・道路などのテント・小屋などから確認した野宿者数

	公園	道路・橋梁下	名駅・栄等繁華街周辺	合計
1997年	423	119	103	645
1998年	461	117	180	758
1999年	642	167	210	1,019
2000年	830	186	188	1,204
2001年	944	210	164	1,318
2002年	1,122	252	364	1,738

（注）名古屋駅などの繁華街周辺は、健康福祉局調査（各年5月－6月　夜間）
公園、道路・橋梁下は、緑政土木局調査（公園：5月、道路など：6月　昼間）

以上のような野宿者の急増は、不況と産業構造の変容による失業の増大や労働条件の悪化に大きく起因していると考えられます。また、日雇労働の経験がないサラリーマンなどがホームレスになるケースも増えています。

戦後名古屋における野宿者の大まかな変容

ホームレス問題への注目は「平成大不況」下で高まったわけですが、いろいろな事情で野宿する人はいつの時代にもいました。戦後名古屋における野宿者の変容を大まかに跡づけておきましょう。

まず、野宿する人の存在が顕著だったのは、戦後から昭和三〇年代前半までのいわゆる敗戦による混乱と窮乏の時期です。復員・引き上げや失業が野宿のおもな原因でした。当時、定まった住居がなく野宿する人は「浮浪者」と呼ばれていました。名古屋市の資料をみると、一九五八年二月二五日現在の名古屋市全域での「浮浪者」数は、小屋がけ「浮浪者」(仮小屋的住居で生活しているもの)二三九二人、更生施設(生活保護施設)に収容されている「浮浪者」約一二〇〇人、徘徊「浮浪者」一七六人と報告されています。そして、徘徊「浮浪者」は名古屋駅を中心にほぼ二〇〇人前後が固定層ととらえられています。

その後、日本は一九七〇年代まで高度経済成長を経験しますが、この時期は、名古屋の笹島をはじめ、全国的に寄せ場が拡大した時期でした。高度経済成長を実現するには、都市部で多くの工場の建設、輸送網としての高速道路・新幹線の建設、港湾の整備などが必要であり、そのためには建設業を支える膨大な日雇労働者が必要でした。この時期は、政府がエネルギー政策を石炭から石油に転換させたことで石炭産業が斜陽化すると同時に、六一年の農業基本法により零細農家の削減がもくろまれて農業が衰退した時期であり、地方や農村で職を失った人々が都市部に吸引されて寄せ場に参入しました。笹島診療所で受診する労働者は、地元の東海地方出身者の次に九州出身者が多く、その次に東北出身者が多かったことは、このことと関係があると思われます。それはともかく、大都市の寄せ場は、早朝から日雇仕事を求める若年労働者を含む多くの労働者で活気にあふれていました。この時期には野宿者は少数であったと推測されます。

オイルショック以降の不況

しかし、一九七三年のオイルショックを契機として日本の経済が長期の不況に突入してからは、寄せ場を中心に各地に失業者が増え、多くの日雇労働者が野宿を強いられるようになりました。「はじ

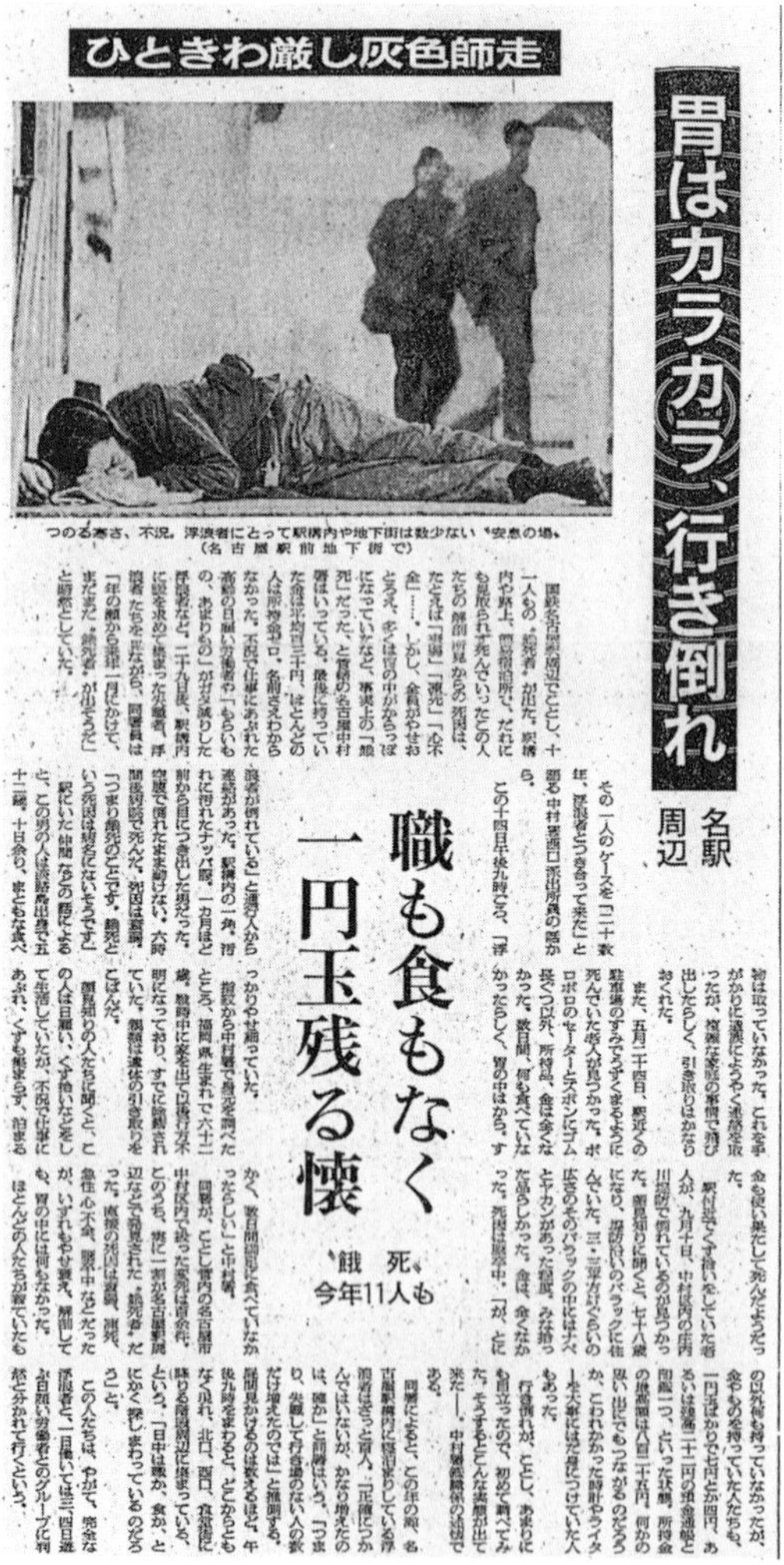

『朝日新聞』1975年12月30日

めに」で書いたように、不況で日雇労働者が餓死や凍死しているという新聞記事を私が目にしたのは七五年のことです。この頃、一〇〇人前後が名古屋駅構内で寝泊まりしていました。また、名古屋駅構内で行う炊き出しには、名古屋駅・笹島周辺から五〇人～一〇〇人くらいが集まっていました。そして、年末年始には、仕事につけていた労働者も飯場などから出されるために、その数は二〇〇人くらいにもなりました。

オイルショック以降、日雇労働者の失業と野宿は恒常的な問題として存在し続けてきたといえるでしょう。日本の経済は一九八六年頃から「バブル景気」によって好況を迎えるわけですが、この時期にも仕事につけず野宿している日雇労働者は少なくありませんでした。名古屋駅・栄・若宮大通りなど名古屋市内中心部を夜まわりしているグループが出会う野宿者数は、二百数十人でした。高齢化したり病弱化した野宿者が仕事につけなかったという事情が大きく関係していたと考えられます。


社会保障制度の不備や違法な運用が野宿者を生み出している

「失業したからといっても、日本には社会保障制度などがあるではないか」という声が聞こえてきます。まず一九四九年に施行された緊急失業対策法ですが、政府は「戦後は終わった」ということで、八〇年代から失業対策を縮小してきました。そして、皮肉にも戦後最大の不況の最中の九五年、存続を望む反対の声を押し切って法律を廃止し、失業対策は打ち切られました。

次に社会保険制度ですが、日雇労働者にも雇用保険や健康保険があります。しかし、日雇労働者の場合には、両制度とも二カ月に二六日以上働いて、二六枚以上の印紙を雇用主に貼付してもらわねば、受給資格がありません。今のように仕事自体が少ない状況では、一カ月に一三日も仕事につけるのはほんの一部の人だけです。したがって、この制度は多くの人にとってほとんど意味のないものになっています。しかも、仕事に行っても業者が必ずしも印紙を貼らない（違法です）という問題もあります。

年金制度は、日雇労働者の場合は国民年金に入っていなければなりませんが、彼らは転々と仕事を求めて移動してきた場合が多く、国民年金保険料をきちんと納めていた人は皆無に近いでしょう。日雇ではなく定職についていた人で、厚生年金を二〇年以上掛けていた人は年金受給資格があり、また五年以上掛けていた人は最近までは脱退一時金をもらえていましたが（現在はもらえない）、野宿者のなかではきわめて少数です。

生存権の最後のセーフティーネットである生活保護法はどうなっているのでしょうか。生活保護法は、資産・能力を活用しても、またほかの制度を利用しても最低限度の生活ができない場合、最低生活を保障し自立を助長する制度です。しかし、「定まった住居がないから生活保護を受けられない」「稼働能力があるから保護は受けられない」という違法な運用が全国的に行われており、日雇労働者などが失業をして生活に困窮し簡易宿泊所（ドヤ）代や家賃が払えなくなっても、福祉事務所で門前払いとなって野宿を強いられるという状況があります。そして野宿に追い込まれると、いっそう生活保護が受けにくくなるのです。このことに関しては、名古屋の日雇労働者である林勝義さん（当時五五歳）が一九九四年に裁判を通して問題提起し、一審勝訴で全国的に大きな影響を与えましたし、近年、新聞などでもその違法な運用が問題にされています。

結局、日雇労働者や不安定就労者などが失業しても、社会保障制度が不備であったり、生活保護制度が違法に運用されることなどによって野宿に追い込まれ、さらに死に追い込まれるという現実があるわけです。名古屋でも毎年数十人の野宿者が死に追いやられているのです。

あらためて言いますが、ホームレス問題は、失業問題や労働問題、社会保障制度の仕組みなどが深く関わる現代の貧困問題であり、社会問題です。この理解を通じて、日本社会を支えている仕組みやその問題性が視野に入ってくるはずです。ホームレス問題と向き合うことで、彼らに強い予断と偏見を抱きがちな私たち自身の意識・価値観や生活のスタイルも問い直されることにもなるでしょう。私たちの世界と一見無関係に見えるホームレスや日雇労働者の生活や労働は、実は私たちとさまざまな点でつながっています。以下の章では、本章で簡潔に触れた現実や論点をより詳しく述べていきます。

I

野宿生活と日雇労働の理解のために

第1章　野宿して暮らすということ
——九四年および九九年聞き取り調査をおもな手がかりとして

　私は、過去に三回、路上で夜を明かしたことがあります。そのうち二回はホームレス支援のためのボランティア活動に関わるようになってからのことです。野宿している人たちが就寝中にたびたび襲撃されたりいたずらされるということがあり、いわば監視や防衛のために野宿者と支援者が一緒に野宿をしたわけです。この時は夏の暑い時期でした。もう一回はもう随分前になります。二〇代の後半、まだ学生をしていた時ですが、東京に出かけた日に最終電車に乗り遅れて、しかも安いホテルにも泊まれるだけのお金を持ち合わせていなかったこともあり、上野駅周辺で野宿をしました。かなり酔っていたのではっきり何時とは覚えていないのですが、夜中に駅から外に出るように言われ、外で寝ざるをえませんでした。確か一一月の寒い日でした。どうして駅の中で寝させてくれないのだろうと思ったものです。その夜はおちおち寝られませんでした。原因は二つありまして、ひとつは寒かったこと。新聞紙がいくらか寒さを和らげてくれて、大げさではなく新聞紙のありがたさを感じました。もうひとつは、寝ている近くを絶えず通行人などが通るのですが、その存在が気になったこと、そして「何かされるのではないか」という不安や怖さを感じたことです。全然知らない人たちが行き来する空間に身をさらすわけですから、安心して寝られるはずがないのかもしれません。逆に、近くの路上で寝ている人たちが結構いたのですが、そのことで妙に安心できたことも覚えています。

実は、最初の野宿の体験は長い間頭から離れていませんでしたが、ホームレス問題に関わるようになってから、そういえばこういうこともあったと思い出したものです。もちろん、こうした体験があるからといって野宿生活の厳しさを少しは知っている、などというつもりは毛頭ありません。ただ、寒さと不安で寝られなかったことをよく覚えているのは事実です。

私たちは、野宿する人たちの生活・仕事の状況や、野宿することで直面する問題などについてほとんど知りません。もちろん、私たちの多くは野宿体験がないわけで、野宿生活の状況について知らないことはいわば当然でもあるでしょう。しかし、知らないことは勝手なイメージが一人歩きしてしまう大きな原因になります。「ホームレスは働くことを嫌がる勝手気ままな自由を求めている人たち」という見方は、その最たるものでしょう。ホームレスをめぐる問題について考えるには、まず、野宿して暮らすことの現実を少しでも知ることが必要であるといえるでしょう。そして、ホームレスをめぐる問題には経済や政治・行政の仕組みおよび社会の制度・価値観などさまざまなことが関わっていて、それらを多面的にみることが欠かせません。

この章では、名古屋で九〇年代に行われた二つの野宿者に対する聞き取り調査を通してみえてくる野宿生活の基本的な状況や特徴をまとめます。調査結果を全体的に示すのではなく、第2章以下の内容との関連を踏まえ、いくつかの側面に焦点をあてて述べたいと思います。

調査の概要

二つの調査について、まず、概要を示しておきましょう。

一つ目の調査は、「〈笹島〉の現状を明らかにする会」（以下、「明らかにする会」）が九四年一二月に行ったものです（以下、「九四年調査」）。「明らかにする会」は、名古屋の寄せ場である笹島と関連する諸問題に関心をもつ支援関係者と大学関係者の有志のメンバーが、野宿者に対する聞き取り調査を行うために作ったものです。〈笹島〉という表現は、名古屋において野宿者と日雇労働者が生活、労働、住居などの面で直面している諸問題の総称を指す言葉として使われました。「明らかにする会」は二日間で六四人の野宿者から聞き取りを行いました。平均年齢は五五・三歳で、六四人中六三人が男性でした。この聞き取りのおもな目的は、①ある程度まとまった野宿者に対する聞き取り調査は名古屋では初めてだったこともあり、生活、労働、健康面、福祉事務所に相談に行ったときの体験など、野宿者の現状をできるだけ多面的に聞くこと、②なかでも野宿者の多くが生活に困ったり健康を損なったりして福祉事務所に相談に行っているという状況を考慮し、福祉事務所に行ったときの体験、入院や生活保護施設に入所したことなど、福祉に関することを細かく聞くことでした。

二つ目の調査は、「〈笹島〉問題を考える会」（以下、「考える会」）が九九年八月に行ったものです（以下、「九九年調査」）。「明らかにする会」の活動は、「九四年調査」の結果を報告書にまとめてからは中断していました。その後、「明らかにする会」を構成したメンバーのなかから、自治体行政の問題を集中的に議論する場を作り、「〈笹島〉に関わる行政の分析と政策提言を骨子とする報告書の作成」を目的とする会を発足させたいとの提案が出され、この提案に沿って九七年四月に発足したのが、「考える会」です。「考える会」で、〈笹島〉という表現は前記のものと同じ意味で使われています。「考える会」は、三日間を使って一九九人の野宿者から回答を得ました。平均年齢は五四・八歳で、一九九人中一九六人が男性でした。「考える会」が行った聞き取りのおもな目的は、野宿者が急増する（名古屋では九八年四月頃から野宿者が急増しました）背景や状況を、特に就労問題の観点からとらえること、およびホームレス問題に対する従来の行政施策の問題点を明確化し、新たな展望を示すための基礎的なデータを得ることにありました。

「九四年調査」の結果は『名古屋〈笹島〉野宿者聞き取り報告書――生活・労働・健康・福祉』（一九九五年一〇月）およびその概要版（一九九六年五月）が、「九九年調査」の結果は『1999名古屋野宿者聞き取り報告書（速報版）』（一九九九年一二月）として刊行されました。なお、「考える会」の別の報告書として、『〈笹島〉問題をめぐる現状と政策提言――寄せ場と野宿』（一九九八年八月）があります。

初めて野宿をした時の心境――不安と寂しさ

「九四年調査」では、初めて野宿をした時の状況や心境を聞きましたが、恐怖や不安を感じる、眠れない、孤独・寂しい、辛い、などの回答がありました。ここでは、何人かの声を載せておきましょう。

「怖かった。どこに寝ていいかわからないし、寝場所探すのに一日かかった。公園のベンチにダンボールをしいて、そのうえにもダンボールをかぶった。初めは怖くてしようがなかった」

「寒くて寝られんわ。寝ているあいだに襲われないか不安だった」

「寒い時、こんな生活かと思った」

「襲われないかと思い怖い。腹減る。惨めになる。辛い。大阪のシノギ（路上強盗のこと。突然襲い金品などを奪う）の話を聞いていたので怖かった。予防のために人の多いところで寝た」

「不安でしたね。自分の私物を泥棒にとられないか、健康のこと、仕事の安定などについて不安。親族にも相談できないし」

「不安も不安。夜中にこんなところに寝るなんて想像もつかん。不安どころじゃない。淋しくて寒かった。風が吹いて寒い思いをした」

「ほりゃ怖かった。人がいつ来るかわからんので。淋しさでいっぱい。最初は誰でも眠ることはできないだろう。座り込んで一時二時くらいまで起きていたり、朝まで寝ないでいることが多かった」

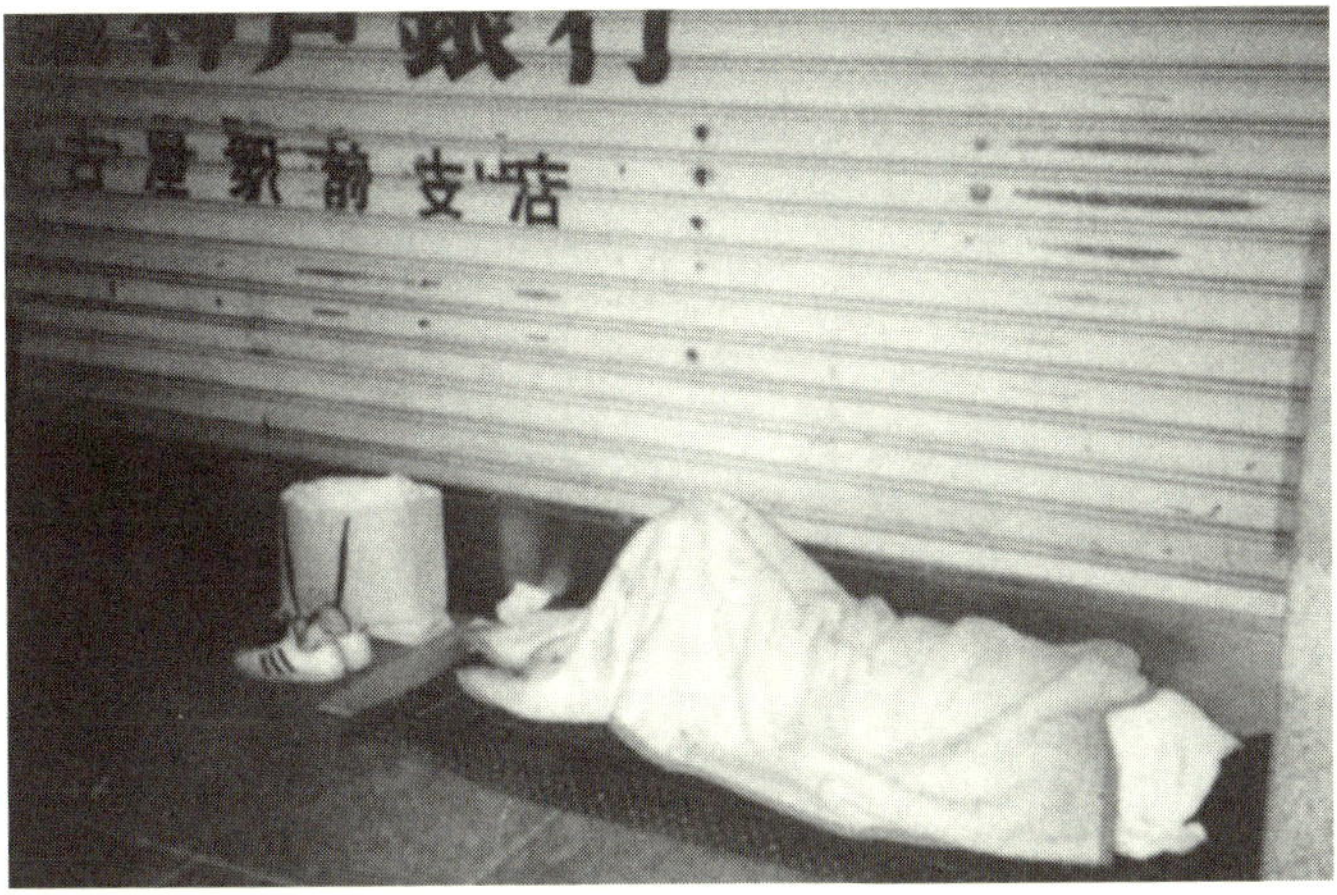

名古屋駅のビルの前で野宿する労働者

嫌がらせや危険な目

二つの調査では、「野宿するようになってから、寝場所を追い出されたり、嫌がらせを受けたり、危険な目にあったことはありますか」という内容の質問を聞いています。その結果は、「九四年調査」では五六・三%、「九九年調査」では三九・三%の人が「経験あり」と答えています。「九九年調査」のほうが数値が小さいですが、嫌がらせや危険な目にあうことが少なくなっていると単純に解釈すべきではありません。こうした経験の有無は野宿の形態によっても影響を受けるでしょう。一般に、新聞紙やダンボールを使って野宿する人たちは、小屋掛けやテント層より襲撃やからかいを受けやすいと考えられます。「九四年調査」では野宿形態については聞いていないので比較はできませんが、「九九年調査」では小屋掛けとテント層が半数以上を占めていて、このことが前記の数値に反映されているのかもしれません。いずれにせよここで重要なことは、四割から六割の人がこのような事態に直面しているという事実です。「嫌がらせや危険な目にあうこと」と「寝場所を追い出されること」は、性格が異なる問題ともいえるので、分けてみていきましょう。

まず、嫌がらせや危険な目とは、具体的にはどのようなことなのでしょうか。「序章」でも若干述べられていますが、以下は、「九九年調査」で自由に回答してもらったものの一部です。

「飲んで酔った人が喧嘩をうってくる」「三角コーンや空き缶を投げられた」「酔っ払いにからまれることが多い。毛布や鞄を取られたり、段ボールをずたずたにされた。ビルの軒下にいたときは氷を投げられたり、酔っ払いに鞄を引き裂かれた。警察に訴えるも、聞く耳持たず」「寝ているとき頭元に置いていた鞄の中から失業保険証や雇用保険証等を盗まれた」「暴走族に寝場所にガソリンをまかれてたばこの火をつけられた」「サラリーマンなどが道を通る時に嫌がらせと感じることをいう。暴走族は恐い。夜、公園内には入ってこないが公園の外で棒を持っている時があり、たまに殴ってくることがある」「ゴミ袋を投げられた」「自転車を住んでいる所に放り込まれたり、花火を投げ込まれたりして、一緒にいる仲間がやけどしたり、亡くなったりした」「靴が盗まれたり、花火が仕掛けられたりする」「酔っ払いにものを投げられた」「小屋に火をつけられる」「酔っ払いやシンナーを吸う若者、花火やりにくる人などが恐くて夜は眠れない」「寝ているテントの周辺を、夜うろうろする人がいてテントを突いたりされた」「つばを吐く」などなど。

生命の危険に直結するものも含め、どれも悪質なものばかりです。また、「ゴミ袋を投げる」ことや「つばを吐く」といった行為は、野宿している人たちに対する侮蔑感を象徴的に表しているものといえるでしょう。

全国的にも野宿者に対する嫌がらせや襲撃は数多く起きていますし、命を奪うまでにいたったケースもいくつかあることにも触れておきます。二〇年近く前の話になりますが、横浜で起きた少年たちによる「浮浪者」殺傷事件を覚えている方や知っている方がいるかもしれません。当時、野宿している人は、「浮浪者」という差別的な言葉で呼ばれるのが一般的でした。この事件が大きな社会的関心を呼び起こしたのは、中学生らによる無差別殺傷であった点、「おもしろ半分に」襲い、しかも「浮浪者」をくずかごに入れて引き回すなど残忍であった点、そして罪の意識がほとんどなかった点で衝撃的だったからです。「浮浪者は抵抗しないので面白半分にやった」「横浜の地下街がきたないのは『浮浪者』がいるから。おれたちは『浮浪者』狩りをやろうとした」と、少年たちは語っていました。

残念ながら、類似の事件は最近でも相次いで起きています。たとえば、若者のいたずらが原因で野宿者が道頓堀に落ちて水死してしまった事件（大阪、九五年一〇月）、一〇代の若者数人が野宿者二人を襲撃、一人を死なせた事件（東京代々木公園、九六年五月）、若者が野宿者に油をかけ火をつけた事件（大阪日本橋、二〇〇一年七月）、中三男子が野宿者を蹴って死亡させた事件（大阪天王寺、二〇〇一年九月）などがあります。また、以下の落書きは東京の渋谷のある公衆トイレの中で見つかったものです（二〇〇一年八月）。「渋谷極悪連合少年部隊　中高生諸君我等とともに宮下および代々木公園内のホームレスを皆殺しにして公園をきれいにしようぜ！　ホームレスは絶対抵抗しないのでかんたんだ。一人一人殺そうぜ！」。そして、名古屋でも二〇〇二年八月に笹島貨物駅跡で大橋富夫さん（六

毎年8月中旬に行われる笹島連絡会主催の合同追悼集会後の焼香

九歳）が夜中に若い男性四人から手や足を切られた上に金属バットで殴られ死亡するという痛ましい事件が起きました。ここでは六月頃から若者が何度か襲撃を繰り返していた、という野宿仲間の話があります。

一二月四日に中川区で亡くなられた吉本一さん（五七歳）の場合は、以前テントが放火により焼失させられたために、近くの公園に移動して野宿をしていました。四日午前零時過ぎに近くのガード下で「痛い。痛い」とうめき、「三人組の若い男にいきなり銀色のスプレーをかけられて襲われ、鉄パイプなどで殴られた」と話していたのですが、数時間後に病院で亡くなりました。

野宿者に対する襲撃や嫌がらせがあとを絶たないという現象にはさまざまな要因が絡んでいるでしょうが、ごく一部の人たちによる悪質な行為として片づけられる問題ではなく、野宿問題に対する無理解と野宿する人たちを侮蔑しがちな社会的風潮が深く関わっていることは間違いありません。

襲撃や嫌がらせが絶えない状況のなかでは、安心して寝ることや暮らすことがいかに容易でないことか、想像に難くないでしょう。野宿問題に接していると、私たちが自分自身の定まった住居を持っているということは、何よりも安心して暮らすことのできる空間を持っていることだということに気づかされます。

追い出しの問題

「九四年調査」では、「現在主にどういうところで野宿していますか」という質問をしています。その結果は、三割強の人がビル・公園の軒下・植え込みで、約三割が公園、その次に高速道路の下、と続きます（複数回答）。野宿の場所を選んだ理由をみると、六割以上の人が「雨風をしのげる」をあげていてもっとも多く、以下、トイレに近い（二五・〇％）、仕事場に近い（二三・四％）、親切な人がいる（二一・九％）、追い出されにくい（一八・八％）、食事が確保しやすい（一二・五％）、と続いています（複数回答）。雨風、トイレ、仕事、食事といった問題は、いわば生活していくための基本的かつ絶対的な条件といえるでしょうが、二割ほどの人が「追い出されにくい」をあげていることも注目されます。実は、追い出しあるいは退去の問題は、襲撃や嫌がらせとは別の意味で、安全な野宿場所の確保が難しいという問題と深く関わっています。

野宿者が公園、駅、道路などの公的な空間に寝泊りしている場合、法律的には、公的な空間を不法

高速道路高架下にいた野宿者が追い出され、野宿できないよう金網が張りめぐらされた

に占拠している「不法占拠者」とみなされます。それらの公的空間は、本来別の用途をもつものですから、野宿者の「不法占拠」はさまざまなトラブルの原因にもなります。たとえば、野宿者の存在によって憩いの場であるべき公園の安全かつ快適な利用が困難になっているとみなされるような身近な例もありますし、行政が推進する都市の開発・再開発にとって野宿者の存在がじゃまなものとみなされることもあります。勝手に「不法占拠」して社会に迷惑をかけている点から野宿者の存在を問題視する立場は、突き詰めていけば、「占拠」されている場所から野宿者を追い出すという「解決」に行きつきます。九六年一月に東京都は新宿駅西口地下に野宿していた人たちを「動く歩道」設置の目的で強制退去させましたが、これは日本でこれまでに行われた強制撤去のなかでもっとも規模が大きかったものです。アジアの大都市のスラム住民がスラムから強制退去させ

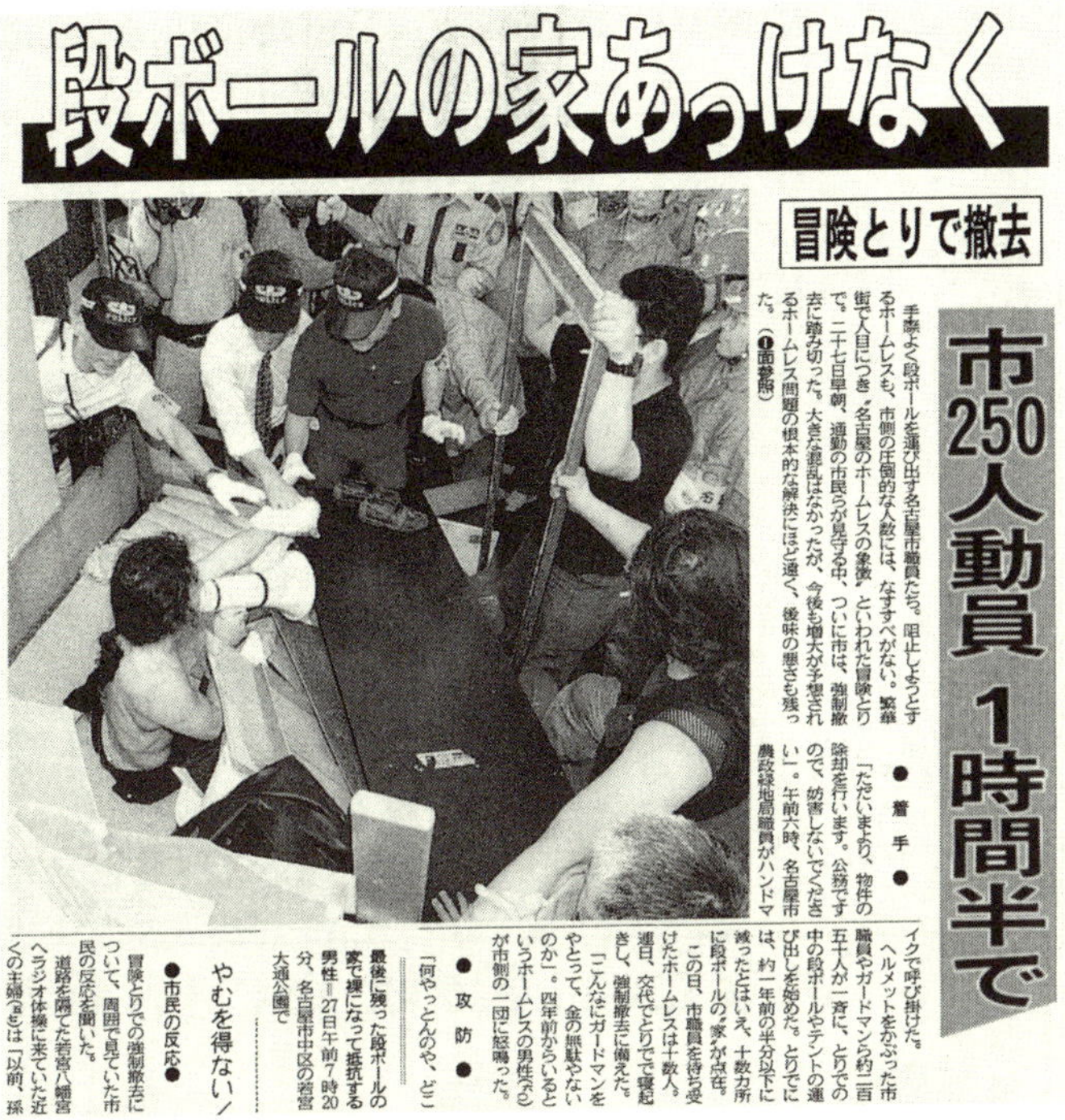

段ボールの家あっけなく

冒険とりで撤去

市250人動員 1時間半で

手際よく段ボールを運び出す名古屋市職員たち。阻止しようとするホームレスも、市側の圧倒的な人数には、なすすべがない。繁華街で人目につき〝名古屋のホームレスの象徴〟といわれた冒険とりで。二十七日早朝、通勤の市民らが見守る中、ついに市は、強制撤去に踏み切った。大きな混乱はなかったが、今後も増大が予想されるホームレス問題の根本的な解決にはほど遠く、後味の悪さも残った。（❶面参照）

●着　手●

「ただいまより、物件の除却を行います。公務ですので、妨害しないでください」。午前六時、名古屋市農政緑地局職員がハンドマイクで呼び掛けた。

ヘルメットをかぶった市職員やガードマンら約二百五十人が一斉に、とりでの中の段ボールやテントの運び出しを始めた。とりでには、約一年前の半分以下に減ったとはいえ、十数カ所に段ボールの〝家〟が点在。

この日、市職員を待ち受けたホームレスは十数人。連日、交代でとりでで寝起きし、強制撤去に備えた。

「こんなにガードマンをやとって、金の無駄やないのか」。四年前からいるというホームレスの男性([illegible])が市側の一団に怒鳴った。

●攻　防●

「何やっとんのや、どこ

最後に残った段ボールの家で裸になって抵抗する男性＝27日午前7時20分、名古屋市中区の若宮大通公園で

やむを得ない／

●市民の反応●

冒険とりでの強制撤去について、周囲で見ていた市民の反応を聞いた。

道路を隔てた若宮八幡宮へラジオ体操に来ていた近くの主婦([illegible])は「以前、孫

『中日新聞』1997年8月27日

られたという話も時々聞きますが、事の本質は同じで、スラム住民が公的空間を「不法占拠」しているということが絡んでいます。また、民間の私有地に野宿している場合は、その土地の所有者あるいは管理者と野宿者とのあいだにトラブルが発生しがちになります。

名古屋では、一九九七年八月に中区若宮大通公園の「冒険とりで」を居場所とする十数人の野宿者が強制退去されています。名古屋での大規模な強制退去は、七七年に名古屋駅構内の野宿者を締め出すために、当時の国鉄が同駅を夜間全面閉鎖して以来のことです（第5章を参照）。冒険とりででは、子供

向けの木製遊具です。若宮大通公園は市内でも野宿者が多いところですが、特に冒険とりでは四〇人ほどの野宿者が寝泊りしていて、子供の遊び場が「占拠」されていることに対する地元住民の不満も強く、「占拠」をめぐる名古屋のホームレス問題を象徴するようなところでした（『中日新聞』一九九七年八月二七日）。同公園の野宿者は、前年夏から橋脚の耐震補強工事が進められるなかで、市の自主退去要請に応じるかたちで野宿場所を移動していました。しかし、冒険とりでに住む野宿者は、耐震工事と冒険とりでをスポーツ広場に作り変える再整備計画の通告に対して、「野宿者追い出しを狙ったものだ」「出て行くところがない」と反発したため、冒険とりでは、名古屋市と野宿者の対立の焦点になっていたわけです。野宿者および支援者は名古屋市当局に話し合いを求めましたが、当局は話し合いに応ぜず、結局、最後まで抵抗した十数人の野宿者が強制退去されました。また、九八年九月には、名古屋市は同じく若宮大通り公園に住む野宿者の小屋や荷物を「行政代執行法」に基づき撤去しています。この撤去に加わった市の職員は、「人の迷惑になっているという現状がある。市民の大事な財産を個人が占拠することは容認するのは無理」という内容の発言をしています（「報道原人」『排除か共生か――公園占拠と人権の間で』一九九八年一〇月一七日放送、東海テレビ）。

コラム「行政代執行」

法律による命令を受けた者が従わず、公益に反すると行政が判断した場合、その者がすべき行為を官庁が代わって実行することを認めた制度を指します。

一九九八年九月、名古屋市は、中区の若宮大通公園を居場所にする野宿者が荷物の移動の求めに応じないとして、初めて行政代執行法を適用しダンボール箱などで作った小屋などを強制的に撤去しました。これは、全国的にも野宿者に対して行政代執行が行われた初めてのケースです。

ちなみに、一九九六年一月、東京都は新宿駅西口の「動く歩道」設置でダンボール小屋などを撤去しましたが、この時は行政代執行法による手続きをとらず、撤去作業を妨害したとして逮捕された支援者二人が、その後、第一審判決で無罪になった経緯があります。


民間の私有地をめぐる「占拠」と追い出しの事例として、一九九〇年代はじめ名古屋駅前の「大名古屋ビルジング」が設置したフラワーポットの例をみましょう。このビルの軒下には、常時三〇人程度の人が野宿していました。ビルが駅や寄せ場の笹島に近く、野宿する日雇労働者にとって便利な場所であったこと、また軒下は雨を妨げる構造になっていたことが、野宿者の多い基本的な理由でした。ところが、このビルを管理する会社が野宿者の寝ていたところに計一七個のフラワーポットを設置したため、結果として、十数人の野宿場所が奪われることになったわけです。このフラワーポットの設置問題は、野宿者と支援者が、野宿者の排除であるとしてビル管理会社の責任を追及することで表面化したものです。ビル管理会社の言い分は、フラワーポットの設置はビル街の美化や安らぎを目的に設置したものであり、しかも敷地内であるから撤去するつもりはないということでした。これに対し支援者側は、野宿者の野宿せざるをえない状況と、「美化」のもとでの実質的な追い出しが野宿者の生存の危機に直結する問題であると訴え、軒下で野宿することへの理解と寛容を求めました。いわば、町の「美化」か、野宿者の「人権」か、ということが大きな争点となったわけです（『中日新聞』一九九二年六月一日）。

規模が大きく社会的関心を集めた追い出しの事例を紹介しましたが、目立たないかたちでの追い出しも少なくないようです。「九九年調査」でも、以下のような回答がありました。「駅で座っていると警察からここに座るなと言われた。駅のテレビのあるところで地べたに座っていたら住民にじろじろ見られる」「名古屋駅ガードマンに『ここで寝たらダメ』と言われる」「笹島JR跡地ガード下にいたら、A社から『出ていけ』と言われた」「栄にいた時、名古屋市土木局が『観光地だから昼間は目立たないようにブルーシートを畳んでくれ』と言われ移動した」「役所の『立ち退き』のビラがテントに貼られる」。

追い出しをめぐる問題は、行政の方針や論理、住民・市民の意見や利益、土地所有者・管理者の立場、野宿者の要求などが絡んでいて、一概にどの立場が正しいなどといえる問題ではありません。ただ、確実に指摘できることとして以下の二点があります。ひとつは、野宿する人が増えるにともなって、安全・安心な野宿場所の確保が難しくなると同時に「占拠」をめぐるトラブルが発生しやすくなること、そしてもうひとつは、強制撤去という方法では野宿生活をめぐるトラブルは何ひとつ解決されないということです。

食事と健康面

両調査とも食事の回数および方法と健康状態について聞きましたが、一日三度の食事がとれていない人および野宿生活のなかで健康を悪化させている人が多いという結果が出ています。

「九四年調査」での一日の食事の回数（最近一週間）は、二回が四二・二％でもっとも多く、三回三二・八％、一回一〇・九％、あまり食べていない四・七％と続いていて、二回以下の人が七割近くに及んでいます。食事の方法（複数回答）では、支援団体による炊き出し利用が七六・六％でもっとも多く、商店などの残り物五三・一％、仲間から三四・四％、外食・購入三一・三％、自炊一四・一％と続きます。

「九九年調査」での一日の食事の回数（過去二カ月）は、やはり二回が三四・二％でもっとも多く、三回二七・〇％、一回一六・三％、あまり食べていない九・二％となっていて、二回以下が七割を超えています。食事の方法（複数回答）では、支援団体による炊き出し利用四七・七％、自炊三六・七％、仲間から三二・七％、商店などの残り物三〇・七％、外食・購入二九・一％となっています。

「九九年調査」の結果は、「九四年調査」に比べると、炊き出し利用や商店の残り物の比率が減り、逆に自炊の比率が高まっています。しかし、いずれにせよ、全体的に三度の食事をとれていない人が多いこと、および炊き出しや商店の残り物など、他人からの援助に頼っている人の多さが明らかで、野宿生活の厳しさが表れています。また、仲間からの援助がいずれも三割を超えていて、野宿者間の相互扶助が一定程度行われていることがわかります。参考までに、野宿労働者の人権を守る会が名古屋市中心部での夜回りで確認している野宿者数は、九四年五月で平均五五二人、九九年五月平均九〇九人で、名古屋炊き出し連絡協議会が名古屋駅と栄の二カ所で同時期に行った炊き出しの平均利用者数は、それぞれ三五二人、五七一人でした。この数値から、野宿者のなかで炊き出しを利用している人の割合を試算すると、それぞれ六三・八%、六二・八%となります。名古屋炊き出し連絡協議会が行っている炊き出しは、越冬期の一部などを除いて、通常は雑炊がメニューです。一杯の雑炊を求めて多くの野宿者が列をなしている光景が思い起こされます。

健康面に関して、「九四年調査」では、「野宿するようになってから身体の調子はどうですか」という質問をしましたが、五六・二%の人が「悪くなった」と回答しました。また、四五・三%の人が救急車を利用した経験をもっていました。「九九年調査」では、「日ごろの健康状態について、気になっていることはありますか」と聞きましたが、「問題あり」と回答した人の割合は六二・八%でした。健康面の問題と野宿生活との直接的な因果関係を明らかにすることは難しいでしょうが、安心して寝られないことや満足に食事をとれないことなどが、直接間接に健康に悪影響を与えていると考えて間違いないでしょう。なお、野宿者のなかには少々体調が悪くても調子が悪いとは言わない人が少なくないのですが、このことにも留意が必要です。

福祉事務所に相談に行ったときの経験

「九四年調査」では、福祉事務所に相談に行った時の経験を聞いています。福祉事務所は生活保護の相談の窓口です。野宿者の相談に対する福祉事務所の対応から、名古屋市の生活保護行政の現状や問題点がみえてきます。

六四人の野宿者のなかで、福祉事務所の相談経験者は四二人でした。相談経験者には、「初めて行ったとき」と「最近行ったとき」という区分で最高二回までの経験を聞きました。四二人のうち二八人からは二回の相談経験について回答を得たため、相談事例は合計で七〇となっています。七〇件の相談の内容は、「健康を害した」四七件（六七・一％）、「生活保護申請」六件（八・六％）、「物品、金銭援助」六件（八・六％）、「住居の確保」五件（七・一％）、その他となっていて、病気やケガによる健康上の理由で相談に行った事例が多数を占めていました。相談内容で「健康を害して」が多数を占めているのは、もちろん野宿者のなかで健康を害している人が多いという事実に基づいているわけですが、そのほかに、福祉事務所では健康面以外の相談を受け付けてもらうことが難しいという状況があり、それ以外の相談に行っても無駄だと思っている野宿者が少なくないことも関係しているようです。これらの対応について、ここでは二つの問題点を述べます。

「健康を害した」相談に対しては、基本的に受診（必要に応じて通院、入院、入所）という対応がなされていました。しかし、この点に関して指摘しておきたい問題点は、受診（通院）の医療的な効果に関わることです。「九四年調査」からの聞き取り結果ではないのですが、私がときどき福祉事務所へ一緒に行ったある野宿者のことが思い起こされます。その人はあまり体力がなく、よく風邪をひく人でした。福祉事務所に風邪の相談に行き、近くの病院で受診させてもらった結果、一週間程度の風邪薬をもらってきました。入院や入所の必要はないといわれ、受診して薬をもらったことで、福祉事務所の対応は一応終わります（生活保護法上の正確な言い方としては、一日医療扶助単給となります）。

強く印象に残っていることが二つあります。ひとつは、もらった薬に「一日三回食後服用」と書かれていたのですが、彼は経済的に困窮していて、炊き出しに頼る以外に、ほとんど食事がとれていない状況にありました。「食後」と書いてあるから食事の面倒はみてもらえないかと福祉事務所に相談したところ、そこまではできないという返事でした。昼頃に彼は水をガブガブと飲みながら薬も飲んだのですが、こんな薬の飲み方をしていて風邪に効くのだろうか、むしろ胃腸が荒れるなど副作用が出るのではないかと感じざるをえませんでした。もうひとつは、受診だけの対応ですから、当然野宿生活は続くわけです。「風邪を治すには十分な栄養と睡眠をとることが何よりも大事」というのは誰でも知っている常識でしょうが、彼の野宿生活ではこのもっとも大事なことが欠けていました。受診そのものの必要性を否定するわけではもちろんありませんが、十分な栄養や睡眠になんら配慮しないかたちで行われている受診のあり方に、釈然としないものを強く感じたわけです。

第二の問題点は、「生活保護申請」への対応に関するものです。数は六件と少ないですが、これらの事例を通して、仕事がなく生活に困って相談に行くような場合には、福祉事務所は稼働能力があることや住所が不定であることなどを理由にして、生活保障に関する相談者の要求には応じていないことが明らかになっています。また、関連する問題として、入院・入所経験がある人のなかで、ある程度健康状態が回復して「軽快」を理由に退院・退所直後に再び野宿生活に戻っている場合があることも明らかになっています。これは、退院後、収入がないのに生活保護を廃止された結果なのです。

以上のことから基本的にいえるのは、福祉事務所が、野宿生活自体を憲法で保障されている「健康で文化的な最低限度の生活」に満たないものととらえて状況改善を図っていくための施策を検討していくという、大局的な観点を欠いているということでしょう。野宿する人が増えることや野宿生活が長期化することには、生活保護行政のあり方が深く関わっています。

仕事の側面

最後に、仕事の側面についてみます。野宿にいたる背景と野宿生活が続くことには、仕事の問題が深く関わっています。そして、野宿している人の多くは、日雇労働者として建設現場で働いてきた人たちです。

まず、「九四年調査」によるおもな結果を示します。野宿していた六四人のうち、現在日雇労働をしている人が三六人、過去に日雇労働をしていた人が二七人でした。

「現在の主な仕事」は、日雇労働三六人、廃品回収業七人（うち日雇労働を兼ねている人が三人）、ほとんど仕事をしていない人が二〇人でした。日雇労働三六人のうち三〇人は、寄せ場・笹島で仕事を探していますが、寄せ場での求人が少なく、一週間で二日しか働けていない人が二四人で、全体の七割近くもいました。職安の紹介で仕事に行っている人は一人もいませんでした。

廃品回収業をしていた人の場合、アブレ（失業）、病気、高齢などで建設現場での日雇労働が困難になった人たちが多く、きわめて低い収入しか得ていませんでした。現在ほとんど仕事をしていないと答えた人は二〇人でしたが、高齢が原因で笹島に行っても雇ってもらえない、ケガ・病気で働くことができないなど、働く意欲はあっても働けない人が大半でした。

野宿にいたる最大の理由は失業でした。仕事がしたくても仕事がなくて野宿になった人は三四人（五三・一％）、病気・ケガ・高齢のために仕事を失ったり仕事ができなくなった人は一七人（二六・六％）で、両方を合わせると約八割になります。

次に、「九九年調査」の結果をみましょう。

「現在の仕事」（過去一カ月の就労状況）は、①仕事がない、あるいは病気・ケガ・高齢など就労ができないために三割強の人がまったく収入がない。②雇用されて収入があった人は五二人（二六・四％）いましたが、大部分は建設現場で、日雇という不安定な雇用形態で働いています。その半数の人が一カ月に四日以下しか仕事につけておらず、約四割の人は一カ月三万円以下の収入しか得ていない。③それ以外の約半数の野宿者は廃品回収で収入を得ていましたが、三万円以下の収入の人が約八割いるという状況でした。

「現在の仕事」を別の角度からみると、一三一人（七〇・一％）が仕事を探しているけれども仕事がなく十分に働けていないと答えています。仕事を探している人の求職方法は、寄せ場・笹島がいちばん多く、以下、知人・友人、駅・公園での手配、新聞・雑誌などの広告、中職安（日雇紹介）と順に続いています。笹島を中心に日雇仕事を探しても働けていない状況が明らかになっています。また、「病気・ケガ・高齢などの理由で働ける状況ではない」と回答した人が三二人（一七・一％）でした。このうちの約七割は高齢が理由で仕事をもらえないと回答しています。

野宿にいたった理由では、「日雇の仕事がない」「失職、倒産による失業」「自営業経営の失敗・倒産」など、仕事関連の理由が約七割を占めています。野宿者の多くは非自発的に仕事を失ったこと、および仕事が得られないことが理由で野宿をしているわけです。

「九九年調査」では、就労の意志と能力に関する質問もしています。その結果、九割を超える人が仕事があれば働きたいと答えました。八割以上の人が週五日以上の仕事と一日八時間以上の仕事を希望しています。希望する仕事の内容については、「仕事があれば何でも」二九・二％、「建設の仕事」二八・六％、「軽作業」一四・〇％という結果でした。

以上の結果から、野宿にいたる最大の理由は失業であること、多くの人は日雇労働を中心に求職活動をしているけれども十分に働けていないこと、雇用される仕事がない人も収入や生活手段を得るために廃品回収などの仕事をしていること、就労の意志が高いこと、などがわかります。寄せ場や日雇労働者が直面する問題については次章以下で詳しく述べますが、「野宿は好きでやっている」「野宿している人は働く気がなく、仕事を探そうともしない」といった見方がいかに偏見に満ちたものであるかを自覚する必要があります。

以上、「九四年調査」と「九九年調査」をおもな手がかりにして、初めて野宿をしたときの心境、嫌がらせや危険な目、追い出しの問題、食事と健康、福祉事務所に相談に行った時の経験、そして仕事といったいくつかの側面を通して、野宿して暮らすことの現実をみてきました。この章で強調したかったことは、野宿生活の大変さや厳しさは、路上で生活することに直接関連する問題――寒さや雨あるいは物理的な衛生・住環境もさることながら、いわば広い意味での「社会からの対応」が深く関係していることです。あるエッセイで、「ある国で、どの集団がもっとも非難されているかを見てみるのは、興味深い。…日本では、ホームレスがこの役目を背負っている。…」（ジェフ・リード「私の出会ったホームレス」『季刊Shelter-less』五号）という文章がありました。野宿生活の厳しさには、野宿者に対する偏見や排除が関係しています。野宿生活の実状に目を向けながら、野宿者を取り巻く日本社会のあり方について考えていく必要があります。

第2章　日雇労働者の直面する労働問題

今日の仕事はつらかった　あとは焼酎をあおるだけ
どうせどうせ山谷のドヤ住い　ほかにやる事ありゃしねえ
一人酒場で飲む酒に　帰らぬ昔がなつかしい
泣いて泣いてみたってなんになる　いまじゃ山谷がふるさとよ
工事終ればそれっきり　お払い箱の俺たちさ
いいさいいさ山谷の立ちん坊　世間うらんで何になる
人は山谷を悪くいう　だけど俺たちいなくなりゃ
ビルもビルも道路も出来ゃしねえ　だれも解っちゃくれねえか
だけど俺たちゃ泣かないぜ　働く俺たちの世の中が
きっときっとくるさそのうちに　その日にゃ泣こうぜうれし泣き

（「山谷ブルース」〔作詩・作曲　岡林信康　一九六八年〕）

この「山谷ブルース」は、山谷の労働者として働き日本の経済に貢献しながら、使い捨てにされ社会一般からは蔑んで見られがちな日雇労働者の境遇および悲哀を歌ったものです。

日雇労働者が置かれている厳しい状況を語るときに「使い捨て」という言葉がよく使われます。この「使い捨て」とは、具体的にどのような事態を指しているのでしょうか。日雇労働が、一日限りの雇用を典型とする不安定な雇用形態であり、ゆえにその就業が不規則であることは、比較的容易に想像できるかもしれません。景気のよいときには日雇労働者の仕事が増えるけれども、不況になれば真っ先に首を切られ失業するのは日雇労働者です。日雇労働は、経営者側から見て、常時雇用のリスクを回避するための景気の調節弁として利用されるわけです。しかし、景気の調節弁としての雇用の不安定性だけが問題なのではありません。問題なのは、雇用の不安定性と労働条件の劣悪さ、低賃金、労働力の酷使などが相互に関連しあうなかで「使い捨て」が行われていることです。

この章では、日雇労働者が直面する労働問題を取り上げます。日本で寄せ場がもっとも大規模に拡大した高度経済成長期には、建設業、製造業、運輸業、港湾業などの諸産業で多くの日雇労働者が雇用されていましたが、現在、日雇労働者を雇用している代表的な産業は建設業です。本章では、建設業における日雇労働者の労働問題にほぼ話を絞って進めます。

建設業の基本的な特徴——重層的な下請け構造

日雇労働者を多く雇用している建設業とはどのような特徴をもつ産業なのでしょうか。建設業は国民経済のなかで大きなウエイトを占める基幹産業ですが、労働条件や福祉の面などで他産業に比べての立ち遅れが広く指摘されてきました。『建設労働者の雇用の改善のために』（労働省・都道府県・雇用促進事業団、平成九年度）は、建設産業の特徴として、受注生産・個別生産・移動生産・屋外生産・総合生産といった建設生産の特性、高い中小零細企業比率、下請け制度（下請け企業の重層化）の発達、身軽な経営をあげ、これらに起因する労働面の問題として、不安定な雇用、不明確な雇用関係、不適正な雇用秩序、低い労働条件などの問題があると指摘しています。なかでも、建設業のもっとも特徴的な点は、重層的な下請け構造にあるといえます。前記にあげられているような雇用・労働面における種々の問題点は、重層的な下請け構造の下位の下請け業者に、より凝縮されたかたちで表れます。そして、重層的な下請け構造の最末端の現場で働いているのが、寄せ場から現金仕事に行く日雇労働者や飯場から現場に行く日雇労働者の人たちなのです。

重層的な下請け構造について、『建設業の下請け構造に関する調査研究報告書』（雇用促進事業団、平成七年度研究）から、おもな特徴をみておきましょう。この調査は、建設現場の下請け構造および入職経路の実態を把握することを目的に、一九九五年八月から九月にかけて行われたものです。全国の主要都市（都道府県所在地）近辺の工事現場で、調査時点で工事が進捗中のものおよび元方（元請け）以外に少なくとも下請けを一社以上もつ工事現場一四四を選定し、元請けに対する調査と下請けに対する調査の両方を行っています。集計対象数は、元請け調査票一四四、下請け調査票五〇四でした。

ここでは、おもな調査結果を要約的に述べることにします。

①建設現場で使用されている下請け業者は、土工・コンクリート業者、型枠大工工事者からレンガ工事者にいたるまで二二業者（その他二）が使用されていました。建築業者のほうが土木工事より多種多様な下請け業者を抱えていました。②工事現場に入っている建築業者の数は平均して一〇・三業者となっていて、その内訳は元請けが約二社、下請けが約八社でした。③元請けが一次下請けを使用する理由については、「下請け業者が自社にない専門的な技術や設備を持っている」「自社で多くの労働者を直用として抱えると労務管理が大変になる」「下請け業者との長い取引がある」がおもなものでした。また、建築工事については、工事の進捗状況により工事量が増減するからという回答も多いものでした。④下請け業者による再下請けの使用状況については、一次下請け業者の六割、二次下請け業者の約半数が再下請けを使っている状況がありました。下請け業者が再下請けする理由では、元請けが一次下請けを使用する理由に比べて、下請けの専門技術・設備を指摘する声が減り、「直用すると労務管理が大変」「工事によって仕事量が変化する」「進捗によって工事量が増減」といった理由の比率が高くなっていました。⑤現場で働いている労働者の内訳では、元請け事業者でのみ技術・事務職の割合が技能・作業者集団よりも多く、一次下請け以下の下請け業者では技能・作業者集団の比率が圧倒的に高くなっていました。⑥下請け現場での一次下請け事業者の作業者集団の平均像は、一〇人程度の労働者からなり、このうち二人が技術者、七人が常用技能労働者、一人が臨時技能労働者でした。⑦下請け業者での募集方法では、常用の技能労働者の場合は「公共職業安定所」（六〇・〇％）や「社長や社員の縁故」（四六・二％）が高い比率を占めましたが、臨時、日雇の技能労働者の場合で

は、「下請け業者への依頼」(二八・六%)がもっとも高い比率を占めていました。

以上の調査結果から、建設業の特性が「下請け化」を促していること、また、建設業では工事ごとおよび同一工事でも進捗状況によって使用される事業者や現場労働者の数が大きく変動することがわかります。最後に、「下請け化」のおもな理由として「直用した場合の労務管理の大変さ」があげられていますが、この理由は下の業者ほど強くなっていて、労務管理の大変さが下の業者に委ねられている構造が読みとれます。

重層的な下請け構造とは、おもに管理・営業・事務部門からなる建設資本=元請け(全国規模のゼネコンと地方規模のゼネコンがあります)のもとに二重三重の下請け業者が連なっている構造を指します。元請けが建設プロジェクトを受注し一次下請けと契約する、一次下請けは二次下請けと契約し、さらに二次下請けは三次下請けと契約する、という重層的な構造です。日雇労働者は、重層的な下請け構造のなかでの最末端の業者と雇用契約を結ぶわけで、形式的には元請けとのあいだに雇用関係をもちません。このような複雑な雇用関係が、雇用条件や労働条件をめぐるトラブルの大きな原因になります。

名古屋での対業者闘争の記録より

名古屋では、一九七〇年代後半から、日雇労働者が直面する諸問題に取り組む組織的な運動が始められています。名古屋寄せ場労働者有志の会がまとめた『笹島日雇労働者解放運動の歩み――一九七

早朝から寄せ場・笹島で仕事を求める労働者

八・七〜一九七九・一二』のなかには、名古屋での初めての対業者闘争をはじめ、いくつかの貴重な闘いの記録が収められています。私たちは、この記録から、日雇労働者が直面してきた労働問題の具体的な姿を知ることができます。以下、この記録によりながら、建設業の下請け構造の最末端で生じてきた労働問題を、三つの事例からみていきましょう。

1　労災問題――生コンかぶれ

まず、最初に日雇労働者のGさんが直面した労災問題を紹介します。Gさんが名古屋北労働基準監督署に提出した自己意見書に事の経過が詳しく書かれていて、Gさんの経験した仕事上および生活上の大変さがよくわかるので、この問題についてはGさんの自己意見書を、少し長いですがそのまま引用します。

　自分は今まで病気らしい病気もしたこともなく

元気で働いてきた。足腰も極めて健康であった。去年（一九七八年）の一二月二日、笹島から口頭で現金仕事に行った。A工務店を通して、水道管のコンクリート打ちだった。元請はM建設工業だった（現場は景雲橋近く：名古屋市中区）。

仕事内容は、水道管の両側に型枠を組み生コンを流し込んでバイブレーターを使ったり、スコップで生コンをかきならす仕事だった。型枠の高さは三・五～四メートルくらいで、水道管より四〇～五〇cm高かったと思う。午後三時頃コンクリート打ちが始まった。俺のそばでMの監督がチョーチンから流れてくる生コンを振り分けていた。俺は同じ日雇の五〇くらいになるおじいさんとバイブレーターを使って仕事をしていた。生コンが管の上まで来たあたりで、そのおじいさんがどこかに行ったので、俺は一人で生コンをかきならしていた。俺がはいていた長靴は二五センチくらいしかない雨靴だ。そのうち生コンが深くなってひざあたりまできているのに俺の前で生コンを流し込んでいるMの監督は長い長靴を用意せず、代わりの作業員を用意せず、仕方なく俺一人で生コンをかきならしていた。作業の途中で足がピリピリしたが、仕事も終わりに近づいていて、コンクリートかぶれの恐ろしさを知らないから、我慢して仕事をしていた。コンクリート作業が終わったのは定時を一時間すぎた午後六時頃だった。仕事が終わり手足を水で洗って帰ったが、その頃から足が痛かった。翌日起きて足を見たら、やけどのように赤く腫れ上がり、所々皮膚がめくれたり、かぶれたりしていた。一二月三日仕事を休んで自分で包帯をまいて手当てしていたが、痛くて耐えられないので、翌日一二月四日近くのN外科病院に行った。包帯をとって見せたら看護婦が声をあげて驚いたほどひどかった。初診料五千円かかり、当分治る見込みがないので、病院の受付で労災適用できるのかどうか相談したら、できます、ということだった。翌日現場事務所に行った。作業員詰所に一緒に仕事をした直行の人がいたので、それにケガのことをいって監督のほうに行こうとしたが、その人が言うには、そんな事を監督に話してはダメだ。俺がオヤジに電話してやるから明日オヤジに話してみろと言われたのでそのまま帰った。翌日オヤジに会って労災にしてもらえないかと話したら、ズボンをまくって見せたら包帯のほうにチラッと目をやっただけで「そんなことになったのは自分の不注意だ。ケガが治ったら一万五千円やるから後で取りに来い」と親身に相談に乗ってくれず、仕方なくそのまま帰った。仕事で大きなケガをしたのは初めてなので、労働基準監督署に行くことは知らなかったので泣き寝入りしていた。

ケガの症状は膿のような汁がジクジク出ていくら包帯を厚く巻いても上に浸み出てきた。布団が汚れる程だった。起きて立った時非常に痛くてその場に座り込んでしばらくしてから立って歩くという状態が一週間くらい続いた。勿論満足に歩けず、非常に痛いのを無理して病院に通っていた。

治療内容は初日に注射を一本打ち、内服薬二種類を一日三回、約一〇日位服用したと思う。患部の治療は膿汁で汚れたガーゼ包帯を取り除き、塗り薬を塗って新しい包帯に変えていた。一二月一五日迄、一日休んでは次の日また病院に行った。通算して七日間くらい通院した。一回二千

〜三千円くらいかかった。治療費は自費で仕事を休んで治療していたので、貯えが段々なくなり、正月を控えて生活が非常に苦しくなったので（注：一〇数万円貯金があった）、病院にも行けず自分で手当てして静養していた。一二月中は仕事ができず一月一五日頃仕事にでた。ケガした所は紫色で（不明）まだ痛かったのですが、働かなければ食えないので無理をしてでも働いて生活費を稼がなければならなかった。一日仕事にでてはしばらく休み、また仕事へ行くというような事を繰り返していた。

三月頃より生コンクリートで特にひどくかぶれた右足が疲労感と痛みを合わせたような異常な痛みを感じるようになった。

四月は一週間に二〜三日、軽作業（片付け作業）をやっていた。ともかくそのようにして生活をつなぐしかなかった。しかしその軽作業中も足の痛み（特に右足）は治らず、異常な痛みと腫れに耐えていた。

五月一六日、病院に行った。それまで働かなければ生活できないし、足も不自由なまま仕事をし、サロンパスや湿布を貼って自分で手当てしていたが、いつまで経っても治らないので心配になってきたからだ。

その間生活は苦しくなるばかりで家賃も滞納して、売れる家財道具は全部売って（注：テレビ、ステレオ、洋服ダンスなど）生活費にあてていた。治療のほうも病院で薬を貰って服用していたが、保険もなく生活も困っているので、自分ではとても通院を続けられなかった。

五月一六日にN病院で診てもらった後も、足が治らず、六月半ば頃知人を通して有志の会に相談した。有志の会の人とAのオヤジに話した所、無責任にも「すべて自分が悪いんだ、こっちは関係ない」ようなことを言ってはねつける。

七月になっても足の痛みが治らない。この間も生活費を稼ぐ為に時々軽作業の仕事をしていたが、翌日は仕事どころか歩くのさえ痛かった。以上の結果からわかるようにコンクリート負けによる腫れ痛みは今年にはいってもずうーと続いており、現在も痛みが続き歩きにくい状態である。本当はずっと通院しなければならなかったのですが、治療費は勿論のこと、生活費もなくなったので、痛みをこらえて少しでも働かなければならなかった訳です。決して治ったので病院に行かなかったり、仕事に行った訳ではありません。この事は日雇労働者の置かれている実情を考えればわかって貰えるはずです。

明らかにコンクリート負けの症状が続いており、去年の状態と今年の五月に病院に行った時の状態を別の原因と考えるのはまったく間違っている。そのように考えるのは先に書いた日雇労働者が置かれている追い詰められた状態を理解していないからだ。

とにかく、このような仕事を繰り返しているとしまいには足がダメになってしまう恐れがあるので、とりあえず自分で西監督署や（七月九日頃）工事元請けに（七月一一日）そのように話した。

しかし自分だけではもうどう仕様もなく、再び有志の会に相談し、再度一緒に北監督署、元請けに実情を訴え交渉したわけである（一九七九年七月一九日）。

以上の意見書から、AとMが生コンかぶれのおそれがあるにもかかわらず、長い長靴を履かせずに安全対策を怠ったこと、および被災者の労災適用を拒み少額のお金で労災のもみ消しを図った事実がわかります。安全対策の不備から生コンにかぶれたGさんは、その後の補償も得ることができず、長期にわたる足の痛みと生活苦に悩まされました。また、この意見書から、Gさんが足の痛みに耐えながら、生活のために時には病院にも行かず必死に働いていた様子が伝わるでしょう（労災認定の闘いの記録は略）。

2　残業代の未払いと暴行および就労妨害

日雇労働者のAさんは、一九七八年七月名古屋の寄せ場・笹島から、Y建設興業（以下、Yと略）を通じて万場大橋の現場に行き、路上のフェンス取り外しの仕事をしました。この仕事は名古屋市土木局が発注した万場大橋改修工事の一環で、元請けK組、第一次下請けT工務店、第二次下請けS工務店、Yは第三次下請けという下請けの末端を担っていました。

問題は、Yが労働基準法に規定されている通りの残業代を払わず、残業代の正当な支払いを要求したAさんに暴行を振るったことに端を発しています。Aさんの追及の結果、Yは残業代の未払い残額を支払いましたが、暴行した事実は認めず、両者の言い分は平行線をたどりました。その後Aさんは、自身が体験した問題は他の従業員が直面している問題でもあり、また今後の問題でもあるととらえ、名古屋東労働基準監督署や元請けのKおよび受注元の名古屋市土木局にYに対して厳正な指導を行う

みんなで押しかけないと非を認めない悪徳業者（1982年1月）

よう訴えますが誠意ある反応を得られず、個人で行う活動には限界があることを悟るなかで、名古屋日雇労働者支援会議の存在を知り、連絡をとります。支援会議は日雇労働者に幅広く呼びかけ、Ｙ闘争の基本方針を確認、この結果、名古屋寄せ場労働者有志の会が結成され、名古屋の日雇労働者の結集、組織化を遂行するための闘いが展開されていくことになります。

Ｙは、同年九月と一二月に笹島で仕事を探していたＡさんに対して、就労妨害と暴行をはたらいています。Ａさんが労基署や名古屋市土木局などに申告、交渉したことに腹を立て、そんなことをしたら笹島から仕事に行けないと恫喝し、暴行を行ったものでした。名古屋寄せ場労働者有志の会と支援会議が中心になり、釜ヶ崎、山谷、寿の日雇労働組合の協力も得ながら、Ｙに対する抗議、交渉を展開した結果、Ｙは七九年一月に、Ａさんに対して行った暴行などの事実を認め、謝罪します。なお、このＹ糾弾闘争は、名古屋の寄せ場で日雇労働者と支援者が結束して、初めて対業者闘争に勝利した事例です。

3　不当解雇問題

日雇労働者のBさんとCさんは、名古屋市下水道局発注の仕事を受けたH組の下請けのF建設で、直行で働いていました。直行とは、日給制で、寄せ場から仕事に行きはじめますが、そのうち寄せ場を通さないで同じ業者の所あるいは現場へ直接通勤するかたちの日雇仕事を指します。ところが、就労しはじめてから二〜三カ月経ったある日、二人同時に「工事の都合」というだけで突然の解雇通知を手渡されます。実は、この二人は解雇通知を受ける前日に、残業代の不足分を支払うこと、解雇か賃下げかというような脅しによって一方的な賃下げが行われたことに抗議し、今までの差額分を支払うこと、その他労災問題も含めいくつかの要求を書面にして提出しており、また「労働基準監督署に行って申告する」という発言をしていました。

B・Cさんおよび支援会議・有志の会は、B・Cさんへの解雇通知が、両名による労働条件面での要求と労基署へ申告するとの発言を受けた不当な措置であるとして、F建設への抗議と労基署および名古屋市水道局への申し入れを行います。この結果、F建設は、残業代の支払いを怠ったことを認めるとともに、解雇予告については、工事日程が確定した時点で予告すべきであったこと、および数点の法違反の指摘を受けた直後に予告するのは法違反指摘という正当な行為を押しつぶすことといわれてもやむをえないとして「解雇予告通知撤回書」を二人に手渡し、その責任を認めるにいたります。

なお、この件では、元請けのH組の責任も追求され、H組は元請け業者としてF建設に対する指導・監督を怠ったことを認めて謝罪しています。

寄せ場の問題性とは

名古屋における闘いの記録から、日雇労働者が直面する労働問題の三事例をまとめてみました。建設日雇労働者が、違法な労働条件、不安定な雇用関係、雇用主による暴力的な支配の下に置かれている状況が示されています。いずれも、支援会議や有志の会がバックアップして使用業者に対する交渉や労基署に対する申し入れなどを行い、一定の要求の獲得と責任の追及をなしえた事例ですが、この闘いの記録から、当事者が一人ないし当事者だけで闘うことがいかに難しいことであるかを読みとる必要もあります。また、示されている事例は、建設日雇労働者が直面してきた現実のほんの氷山の一角であり、有志の会のような支援の活動組織が把握するにいたらず、悪徳な雇用主の前にいわば泣き寝入りを余儀なくされている労働者が多いことも忘れてはなりません。

もとより、建設資本に限らず、資本は利潤の追求を目的とするものであり、この目的のためにさまざまな方法を用いて生産コストの削減と収益の最大化を目指すものです。生産コストの削減には、低賃金や劣悪な労働条件での労働力利用が含まれます。ここで問題なのは、こうした資本の論理が、寄せ場の日雇労働者に対して非常に露骨に向けられるということです。言い換えれば、寄せ場は、労働力を使い捨てにするという資本の論理がもっとも強固に貫かれる場のひとつなのです。このことには、基本的に二つの関連する理由があります。

ひとつは、日雇という雇用の形態に求められます。寄せ場から一日の現金仕事に行く場合を思い起こしてみましょう。雇用する側にとって大事なことは、その日一日労働者が働いてくれることです。労働者との関係は一日限りですから、次の日に労働者がどのような状況にあるかは、原則的に資本の関心ではありません。つまり、日雇とは資本にとって可処分的な存在なのです。日雇という形態では、資本は労働力の再生産を保障する必要がないため、労働力を使い捨てしやすいのです。生コンにかぶれたGさんの場合が、資本による使い捨てのひとつの典型です。資本側からすれば、Gさんに代わる労働力が確保されればいいわけで、Gさんの労働力の再生産は問題ではありません。Gさんの事例において、劣悪な労働条件で働かせてケガで働けなくなったらなんの補償もせずに使い捨てしようとする資本の論理がはっきりとみえます。また、BさんとCさんの場合は直行で仕事に行っていたわけですから、同一業者とのあいだにある程度の継続的な関係があり、この意味では現金仕事に比べて安定した就労環境にいたといえますが、労働条件に対する抗議と要求をしたことが直接の引き金になって、突然の解雇を言い渡されています。「文句を言う奴は首にしてしまえ」という論理が明瞭に出ています。

もうひとつは、寄せ場での求人方法あるいは契約のあり方に関連します。労働省が発刊してきた『失業対策年鑑』は、一九六六年度版より「特別地区対策」として寄せ場をもつ地区の問題に言及していますが、そのなかで次の二つが指摘されています。①求人・求職の結合が直接求人・求職者のあいだでなされ、求人求職条件が不明確のうちに就職し、トラブルが発生しやすい、②暴力的な手配師の介入により直接・間接の搾取が行われることがある（引用は一九七〇年度版）。

寄せ場の日雇労働者は必要に応じて適宜雇用される労働者ですから、業者との関係は臨時的なものです。その関係は、制度的あるいは法律的に裏づけられた管理・保護の関係ではなく、その外側に成立しがちなものです。いわば、寄せ場の日雇労働者は、企業としての組織の外側に置かれる労働者なのです。このため寄せ場の日雇労働者は、暴力的な支配を含めてあらゆる手段で利潤の最大化を図ろうとする業者の搾取の対象にされやすくなります。雇用条件を明示しないで、または提示した条件とは違う低賃金を強要する、抵抗する労働者には暴力で押さえ込もうとする、といった業者が寄せ場には少なくないのですが、Y業者の事例はその一例を示したものでした。

こうした関係のなかで、特殊な役割を担っているのが手配師あるいは人夫出し業者といわれる人たちです。手配師とは、寄せ場において業者と労働者のあいだに立ち、仲介的な役割として、労働力供給の請負を営む者のことです。「人夫」の手配を行っている者あるいは労働力供給事業を営む者と言い換えることもできます。人夫出し業者とは、労働力供給請負のなかで企業的組織性をもち、建設業としての体裁をとりながら、工事請負ではなく労働力供給の請負を仕事としている業者を指します。寄せ場から日雇労働者を雇用する業者は、必要に応じて必要な労働力の確保を図りながら労働力に対する直接的な管理や責任を避けようとします。このような業者の意向を受けて、手配師や人夫出し業者は、寄せ場の日雇労働者に対する手配・動員・管理・監視などの諸機能を担うわけです。彼らと日雇労働者との契約関係も、制度的・法的なものの外で行われるという性格をもちます。手配師と人夫出し業者にとっての利潤の源泉は、日雇労働者に対する管理や支配のあり方に直接規定されることになります。こうした関係のなかで、手配師や人夫出し業者は、不当な仲介料の徴収、いわゆるピンはね（天引き、歩引き、頭はねなどの言い方もある）や、労災のもみ消しなどを暴力的に行うことによって、利潤の最大化をねらうわけです。

寄せ場の日雇労働者は、常時雇用のリスクを回避するための景気の調節弁として、劣悪な労働条件のもとに労働力を使い捨てにするという資本の論理をむき出しのまま押しつけられる存在だといえるでしょう。

飯場の問題性とは？

飯場とは、「飯を食う場」であり、建設業附属寄宿舎いわゆる作業員宿舎のことを指す言葉です。飯場の歴史は古く、またいろいろな産業で飯場は用いられてきました。「いわゆる『飯場』は、建設業のほか、鉱山、炭鉱、林業などにおいて労働現場の周辺かその近くに労働者を宿泊させ、その労働力の再生産過程をもふくめて直接資本の統括下におく、我が国で特徴的な労働管理組織である」（江口／西岡／加藤編著『山谷――失業の現代的意味』一五〇―一五一ページ）。仕事現場付近に作られる飯場のほかに、労働力の供給請負をもっぱら担う飯場があります。二〇〇一年五月に、千葉県四街道で山梨の土木会社菊地組の作業員宿舎が火災にあい、一〇人が死亡した事件を記憶している人がいるかもしれません。菊池組は、登録している作業員を複数の現場に派遣する仕事をしており、おもに建物の解体を請け負っていました。また、この事件との関連で、約六〇の関連会社をもつ千葉市内の大手土木建築会社は、関連グループで三〇〇〇人の作業員を全国から集め、プレハブ宿舎を敷地内に建てて(千葉市内にある宿舎のうち大きいところだと一〇〇人以上を寝泊りさせている)、労働者を現場に派遣していたことが新聞で報じられています。このような労働力の供給を請け負う飯場を人夫出し飯場あるいは通い飯場といいます。行政用語では、仕事現場の近くに作られる飯場が現場附属寄宿舎、人夫出し飯場が基地的寄宿舎と呼ばれます。飯場に入るおもな経路としては、寄せ場その他の路上手配、新聞広告、職安などです。寄せ場と飯場はともに建設業の下請け構造の末端を支える日雇労働者を供給する基地としての役割をもっているため、寄せ場は大きな飯場で、飯場は小さな寄せ場とみることができます。寄せ場は、仕事を求めて全国を流動・移動する労働者の結節点であり、中継点です。日雇労働者は寄せ場から寄せ場へ、寄せ場から飯場へ、飯場から寄せ場へ、飯場から飯場へと流動・移動するわけです。

コラム「飯場」「タコ部屋」「監獄部屋」

飯場制度の歴史は古く、明治時代から、建設、土木、港湾、鉄鉱などの基底産業に不可欠な存在として飯場は機能してきました。監獄部屋あるいはタコ部屋と呼ばれた暴力的な飯場が数多くあったことも知られています。

山岡強一さんによると、囚人労働の「拘禁制」と「低賃金」を受けつぎ、それらを暴力的に保障するものとして生み出されたのが監獄部屋です。暴力飯場の基本的な特徴としては、「仕事責め」「賃金責め」「食事責め」の徹底化があげられるでしょう。すなわち、安い賃金で長い時間働かせ、食事代など生活にかかる費用を最小限に抑えつつ不当な生活費を徴収することです。そして、逃走を企てるものや、病弱者、作業の遅い者、反抗的な者に対しては容赦ない暴力が加えられます。

筆法康之さんによると、「監獄部屋とは、元来、北海道・樺太・東北僻地など日本資本主義の北方辺境、植民地帯における拓殖開発の社会資本形成の主役、中小土木建設業や炭鉱下請け組夫の飯場制度の一形態であり、債務拘禁に基づく強制労働の機構に転化した『土工部屋』ないしは『人夫部屋』『タコ部屋』に対する呼称であった」と説明されています。

飯場とは、本来、寄宿舎を指す言葉ですが、ここで問題になるのは、労働者の仕事と生活の管理を行う労働者管理組織としての「飯場経営」ないし「飯場制度」です。

飯場では一定期間の就労が保障されるわけですが、一般に飯場仕事の賃金は寄せ場からの現金仕事に比べて安く、また、飯場では生活そのものが管理の対象になるために、景気がよく寄せ場で現金仕

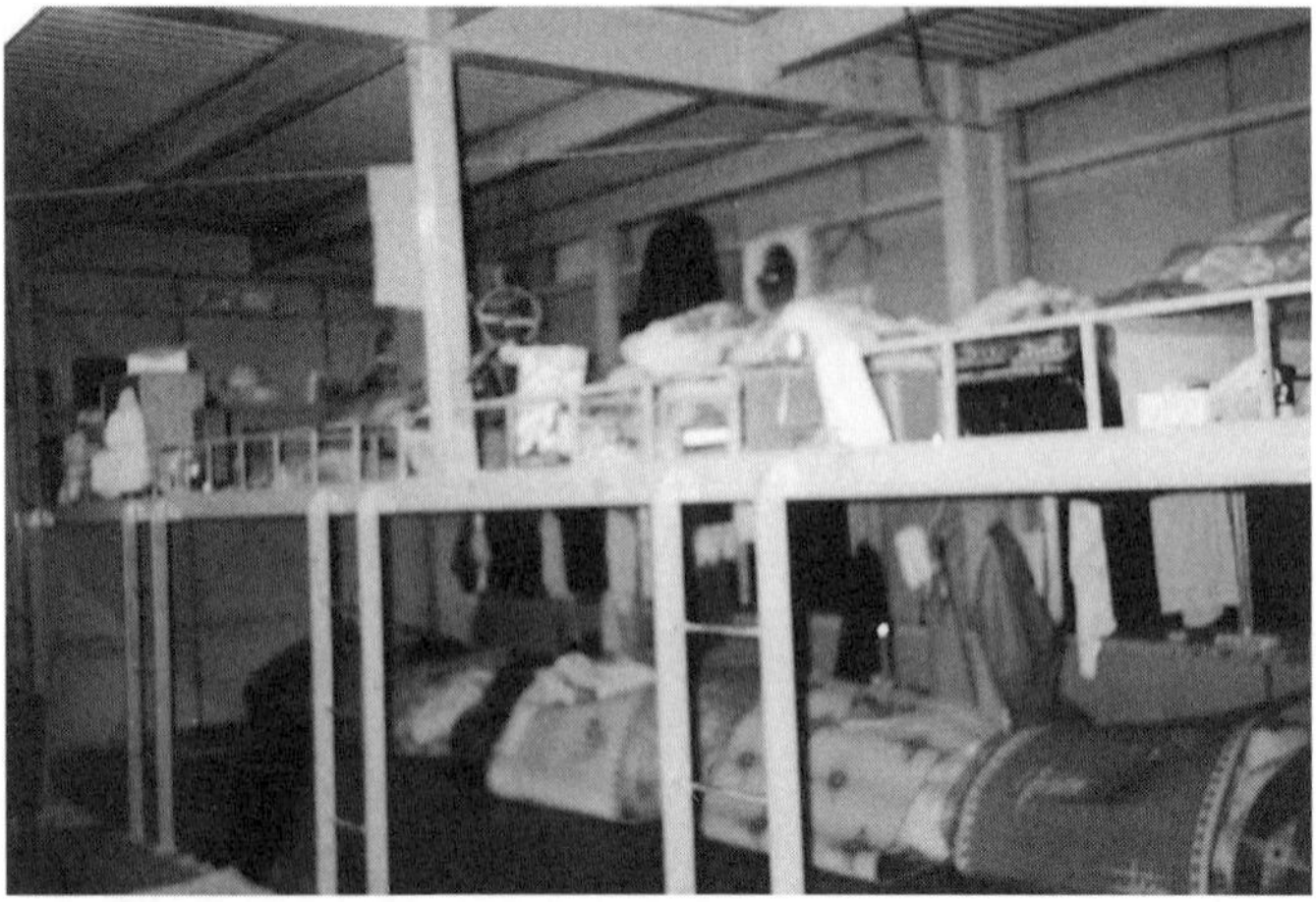
飯場

事が多くある時には、飯場に入る労働者は少ないといわれています。逆に、不況で寄せ場での現金仕事が少ない時や一定期間にある程度まとまったお金がほしい時に飯場に入る労働者が増えるようです。

江口英一さんたちが一九六〇年代後半に山谷の労働者に対して行った調査では、飯場経験者に飯場に入った理由を聞いていますが、その回答結果は多い順に、「まとまった金が欲しかったから」（二二・二％）、「金に困ったから」（一三・五％）、「仕事がないから」（四・八％）、「日々の心配がないから」（四・〇％）でした（この回答結果では、回答なしが三九・七％でいちばん多く、比率はこの回答なしも含めた母数で出しているので、全体的に数値が低い）。そして、江口さんたちは、一九七三年の石油ショック以前の時期にも飯場での労働需要は多かったが、労働条件の劣悪さのゆえに応募者は少なかったこと、しかし石油ショック以降の不況期では山谷での現金仕事が激減したことで山谷日雇労

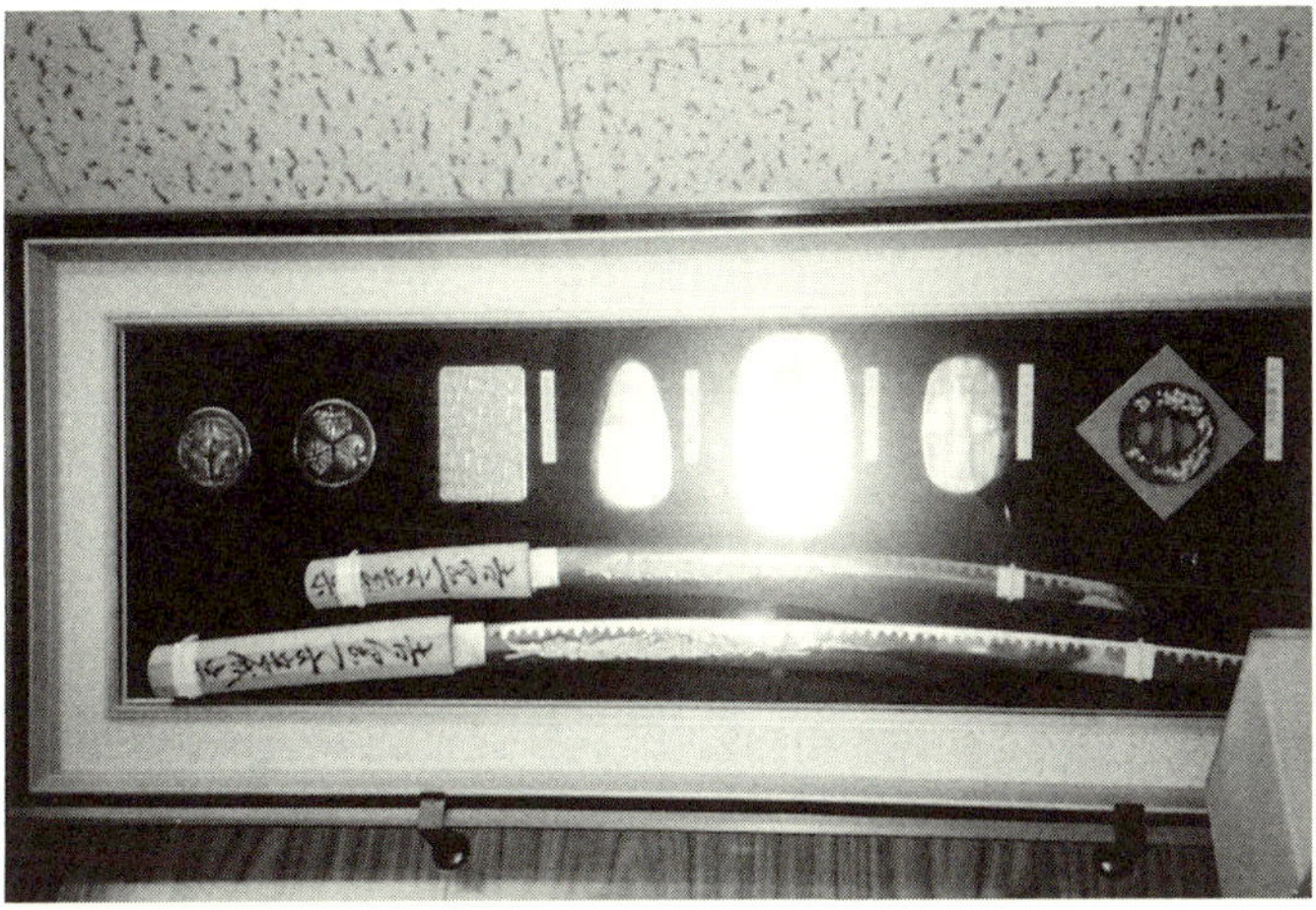
飯場の事務所にあった日本刀

働者が地方の飯場へ分散していったと指摘しています（『山谷――失業の現代的意味』一五二ページ）。

飯場のどのような仕組みが問題なのでしょうか。寄せ場求人の問題として指摘したことに加えて、以下のような飯場特有の問題点をみておくことが必要でしょう。まず、飯場に特有な問題として、もともとの低賃金に加え、粗末な食事や劣悪な居住環境でありながらも、飯場に寄宿することに要する食事代や宿泊代などの諸経費が不当に高く設定され、賃金から徴収されることがあります。生活管理に基づいた収益最大化の常套手段といえるものです。現金を持っていない労働者に金を前貸しする場合に、高い利息をつけるという方法もあります。先にみた『闘いの記録』では、飯場での不払い賃金の事例がひとつ紹介されています。

それは、釜ヶ崎から名古屋のH土木の飯場に一五日契約で来て一〇日間働いたDさんが、契約終了前にトンコした（契約終了前にやめること）ことなどを理由に、賃金の支払いを拒否された事件です。有志の会らが交渉した結果、不払い賃金を払わせ、謝罪文を勝ちとっています。謝罪文は、「今後寄せ場労働者が安心して働きやすい飯場にしていくように努力します。本日のDさんに対する賃金不払いの件については本当に申し訳ありませんでした。二度とこのようなことはいたしません」という内容のものでした。飯場経営の場合、満期近くになってから耐えられないようなきつい仕事をさせて労働者がやめていくように仕向け、トンコしたから賃金は払わないと主張するなど、さまざまな理由をつけて賃金を払わないケースが少なくありません。また、劣悪な労働条件下で酷使し、反抗する者やトンコしようとする者に暴行を加えるという酷使虐待の問題もあります。

また、飯場経営に関しては、労働基準法に基づき建設業附属寄宿舎規定が制定されています。しかし、寄宿舎規定に違反している飯場は少なくありません。たとえば、神奈川労働局が一九九九年度に行った監督指導結果をみますと、現場付設寄宿舎二一のうち違反三、基地的寄宿舎二四六のうち違反一二四となっています。基地的寄宿舎の半数以上が違反していたことが注目されます（神奈川労働局『建設業附属寄宿舎に対する平成一一年度の監督指導結果』平成一二年三月二八日）。

飯場でのもっとも基本的な問題は、労働者が一定期間、仕事と生活の両面で、雇用者側による直接の管理下に置かれることにあります。生活面も含めた全面的な管理体制は、以上にみたような巧妙かつ暴力的な方法で雇用者が労働者から搾取することを容易にさせる基本的な条件を構成するわけです。

今日的な問題状況

建設業の重層的下請け構造を末端で支える寄せ場および飯場の問題性をみてきました。それらの基本的な問題に加えて、ここでは、バブル崩壊以降の不況のなか、日雇労働者が直面する労働問題の今日的な状況について整理します。ここでおもに述べたいのは、日雇労働者の労働条件は総体的にみて悪化していることです。このことには、寄せ場の縮小、日雇労働者の高齢化、劣悪な飯場の増大が関係していると思われます。この論点は、名古屋の笹島や東京の山谷および上野の日雇労働者と野宿者に行ってきたアンケート調査や聞き取りなどから得られたものでもあるので、東京での調査結果も一部紹介しながら話を進めます。

コラム「山谷、上野調査」

一九九九年一二月の年末を中心に、大学関係者と支援団体・ボランティアらの有志のメンバーが、おもに山谷と上野で野宿している人たちから行ったアンケート調査。有効回答は二〇八でした。この調査は、九〇年代に入ってからの野宿層増加の背景を就労実態および労働問題の観点から探ることをおもな目的に行われたものです。野宿前に日雇仕事をしていた人のなかでは、飯場に入っていた人（飯場居住型日雇）がもっとも多かったこと、および飯場の労働条件が劣悪なために飯場を出た後すぐに野宿生活になってしまっている人が少なくないといった事実などが明らかになっています。この調査結果は、「野宿者の就労面——東京東部圏の野宿者聞き取り調査」『季刊Shelter-less』五号および「野宿層増大の背景と寄せ場の変容——『山谷、上野調査』からみる飯場労働の実態」『寄せ場』第一三号にまとめられています（いずれも田巻と山口恵子の共著）。

1　不況と寄せ場の縮小

バブル崩壊以降の「平成大不況」は、日雇労働者を直撃しています。まず、はっきりしていることは、寄せ場での求人が大きく減少し、日雇労働市場としての寄せ場が縮小してきたことで、この事態は全国の寄せ場にほぼ共通してみられるものだということです。ただし、寄せ場の縮小を不況の単なる産物とみることはできません。不況にもかかわらず、一九九七年まで建設業就業者は増大し続けました。建設現場での日雇仕事が減ったというのではなく、寄せ場に仕事が来なくなったのです。寄せ場での求人の減少は、日雇労働の就労経路として寄せ場が担う役割が縮小してきたことや、寄せ場の労働者の高齢化などに原因があります。「山谷、上野調査」では、山谷での現金仕事が減少してきたことの一方で、上野駅周辺の公園や路上での手配あるいは新聞広告などを通じて飯場で就労していた労働者の比率が高いという結果が出ていて、日雇労働者のなかでは「飯場居住型日雇」が主流になっていることがうかがわれました。寄せ場での求人の減少は、寄せ場の労働者を困窮化させるとともに、寄せ場が従来もっていた「雇用調整のクッション」としての機能を失わせることによって、他産業からの失業者を直接野宿に追い込む事態を生み出してきたと思われます。寄せ場での求人の減少によって、求職条件が一段と厳しくなってきたという問題もあります。まず、圧倒的な買い手市場のなかで顔付け（手配師が顔見知りの労働者を優先して雇用すること）が横行しています。「紹介仕事は早い者勝ちで、夜中から行かなければならない。そんな早起きで、重労働するという毎日の繰り返しはとても無理だ」と笹島の労働者が語ったこと（「九九年調査」）は、仕事をめぐる労働者間の競争が激しくなっていることを示唆しています。また、笹島の別の労働者は、「いい仕事を見つけるには早く笹島に行くことが必要で、自分の場合朝二時半に行っている」と語っていました。朝二時半とか四時とかに仕事を探しに行き、夕方まで重労働をするという労働条件は、私たちの常識を越えているといえるでしょう。

そして、一般に不況のもとで企業は生産コストの削減を図りますが、重層的な下請け構造のなかでは、そのしわ寄せがより下位の業者に、そしてひいては末端の日雇労働者に向けられるという問題があります。先に示した『建設業の下請け構造に関する調査研究報告書』では、現場で仕事をする場合の下請け業者からみた工事施工上の問題点を聞いていますが、「工事単価が安すぎる」という回答がいちばん多く、全体の三四・九％を占めていました。そして、工事単価に関する不満はより下位の業者で強くみられました。重層的な下請け構造のなかで、下請け業者は工事単価の安さに対する不満を広くもっていることがわかります。不況は、日雇労働者の雇用の不安定性を増長させるとともに、その労働条件を悪化させている点に留意が必要です。

2　日雇労働者の高齢化

寄せ場では、日雇労働者の高齢化が進んでいます。名古屋中職安の登録日雇求職者のなかに占める五〇歳以上の割合をみますと（各年四月一日現在）、八六年五三・四％、九一年六〇・二％、九六年六九・九％と推移していて、ほぼ一貫して高齢化が進行してきたことがわかります。

寄せ場の高齢化の原因は基本的に三つあります。まず、一九六〇年代や七〇年代、若年労働力として寄せ場に参入した人たちが加齢したことの結果による高齢化です。次に、リストラや倒産などによって失職した高齢者が寄せ場に日雇仕事を求めて参入してくるケースがあります。最後に、近年、若年労働力がほとんど寄せ場に参入することがなくなってきていることの結果としての寄せ場の高齢化です。

寄せ場の高齢化は、寄せ場での求人が減少してきたことの一因でもあります。寄せ場が日雇労働市場としての機能を縮小させてきたなかで、とりわけ高齢者が仕事を得ることは困難な状況にあります。「九七年春闘で『元請け関係や現場監督から年齢制限についての指導があるか』との質問に対し、回答した約半数の業者があると答えた。多くは『五〇歳』あるいは『五五歳』と答えたが、なかには『四〇歳』というところもあった」（『日雇全協ニュース』第八三号、一九九七年）とあるように、寄せ場での求人の年齢制限が進行していて、五〇歳を超えた人の求職が厳しい様子が伝わります。野宿している人の多くも五〇歳を超えています。「九四年調査」では、回答者のうち五〇歳以上の割合が七八・三%、「九九年調査」では回答者の平均年齢を出していますが、五四・八歳でした。高齢であることや高齢に見えることを理由に雇ってくれないケースが常態化しています。

仮に日本経済が不況を脱し景気が回復しても、高齢日雇労働者の失業問題が好転するという見込みは低いでしょう。日雇労働者の高齢化問題は、六〇年代や七〇年代にはなかった、すぐれて今日的な問題です。高齢が理由で仕事が得られなくなって、あるいは肉体的に働く能力を失って野宿に追い込まれるというケースは非常に多いのです。

3 劣悪な飯場の問題

寄せ場での現金仕事が減少してきた一方で、労働力供給基地としての飯場の役割は拡大してきたと思われますが、飯場の全体的な状況についてはほとんどみえていません。飯場の実態に迫ることは大きな課題として残されています。先に言及した「山谷・上野調査」から悪質な飯場経営に関する実態が浮かび上がっているので、ここではその点について触れておきます。

まず、目を引く事実は、飯場を出た直後に野宿にいたっている人が多いことです。二回以上の野宿経験がある人に今回（いちばん新しい）の野宿前の住居形態を聞いたところ、有効回答九四人のうち七四人が飯場と答え、もっとも多かったわけです。飯場を出た直後に野宿生活を余儀なくされる理由は、もちろん飯場での労働条件に原因があります。ひとつは、きわめて低い賃金での求人が行われていることです。飯場での求人ルートでは、駅・公園での手配や新聞・雑誌の広告を通じたものが多かったのですが、これらの求人ルートによる賃金は行政ルートのものに比べてはるかに低いものでした。これには、野宿者をターゲットにして「足下を見る」求人が行われていることに基本的な原因があります。飯場での労働条件は一般に劣悪ですが、一定期間「屋根と食事」を提供する点は、厳しい野宿生活を送る野宿者にとっては魅力的な誘因となります。このため、「野宿するよりはまし」と不当な低賃金でも我慢して飯場に入り、飯場に居続けたいという気持ちが生まれるのはある意味で自然なことで、飯場は野宿者のそうした心境につけ込むわけです。ちなみに、求人ルートとしての駅・公園手配や新聞・雑誌の広告と寄せ場の比較検討は重要な課題です。おそらく、駅・公園手配や新聞・雑誌の広告を通じた求人は、寄せ場での求人に比べて、労働者との個別の交渉という性格が強く、そのぶん雇用者側に有利な条件での雇用を可能にしていると考えられます。

次に、飯場に入っても毎日の就労が必ずしも保証されているとは限らないという問題があります。これには、不況による仕事の減少も関係しているでしょうし、労働者が選別され、従順な労働者に優先して仕事が回されることにも起因します。天気がよくても仕事が与えられない日が続くこともあります。したがって、契約期間が終了するまでに、それを超える日数を飯場で暮らす場合が出てきます。その間も、食事代や宿泊代として高額な諸経費はとられます。この結果、契約期間の仕事を終えてもほとんど現金が手元に残らない、場合によっては赤字になってしまうというケースが出てくるわけです。名古屋の「九九年調査」でも、「食事代タバコ代などが非常に高額。飯場生活が赤字になったので逃げ出した」「飯場は収入があっても、部屋代その他で引かれて赤字ぎみなので」といった声がありました。

飯場に労働力をプールしておいて、低賃金での労働力利用や高額な生活費の徴収を通して利潤の極大化を図ることは飯場経営の基本といえるものですが、今日では野宿者を直接のターゲットにした悪質な飯場が広く存在するようです。労働者の側からすると、寄せ場での現金仕事の減少や厳しい野宿生活のなかで、劣悪な労働条件の飯場でもそれを選択せざるをえない状況があります。これらの事実から示唆されることは、たとえ仕事につけても低賃金であったり労働条件が劣悪なために野宿に追い込まれる構造があるということです。言い換えると、野宿者が不断に再生産されている構造があるということです。

本章では、日雇労働者が直面する問題を「使い捨て」という視点を中心に検討してきました。まず、建設業の基本的な特徴である重層的な下請け構造の問題点を整理し、名古屋における七〇年代の対業者闘争の記録から日雇労働者が直面する労働問題をみました。次に、建設業の下請け構造を末端で支える日雇労働力の供給基地である寄せ場と飯場について基本的な問題点を指摘しました。そして、最後に、九〇年代の不況下で進行している現実として、寄せ場の縮小、日雇労働者の高齢化、劣悪な飯場による野宿者の再生産を取り上げました。

私たちは今、非正規雇用が社会全般に拡大している事態に直面しています。この章でみてきた「使い捨て」の論理は、寄せ場や日雇労働だけでなく、社会のさまざまな側面で徹底化される方向に向かっているのかもしれません。こうした事態にどのように向き合っていくことが問われるのでしょうか。寄せ場の縮小や非正規雇用の拡大は、日本社会のどのような仕組みや変化を反映しているものなのでしょうか。寄せ場や日雇労働の問題は、私たちの足元にある労働問題と深く連動しているといえるでしょう。

Ⅱ 笹島の歴史と行政の関わり

第3章　寄せ場・笹島の過去と現在

「今はむかし、名古屋の水車には木賃宿が九十余軒あり、そこを根じろに常時千人以上の浮浪人や立ちん坊労働者が集まっていた。東京の山谷、大阪の釜ヶ崎、神戸の新川などとならんで東海地方では名を知られたスラム街であった」

この文章は、山本寿雄の小説『水車無宿』の冒頭に出ているものです。現在、名古屋市中村区の中職安（名古屋中公共職業安定所）付近の路上一体に形成されている寄せ場・笹島は、戦前木賃宿が集まってスラム化し水車地区と呼ばれていた地域の一部にあたります。現在の笹島は、簡易宿泊所（ドヤ）街がなく早朝に日雇労働者が仕事を求めて集まるだけの寄せ場ですが、水車地区は木賃宿が密集してドヤ街が形成されている日雇労働者の街でした。水車地区の形成は、ほぼ一八七〇年代（明治一〇年代はじめ）にさかのぼります。以来、この地域は、時代とともにその姿を変容させながら、日本全国に散在する寄せ場のひとつとして、今日まで存続してきました。

それぞれの寄せ場は固有の歴史をもっています。しかし、寄せ場の形成や変容および寄せ場に関するさまざまな現実が、産業構造の変容とともに行政施策（労働対策、福祉対策、都市計画など）のあり方に大きく規定されてきたことは共通しています。この章ではまず、笹島の歩みを大まかな四つの時期区分に基づいて素描します。次に、労働行政の関わりを主にみて、ほかの寄せ場との比較にも少し触れながら、笹島の特徴あるいは置かれている状況について述べます。

笹島の歩み

1　戦前の水車地区

笹島の前身である水車地区は、現在の柳橋・笹島・下広井町一丁目・下広井町三丁目に囲まれた地域で、当時の蘇鉄町と下笹島を中心とする地域でした。この水車地区は、日雇労働者の密集地域および貧民街として全国的に有名な地域でした。

この水車地区が木賃宿街として形成されたことは、二つのことに大きく起因しています。ひとつは、一八八六年（明治一九年）に愛知県が県令によって名古屋市に散在する木賃宿を蘇鉄町に限定して集めたことです。もうひとつは、一八七〇年代末以降、国鉄武豊線や東海道線などの鉄道敷設工事が本格化したことにより、労働力需要が増し、多くの労働者がこの地域に集住するようになったことです。

名古屋職業紹介事務局が一九二六年（大正一五年）に刊行した『管内各県下に於ける労働事情』に

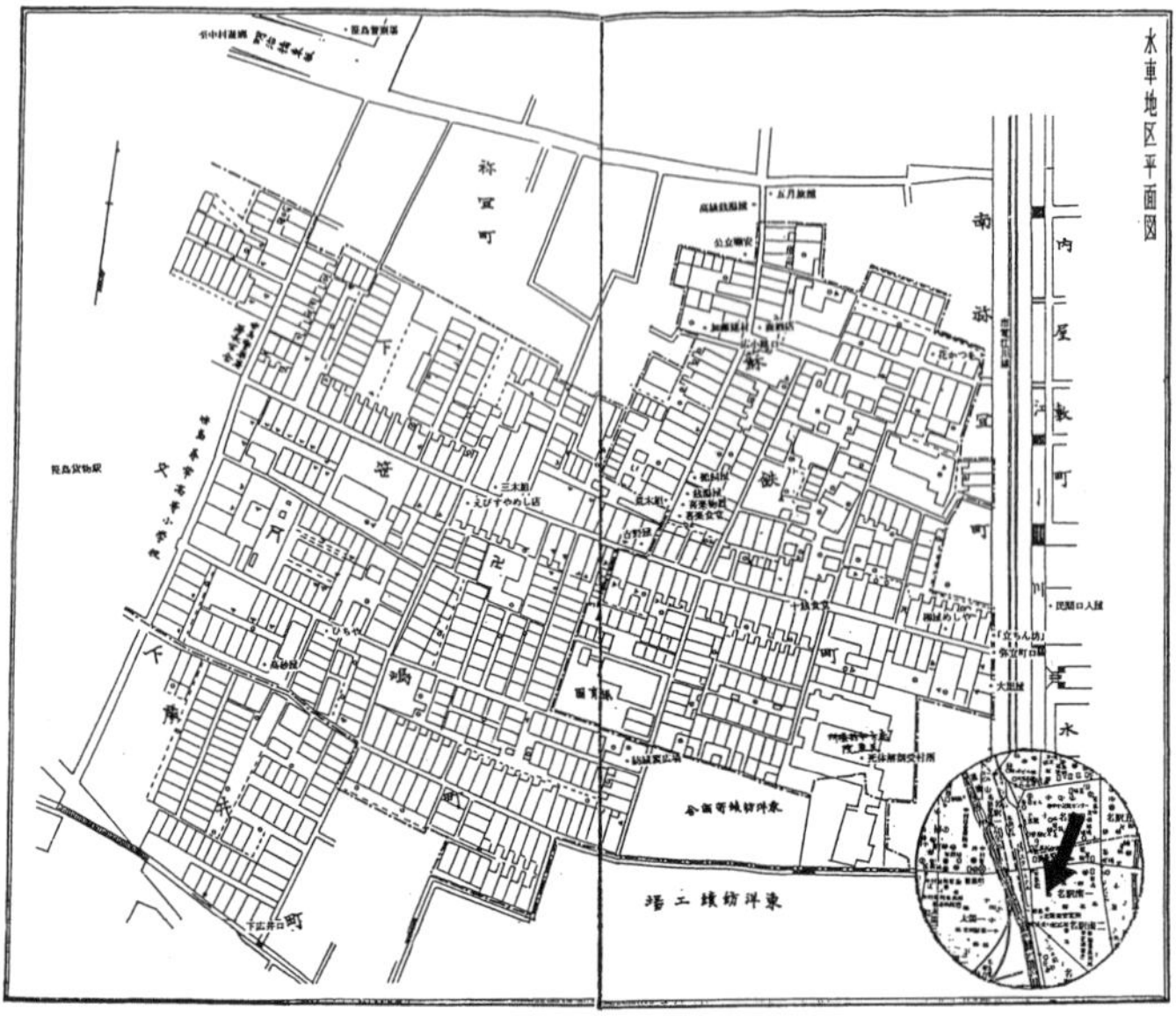

戦前の水車地区

よりますと、愛知県における日雇労働者の総数は二万八四〇〇人（同年六月末現在）で、そのうち名古屋市の日雇労働者は一万二四〇〇人（同年七月末現在）と記されています。

ちなみに、当時の名古屋市の人口は約七七万人であり、工場労働者は約六万人でした。同資料は、名古屋市在住の日雇労働者の住居および職業別状況を記しています。それによると、日雇労働者が比較的多数居住する地域は一五あるとされていますが、そのなかでも蘇鉄町および下笹島方面と名古屋港付近に日雇労働者が多数居住していました。

水車にある六〇〇〇戸のうち、木賃宿は七二軒、他の約五〇〇軒も飲食店その他労働者を対象とする商売に関わっていました。

水車地区の総居住者は三一三〇人で、木賃宿止宿者の一日平均数はその約四分の一にあたる八〇〇人、そのうち五〇〇人が日雇労働者でした。そして、水車地区全体の日雇労働者は約一一〇〇人、その内訳は、一戸を構えている者または同居する者四五〇人、木賃宿止宿者五〇〇人、その他浮浪など一五〇人とあります。

一戸を構えていた日雇労働者は仲仕（駅仲仕、川仲仕）が多く、比較的定着性が強くて移動性が少ない人たちでした。これに対し、木賃宿止宿者のおもな仕事は土工や雑役でした。木賃宿止宿者の市内在住期間と出身地についての調査より、止宿労働者の多くが移動性に富む流動的な人々であったことがわかります。すなわち、在住期間では、一年以上の在住者が二五％、六カ月以上一年未満一二％、一カ月以上六カ月未満二二％、一カ月未満四〇％で、一カ月未満の在住者がもっとも多数を占めています。出身地別では、名古屋市出身はわずか七％、愛知県下の他都市出身二七％で、多くが県外の出身者です。なお、水車地区の状況については、内務省社会局が一九二二年（大正一一年）に刊行した『六大都市細民集団地区比較統計』からも知ることができます。水車地区の世帯主（一四八一人）の職業の上位三つは、日雇使い歩き（四〇九人）、物品販売業（一五三人）、仲仕・船夫（一五一人）と記されています。

コラム「日雇労働者の仕事：仲仕」

「現在、日雇労働者を雇用する代表的な産業は建設業であり、日雇労働者と聞けば、建設作業員を思い浮かべる人は多いでしょう。しかし、日雇労働として行われてきた仕事は実に多種多様でした。名古屋港およびその周辺地域に居住していた日雇労働者については、その大半は貨物の荷役に従事する仲仕でした。一九二六年（大正一五年）六月現在、約一一〇〇人が仲仕をしていました。

仲仕は、常用仲仕、臨時仲仕および浮浪仲仕に分かれます。常用仲仕と臨時仲仕の大半は、組または飯場専属の仲仕である点で共通していましたが、臨時仲仕は労力の需要に応じて臨時的に雇用される仲仕で、雇用が一定していません。近隣の農漁村から季節的に出稼ぎに来る者が多数を占めていました。このほかに、どの組や飯場にも属さない浮浪仲仕と呼ばれる人たちがいましたが、少数でした。したがって、仲仕に関しては、日雇労働市場である寄せ場が果たした役割は小さなものでした。

なお、水車地区に居住する仲仕と同様に、名古屋港近辺の仲仕も、土木建築業に従事する日雇労働者と比べて、移動性は乏しく定着性が強かったようです（名古屋地方職業紹介事務局『名古屋港に於ける仲仕労働事情』一九二〇年）。

なお、一九三一年の満州事変と一九三七年の日中戦争を経て日本が戦時体制に移行するにともない、名古屋市は全国有数の軍事都市となります。『水車無宿』では、水車の人夫請負業者が政府の政策に従って日雇労働者を軍需工場へと動員しようとするのに対し、労働者たちがそれに抵抗する運動を展開する様子が描かれています。

2　戦後から一九五〇年代

水車地区の木賃宿街は戦災によって焼失しますが、一九四八年七月、現在の名古屋中職安の所在地に笹島労働出張所が開設されます。笹島労働出張所の大きな役割は、失業対策事業としての日雇労働紹介でした。戦後から一九五〇年まで、笹島での路上求人はほとんど行われていなかったようです。しかし、労働出張所が開設され、失業対策事業や日雇の一般労働紹介が始められたことによって、この地域に日雇労働者が参集するようになり、簡易宿泊所（ドヤ）も作られはじめます。笹島は日雇労働者の街として再建されていくことになります。

一九四九年当時の笹島労働出張所には、民間専属の就労者が約三〇〇人登録していました。その後、失業問題の深刻化と失業対策事業の拡大により、職安に登録する日雇労働者は急増します。『職業安定年報』（愛知県労働部、一九五〇年）によると、名古屋市全域での職安登録日雇労働者は一万二二二一人（男性一万一七三人、女性二〇四八人）で、各労働出張所の内訳は、笹島四二七二人、熱田四七〇九人、大曽根三二四〇人でした。

コラム「失業対策事業」

終戦直後の日本では膨大な失業者が存在しました。職業安定法（一九四七年）、失業保険法（一九四七年）、緊急失業対策法（一九四九年）の「職安三法」は戦後職業安定行政の支柱となったものであり、いずれも深刻な失業問題に対処するための立法でした。失業対策事業は、緊急失業対策法に基づいて、一九四九年度より開始されました。公共職業安定所に登録しても定職を得られない失業者は、日雇労働紹介の窓口に殺到しました。緊急失業対策法制定時の登録日雇労働者は一〇万四〇〇〇人でしたが、一年後には四一万人にまで急増しました。終戦直後の失業対策には職業紹介、職業訓練、失業保険、公共事業への吸収などがありましたが、失業対策事業は、それらに比べて財政負担が少なくかつ多数の失業者を吸収することができる対策として、長らく失業対策の主力となってきたものです（中島寧綱『職業安定行政史』参照）。なお、失業対策事業は一九九五年に廃止されました。

3　高度経済成長期における寄せ場の膨張

全国的に寄せ場がもっとも拡大したのは、一九六〇年代の高度経済成長期です。寄せ場の拡大とは、路上での労働力の売買が大規模に行われることを意味しています。高度経済成長期は、建設業、港湾業、製造業を中心に、日雇労働者に対する需要が大きく増大した時期です。そして、職安が大量の求人と求職に対応できるだけの能力をもっていなかったこと、求人側からすれば職安ルートよりも良質な労働力を確保でき、求職側からすれば職安ルートよりも高い賃金が得られたこと、住所が定まっていないなどの理由で職安に登録できない労働者がいたこと、などのいくつかの理由が関連しあい、全国的に寄せ場が拡大したのです。

名古屋では、一九五九年九月に起きた伊勢湾台風後の復旧工事の増大による台風景気とその後の高度経済成長のなかで、笹島での路上求人が拡大しました。高度成長期のおもな就労現場としては、新幹線名古屋駅開設、愛知県庁舎・名古屋市庁舎増設、地下鉄工事、トヨタ自動車関連工事などがありました。失業対策事業の登録日雇労働者の賃金に比べて、寄せ場での賃金はほぼ二倍であったようです。なお、笹島以外に、名古屋駅構内および周辺などでも路上求人が行われていました。一九六〇年代後半から七〇年代前半にかけて、笹島に参集する日雇労働者は五〇〇人前後であったと推定されます。

笹島地区の大部分は名古屋市が戦災復興土地区画事業の未指定地として保留していたもので、本来家屋を建てることは禁止されていたところです。しかし、労働出張所の開設と戦後の混乱した社会状況のなかでドヤ街が形成されたいきさつがあります。そして、笹島での寄せ場の拡大にともない、ドヤ数も増加しました。ドヤ数の推移は明らかではありませんが、新聞記事によると、一九六六年一一軒、七三年五〇軒で、七〇年代前半にドヤ数はもっとも多かったようです。なお、七三年に笹島労働出張所跡地に名古屋北公共職業安定所が移転しています。

ちなみに、戦後名古屋におけるより大規模なドヤ街は、名古屋駅の西側、いわゆる「駅西地区」に形成されました。戦後「駅西地区」には在日朝鮮人や中国人、復員軍人などを対象とする露店が多く成立します。これら露店は数年ののちにバラック群へと建て替わり、闇市が形成され、ドヤ街も形成されます。「駅西地区」は多くの不法建築物の多さから「駅裏」とも呼ばれました。この地区は東海道新幹線の建設にともなって区画整理が進められ、一九六〇年代にはバラック街およびドヤ街はともに消滅しています。

4　寄せ場の縮小とドヤ街の解体

一九七三年以後の経済不況のなかで、寄せ場・笹島が縮小します。中村署の調査では、七三年に笹島に参集していた日雇労働者は、四六〇人、求人の車は六〇台、七五年では日雇労働者三三〇人、求人車二一台で、特に求人業者の減少が目立ちます。逆に、仕事にあぶれた（失業した）人は、五〇人から一五〇人へと三倍になっています。ドヤ宿泊者は一〇二人で二年前に比べてほぼ半減しました。約三〇〇人の日雇労働者のうち半数近くが名古屋駅から笹島に参集している、と新聞記事で報じられていることにも留意しておきましょう。当時は、不況の影響で名古屋駅構内に寝泊りする人が一〇〇人前後おり、「浮浪者」としてその存在が問題しされはじめていました。名古屋駅に寝泊りしながら笹島に通う日雇労働者は少なくなかったと推察されます。

笹島の縮小に関わるもうひとつの側面は、ドヤ街の消滅・解体です。笹島地区はたびたび火災に見

35戸ひとなめ
笹島の火事
1人焼死、50人が被災
迷路の簡易宿泊街
消火に手間どる
日雇い労働者の街
ノッポビル
煙の〝覆面〟
周辺交通も混乱
『朝日新聞』1976年9月28日

舞われましたが、一九七六年九月に大規模な火災が発生し、ドヤ三五戸が全半焼しました。

名古屋市は、この火災直後に、ドヤの再建築を禁止するとともに、土地区画事業を進め「不法建築」の撤去を推進しました。この結果、この事業が終了した八一年頃までにドヤ街の解体が行われ、笹島は朝だけの寄せ場となったのです。八八年三月には北職安が現在の中職安に改称されました。

さて、寄せ場の特徴を把握するための基本的な視点は、日雇労働市場の質と規模に関するものです。質の面では、日雇労働力の売買がおもに職安等公共の労働紹介によるのか、あるいは手配師などによる民間の労働募集を就労経路とするのかが問題となります。そして、どの程度の日雇労働力の売買が行われるかという規模の問題があります。これらはいずれも、寄せ場に対してどのような労働行政が行われてきたのかという問題と深く関わっています。以上の視点に注目する時、笹島はどのような特徴をもった寄せ場としてとらえられるのでしょうか。これまで示した笹島の歩みを踏まえつつ、日雇労働市場の特徴と行政の関わりという視点から、笹島の特徴を抽出してみましょう。

戦前期名古屋における日雇労働と寄せ場

1　水車地区木賃宿止宿者の就労経路

水車地区の労働者はどのような経路で仕事をしていたのでしょうか。日雇労働者の代表的な就労経路としては、早朝の日雇労働市場である寄せ場と人夫請負業者が経営する飯場や組がありました。『管内各県下における労働事情』のなかに、木賃宿止宿者の就労経路についての以下の記述があります。「然らばこれら木賃宿に止宿しえる労働者は如何にしてその日の職を得るかというと、彼らは朝五時前後の床を離れ直ちに近所の一膳飯屋に行き一食十銭内外にて腹をこしらえ、六時頃までには各四つ辻に立ってその日その日の人夫募集人の手によって働き先を決定す、この一部には数人の人夫募集人あり。請負人の申し込みにより毎日所要の人夫を現場へ送るものにして無論労銀の二割あるいは三割五分は天引きして彼らの所得となるなり。かくして其の日一日の労働を約束して其の日の夕方働き先より伝票を持ち帰りたる労働者は前記募集人の所において伝票と引き替えに労銀を支払はるる習慣なり」（二六ページ）。

内務省社会局が一九二二年（大正一一年）に刊行した調査結果によると、口入斡旋屋について、水車地区には三つの人夫請負業者があり、一年間の人夫斡旋人員は八八五三人（男八三五三人、女五〇〇人）となっています。また、その他の口入斡旋屋として二つあり、その斡旋人員は男二七七人、女二四六人、計五二三人と記述されています。このほかに、土木請負業者が自家に労働者を止宿させたり木賃宿に手配師を派遣して募集する、あるいは木賃宿業者自身が仕事の斡旋を兼ねていた場合などがあったようです。

2 日雇労働と朝鮮人労働者

戦前期名古屋における朝鮮人労働者について触れておきます。一九二二年（大正一一年）の自由渡航制をきっかけに、名古屋でも朝鮮人の往来が本格化しました。『管内各県下における労働事情』によると、二五年六月現在、名古屋市の朝鮮人労働者の総数は三五〇〇人で、そのうち日雇労働者は二一〇〇人です。同じ年に名古屋市教育部社会課が名古屋市の工場労働者についての調査報告を出していますが、この調査からは工場労働者に占める朝鮮人労働者の割合がきわめて低かったことが理解されます。すなわち、調査対象となった二二一の工場労働者五万二三三一人のうち、朝鮮人労働者は五九一人で、全体に占める割合は一・一％に過ぎませんでした。また、『朝鮮人労働者に関する調査』（名古屋地方職業紹介事務局、一九二八年）には、名古屋市在住の朝鮮人九三二一人（同時点での朝鮮人労働者総数は五三六一人）の職業が示されています。それによると、失業中のものを除けば、土工従事者が三九八人で五割を超え、次に二一五人の仲仕が続いています。

以上のことから、名古屋に渡航してきた朝鮮人の多くが日雇労働に従事していたことがわかります。もうひとつの側面として重要なのは、名古屋の日雇労働者全体のなかで朝鮮人労働者が高い割合を示していたことです。先に示した、朝鮮人日雇労働者二一〇〇人という数は、名古屋市の日雇労働者総数一万二四〇〇人のほぼ六分の一に相当しています。また、一九三三年の段階で、名古屋港における仲仕のほぼ半数は朝鮮人仲仕でした。

朝鮮人労働者の就労経路は、圧倒的に飯場でした。この点について、『朝鮮人労働者に関する調査』は、以下のように述べています。「初めは内地人の木賃宿に宿泊せしものなりしが彼等のなかの極少数者が家を借りることに成功したるものが親方となって下宿営業を為す傍ら下宿人を自己の配下として労働せしめる為に其所に集まってくるのである。之がいわゆる飯場と呼ばれて居るところのものである」（六八九ページ）。大正末期から昭和初期にかけて、名古屋には約六〇の朝鮮人飯場があったといわれています。当時、名古屋には相愛会という朝鮮人同化団体があり、朝鮮人の職の斡旋に大きな役割を果たしていました。相愛会の支部および仮宿泊所である飯場が斡旋した日雇労働紹介は、一日平均一〇四〇という多さでした（一九二七年）。朝鮮人飯場と親方の存在は、とりわけ初めて渡航し日本語にも不自由な朝鮮人労働者にとっては重要なものであったでしょう。また、朝鮮人飯場の普及は、朝鮮人が独自に住居を確保することが非常に難しかった当時の社会事情とも関係していた現象といえます。

3　水車地区や日雇労働問題は行政からどのように見られていたか

第一次世界大戦後の経済不況と失業問題の悪化のなかで、貧困問題や労働者の保護は行政の責務であるとの認識が広がり、大正期後半から失業保護事業として労働行政が本格的に展開されていきます。失業保護事業は、職業紹介事業と失業救済事業の二つの事業から構成されました。

名古屋市では、一般紹介事業を扱う職業紹介所が一九一九年（大正八年）に、日雇労働者の職業紹介を専門的に扱う労働紹介所が二三年に設立されたのを皮切りに、職業紹介事業が拡大していきます。労働紹介所の設立は、日雇労働者の職業紹介には特殊専門的な取り扱いが必要であるとの考えに基づいていました。

次の二つのことが日雇労働に特有な大きな問題ととらえられていました。ひとつは、雇用の不安定性であり、日雇労働者の失業問題が特に深刻であることでした。もうひとつは、日雇労働者の雇用関係に前近代的・封建的な性格がみられることでした。そして、この封建的な雇用関係の核をなすものとみられていたのが人夫請負業や親方の存在です。名古屋市職業紹介所『事業概要』（一九二五年）に、以下の記述があります。「人夫請負業者は一面に労働者の監督をなし、他面には雇主に代わりて賃金の立替払いをなすので便利な仲介者ではあるが、個人の営利業であるから、種々なる名義の下に仲介料を要求し、純然たる労働保護の上からは、幾多改良すべき欠陥を発見して得るので、これを救済すべく生まれたのが吾が労働紹介所である」（二一一〜二一二ページ）。したがって、労働紹介所は、日雇労働者の雇用対策と人夫請負業者によるいわゆるピンはね（天引き、歩引き、頭はねなどの言い方もあります）防止を目的とするものでした。

失業保護事業のもうひとつの核である失業救済事業は、失業情勢の悪化に対処するために、一九二四年（大正一三年）以来、政府主導のもとで、各自治体がおもな事業主体となって行われたもので、土木事業がその中心でした。名古屋市は、六大都市のひとつとして、一九二四年から二八年までの第一期から、一貫して失業救済事業を行っています。

さて、大正期後半より以上のような失業保護事業の展開をみるわけですが、日雇労働者の代表的な集住地域である水車地区そのものを対象とする労働対策は実施されませんでした。労働紹介所は、日置（一九二三年：水車地区より南に約一キロメートル）および熱田（一九二七年）、大曽根（一九三一年）に開設されたものです。このこともあり、水車地区の日雇労働者の就労経路はもっぱら民間労働市場であったようです。また、失業救済事業は労働紹介所の登録要救済者から採用されたもので、登録者以外は事業の対象外とされました。水車地区に対する特別な労働対策が講じられなかったことの是非はともかく、その理由としては、水車地区に対する行政の認識のあり方が深く関わっていたと考えられます。

第一に、水車地区の住民は、「細民」と位置づけられていました。以下は、愛知県社会課の調査報告『不良住宅地区に関する調査』（一九二六年）にある記述です。「本地区は……、更に明治二二年頃より東海道鉄道敷設工事のために入り込んだ土工等が此処に寄住するようになってから益々下層労働者の集合地となってきた。……そこに前述明治一九年の県令があり、次いで労働力の需要が起こり、労働者収容の必要から次第にその数を増し、現在では木賃宿の数七二軒を産するにいたった。しかして名古屋市が近代的都市として発展するにつれ、その裏面において増加した細民階級がこれら木賃宿を中心として密集し、現今の状態を呈するにいたった。ここに生活するものは、その生活極めて安価であり、且つ一般に細民地域として知られるだけに、又日雇人夫等としての就職の機会が多い。これが益々下級労働者を招致する原因ともなり、全国屋外労働者間において『水車』の名称をもってあまねく知られている所以である」（三ページ）

細民とは、貧困者とは違って、保護、救済を要しない人々であり、広くいえば、貧しいけれども自力でなんとか生活できる下層労働者ととらえられています。

コラム「細民と貧困者」

名古屋市社会課は、大正時代末から昭和初期にかけて、貧困者を対象とする社会事業の計画と運営のための基礎資料を得ることを主目的に、貧困者に対するいくつかの調査を実施しています。

そこでは、細民とは、「いわゆる中産以下のものであって貧困者級の上に位し救助、保護の直接必要には直面していないが日常生活難に当面し一度事あらむか直ちに貧困者級に転落していくべき可能性と危険率とに富む生活を持続しつつある多くの人々」と定義され、貧困者とは区別されています。貧困者とは、「日々の生活に窮し救助を要し又は保護を加えるべき必要ありと認められる者」と定義され、さらに、貧困の程度によって、窮民、極貧者、次貧者の三つに分類されています。窮民と極貧者は、「継続的又は一時的に直ちに救助の要ありと認められる者で、次貧者とは、ただちに救助の要はないが相当の保護を加えることを要すると認められる者」と定義されています。

水車地区は、保護や救助を必要とする貧困者ではなく、細民が多く住む地域としてとらえられていました。名古屋市社会課が行った調査は、名古屋市社会課『貧困者生活状態』（一九二四年一一月）、名古屋市社会課『市内各町細民状態調査統計』（一九二四年九月）、名古屋市社会課『市内各町細民状態調査』（一九二五年三月）といった資料にまとめられています。

第二に、水車地区の住民、特に木賃宿に止宿する日雇労働者は「問題の多い」人たちと見なされがちでした。「木賃宿における彼らの大部分は独身者なるも生活の余りに簡易なるがため向上心は影を潜め進取の気象《ママ》は自ら消滅して発展の希望もなく現に四十年近き歳月を独身にて木賃宿生活を営みて怪しまざるものありというに至りては其の環境の悲惨と心理の憐憫なるに同情に値すべしと」（『管内各県下における労働事情』二七ページ）。また、水車地区の労働者に関する新聞記事には、「銭使いが荒い」「怠ける」「怠惰な習慣」「貯蓄心がない」などといったステレオタイプ的な見方が強く認められます。そしてこの点とも関連しますが、第三に、水車地区は要改善地区であるととらえられてはいましたが、これはもっぱら「風紀衛生上」や「生活放縦不規律」、およびそれに起因する「治安の悪さ」といった点から木賃宿街の弊害が問題視されていたことに基づいていたものです。

4　寄せ場の日雇労働者に対する人間観の問題

労働者保護の必要性は広く認められるようになっていましたが、水車地区労働者が直面する問題を、ピンはねなど日雇労働に特有な問題との関連でとらえる視点は弱かったわけです。このことには、とりわけ木賃宿止宿労働者に対するステレオタイプ的な見方が深く関係していたことでしょう。寄せ場の日雇労働者に対して「怠惰」などとするステレオタイプ的な見方は、今日まで根強く残ってきているものです。ここでは、次の二点に留意しておきましょう。

まず、「怠惰」にみえる生活が日雇労働という仕事とどのような関係にあるのか、この点についての理解が求められます。ピンはねによる低賃金、仕事の不規則性・不安定性、重労働、仕事現場の移動性およびそれにともなう生活空間の移動性などは、通常私たちが頭に抱く仕事と生活の「一般の姿」

とは非常に異なっています。生活のありようは仕事の性格に大きく規定されるわけで、個人の性格や資質の問題とみなしてしまうことはできません。

もうひとつは、特定の集団に対する社会の見方は、その社会がもつ標準的な物差しに基づくことに関係します。大正から昭和にかけての時代は、日本の経済発展や近代化を進めるという観点から、「真面目で」「勤勉に働き」、「貯蓄心が旺盛で」「生活規律が正しい」労働者像（この基準が工場労働者）が普及、強化されていった時代でした。このような物差しを基準に、日雇労働者の生活習慣は好ましくないものとして、批判される傾向にあったのです。

なお、日本が戦時体制に移行するにともない、職業安定所の役割は、当初の失業対策や失業救済を目的とするものから、戦争への労働力動員の専門的機関へと性格を大きく変えていくことになります。

戦後寄せ場対策の起点――「主要地区」と笹島

1　寄せ場における暴力手配師の問題

全国的に寄せ場が拡大した一九六〇年代は、寄せ場に対する社会的注目が高まり、国家的見地からの寄せ場対策の必要性が認識された時期でした。その直接のきっかけとなったのは、一九六〇年代はじめに東京の山谷と大阪の釜ヶ崎で起きた暴動でした。労働省『失業対策年鑑』は、これらの暴動を契機に寄せ場が存在する地区に対する社会的関心が高まり、地元関係機関だけでなく国としての立場から総合的な対策が取り上げられることになった経緯を説明しています。そして、寄せ場におけるもっとも大きな問題として、暴力手配師が存在し、日雇労働者を直接あるいは間接的に搾取していることをあげています。

コラム　寄せ場での暴動

一九五九年に山谷、一九六一年釜ヶ崎で起きた日雇労働者による大規模な暴動は、寄せ場の存在を世に知らしめるとともに、「暴動」や「騒乱」といったイメージを寄せ場に与えるきっかけともなりました。以来、山谷や釜ヶ崎では、暴動が繰り返し起こることになります。山谷での暴動は、食堂内での店員と客のいざこざ・喧嘩に際し、殴り倒された客を連行して収拾を図ろうとした警察の処置、釜ヶ崎での暴動は、交通事故の被害者に対する警察による処置に端を発していて、仲間が警察に差別的・非人間的に扱われたことに対する日雇労働者の怒りの爆発として始まった点が共通しています。

このきっかけが大きな怒りを爆発させた背景としては、劣悪な居住条件や不当な労働条件に直面するなかで、日雇労働者の多くが行政や社会に対する不満や怒りを鬱積していたことが深く関係していたといえるでしょう。中根さんは暴動の内実を、労働者個々人の日常的な屈辱感、怨念、怒りを背景とした大衆的反撃、下層労働者の階級的憎悪としての集団的自己表現としてとらえています（中根光敏「暴動」『場所をあけろ！寄せ場とホームレスの社会学』）。

名古屋でも寄せ場の拡大期に、暴力手配師が求人手配に大きく関わっていました。一九六六年六月に、笹島で日雇労働者を土建業者に斡旋していた暴力手配師が摘発される事件がありましたが、それに関連する新聞記事（『朝日新聞』『毎日新聞』『中日新聞』一九六六年六月一八日、『朝日新聞』一九六六年六月二三日）から当時の状況を整理しておきましょう。まず、笹島の職安の登録日雇労働者は約二六〇〇人、これに対して、おもに寄せ場を経由していた労働者は五〇〇〇人前後でした。このうち、二～三〇〇〇人が職安に登録していない「住所不定」の労働者でした。摘発された暴力手配師（暴力団）は、「（昭和）三四年秋ごろから笹島職安の北隣に『私設職安』の事務所を設け『就労手帳』を持たない日雇労務者や職安でアブレた労務者を一日二百～三百人も愛知、三重、岐阜各県からきた土建業に……手数料をとり斡旋していた」。また、「同組を通じて労務者を雇っていた業者は三県下で約七十業者にのぼり、おもに道路工事、建築現場に使っていた」。当時の笹島の寄せ場労働者は五〇〇〇人前後でしたから、この「私設職安」の勢力の大きさが知れます。労働者からのピンハネと業者からの手数料は大きな資金源でした。

また、話は前後しますが、一九六一年八月には駅周辺を活動根拠としていた暴力手配師五人が逮捕されています。このグループは、「（昭和）三四年の伊勢湾台風後、復旧工事の人夫不足につけ込んで（昭和）三五年の春にこの会社を作り、名古屋市内をはじめ……県下の五十三飯場と会員制度を設けて」会費をとる一方で、日雇労働者からも手数料をとっていました。これらは、いずれも暴力団対策との絡みで暴力手配師が逮捕されたものです。

2　寄せ場対策の起点――「主要地区」に対する特別な対策

暴動以後、青空労働市場（寄せ場を指す行政用語）のある地区は特別地区とみなされ、各地区の特性に応じた特別地区対策＝寄せ場対策が進められていくことになります。ここで強調しておきたいのは、寄せ場対策は、特別地区のなかの「主要地区」と位置づけられた地区（山谷、寿、釜ヶ崎が該当します）とそれ以外の地区に、大きく二分されたことです。「主要地区」とは、「日雇労働者の居住する簡易宿所（ドヤ）街が形成され、労働、民生、教育、治安などの各分野にわたり周囲の街と相違した特異な現象を呈している」大規模な地区ととらえられています。山谷では財団法人山谷労働センター（一九六五年一〇月）、財団法人城北福祉センター（六五年一一月）、寿では寿町総合労働福祉会館（七四年九月）、釜ヶ崎では財団法人西成労働福祉センター（六二年一〇月）、財団法人愛燐総合センター（七〇年一〇月）といった諸施設が設立され、労働、福祉、医療などの面でさまざまな対策が実施されていきます。笹島を含む他の寄せ場（六七年の労働省の調査では、寄せ場は全国で約二〇と把握されています）に関しては、「主要地区」にみられるような独自な対策は何も立てられませんでした。

「主要地区」とそれ以外の地区での寄せ場対策の違いを労働面でみておきましょう。労働対策の基本方針とされたのは、職業安定機関の強化を図り暴力手配師を排除することによって健全な労働市場を育成することです。この基本方針に加えて、「主要地区」では、職安ではなく寄せ場をもっぱら就労経路とする労働者を対象とする対策が進められていきます。寄せ場には、さまざまな理由で職安に登録しないあるいは登録できない労働者がいて、その多くは手配師を通じて仕事を探します。このような路上で求人する未登録の労働者に対して、手配師の暴力性は強く向けられることになります。「主要地区」では、これらの労働者に対して職業紹介や労働相談を専門的に行う諸施設が設置されました。これに対し、笹島を含む他の寄せ場では、職安の強化という基本対策以外の特別な対策の必要性は認められなかったわけです。

「主要地区」に限って特別な対策を始めた行政の論理とは、どのようなものだったのでしょうか。まず、暴動を契機として行政側が寄せ場対策の必要性を認識したことから明らかなように、行政の寄せ場対策は基本的に治安対策としての性格を強くもっていたことがあげられます。山谷や釜ヶ崎では六〇年代から七〇年代にかけて暴動が繰り返し生じています。この点、「主要地区」とは、放置すれば反社会的な行動が噴出しかねない、治安の観点から特に危険な地域として行政側からみなされていた地区だといえます。

もうひとつ重要な点は、「主要地区」に対する行政の関心には、大規模な労働力への関心が含まれていたことがあります。つまり、国家的な観点からの開発計画や産業の発展に動員できる有用な労働力が大規模に集まっている地区として、釜ヶ崎や山谷が注目されていたことです。一九六六年に刊行された労働省職業安定局『愛隣、山谷地区の実態と労働対策の方向』は、「従来この地区はスラムと規定され、もっぱら治安維持の観点から論じられてきたが、この地区の労働者は日本の労働事情が次第に不況基調へと移っていく過程で、建設業等筋肉労働を必要とする事業を下支えする労働力として産業の発展、国土の建設にかなり重要な役割を果たしている」ととらえ、労働市場としての大きな機能と有用な労働力がプールされていることに着目した対策が必要であると述べています。そして、特に大阪万国博覧会を控えた当面の措置として、寄せ場の一定の場所への集約と職業安定その他労働者福祉の向上を図ることが必要であると述べています。行政の寄せ場対策は、治安対策と不可分の関係をもちながらも、有用な労働力の維持と動員を大きな目的とするものであったわけです。

3　笹島には特別な施策の必要性が認められなかった

笹島は、名古屋および東海地域の日雇労働力の供給基地として重要な役割を担ってきました。そして、暴力手配師の介在による寄せ場特有の問題も抱えていました。しかし、山谷や釜ヶ崎で寄せ場対策が始められた時期、笹島に対しては特別な施策は何も行われませんでした。山谷や釜ヶ崎に比べて規模が小さいことや暴動が起きたわけではないことにより、治安対策と労働力対策を重視する国家的な関心および行政の論理からすれば、笹島は特別な施策を行う必要性がある寄せ場とはみなされなかったからだといえるでしょう。

笹島では、職安の強化による健全な労働市場の育成という課題もほとんど追求されませんでした。一九六〇年代、職安行政が笹島にもっとも積極的に関わったのは、先に示した一九六六年六月、笹島を活動拠点にしていた暴力手配師グループが逮捕された後のしばらくの期間でした。この逮捕直後に、愛知県労働部は、「私設職安」つまり、労働者供給業者の取り締まりと一掃のための緊急対策本部を設置しています。そのおもな対策は、①同部の広報車を笹島の職安に置いて、新規求職者の相談に応じる相談室を開設し、求職受け付けする、②求職票は、名前、年齢、居所を記入する程度の簡潔なものとする、③市内各職安では、常雇い、日雇の求人開拓のため、緊急求人開拓班を組織する、④名古屋市民生局と連絡をとり、労働者、求人者の動向をつかむ、の四点でした（『毎日新聞』一九六六年六月一八日）。寄せ場労働者の職安登録を推進しようとする意図はみえます。しかし、簡単な求職票により職安に登録する労働者は増えたものの、業者から職安への求人はわずかで、就労斡旋に実効性をあげることはできませんでした（『朝日新聞』一九六六年六月二三日）。これ以降も、笹島では職安前で「私設職安」による就労斡旋が盛んに行われるという状態が続いていくことになります。つまり、基本的な寄せ場対策として「職業安定機関の強化による就労経路の正常化」が政策として掲げられても、ほとんど実効性のある施策は行われなかったわけです。

「私設職安」に関して愛知県労働部が語っている言説をみておきましょう。「私設職安がなくならないかげには人間失格ともいえる彼等の『浮草根性』にも一因がある。正規の窓口では一度紹介されると、無断欠勤できないが、手配師による就労は自由、好きなときにからださえ持っていけばその日のめしにありつける。一カ月に十五～二十日働き、あとは飲むか、競輪、パチンコだ」（『毎日新聞』一九六六年六月一八日夕刊）。この言説にみえる寄せ場労働者観と行政の消極性とは、少なからず関係しているといえるでしょう。

笹島に対する行政の関心の低さは、この地区に関する行政調査が一度も行われてこなかったことによく表れています。行政が笹島の実態に関心を向けはじめるのは七〇代後半に入ってからです。一九七五年一二月一五日付の『朝日新聞』は、「水車地区の実態にメス」の見出しで、「従来、水車地区に関しては行政機関による実態調査が一度も行われてこなかったが、中村署が年末に警察官によるプロジェクトチームを編成し、労働者の生活実態や地区の治安などの調査に乗り出すことになった」と報じています。この理由について同署の幹部は、「過激派が未組織労働者をねらっているという情報があり、警察としても、実態を解明する必要がある。しかし、単なる治安問題だけでは解決しない点が多く、不況の影響など、幅広い視野で取り組みたい」と語っています。六〇年代の山谷や釜ヶ崎への行政の関心が暴動を契機として高まったのと同様に、この時期の行政の笹島への関心が治安対策上の必要性をおもな契機としたものであったことがわかります。この実態調査の詳細は不明であり、また「治安問題」として問題視されていた内容も明らかではありません。しかしいずれにせよ、笹島では、労働行政の面から対策が立てられることはなかったのです。

一九八〇年代以降の笹島

1　民間労働市場中心の寄せ場

笹島では、高度経済成長期に寄せ場が拡大しました。それ以降、寄せ場での求人が常態化し、今日にいたっています。この間、一九七六年に「建設労働者の雇用の改善に関する法律」が制定されました。この法律によって、寄せ場での求人は職安への届け出を条件としながらも公に認められることになり、笹島が属する名古屋市中村区は、この法律が適用される全国八地域のなかの一地域に指定され

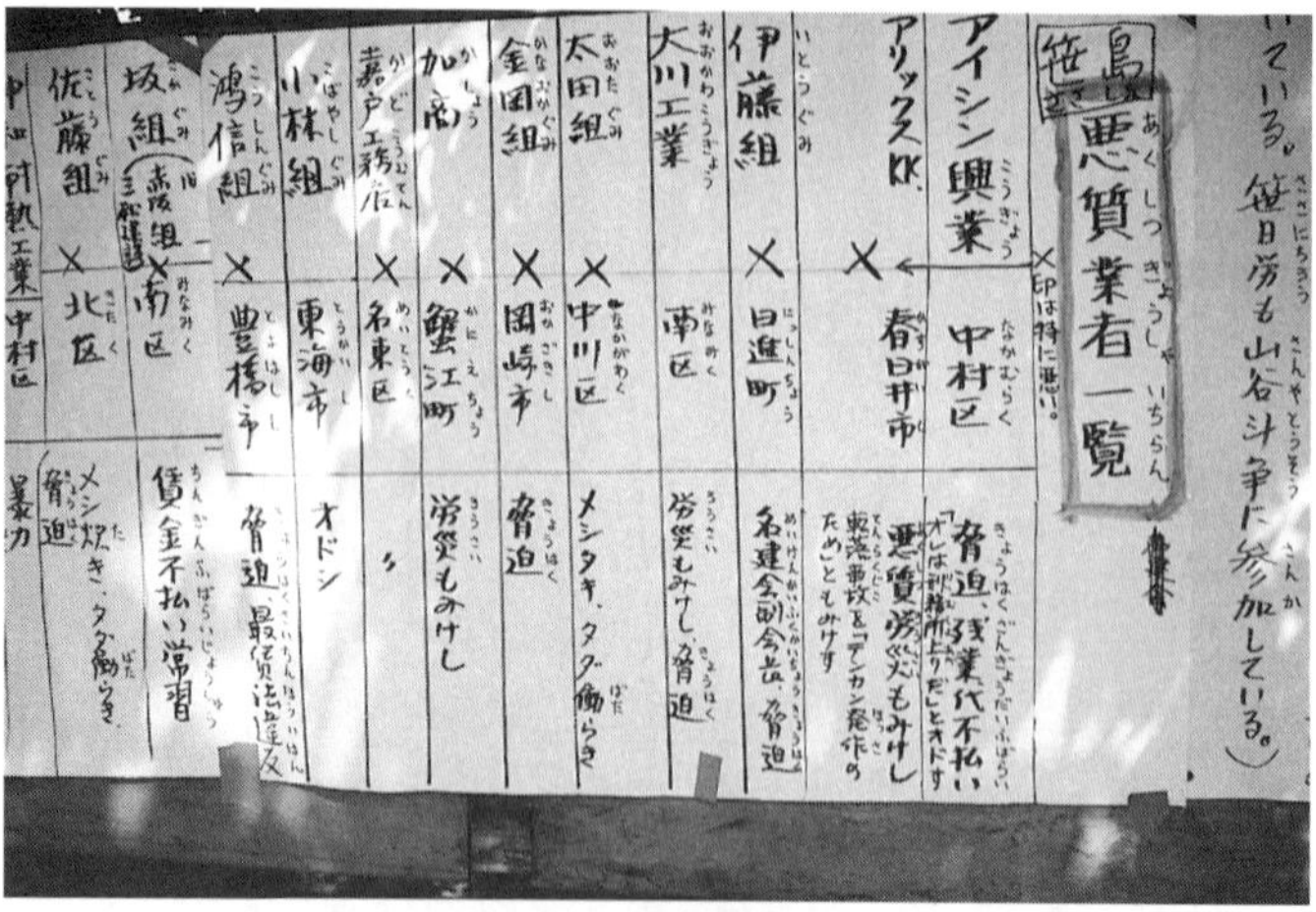

寄せ場に張り出された悪質業者一覧（笹島日雇労働組合調べ）

ました。この法律の主眼のひとつは、寄せ場での悪徳な手配師を指導・監督し、日雇労働者の募集活動についての適正化を図ることにありました。ただ、名目上はそうであっても、実際にはこの法律の制定によって、六〇年代に急増した手配師の活動が合法化されることになったわけです。

一方、笹島では、職安は失業対策事業としての日雇労働紹介と一般の日雇労働紹介を行ってきました。一九八四年四月には、名古屋市内の失業対策事業が熱田労働出張所へ集約されたため、笹島の職安は日雇については一般の労働紹介だけを扱う機関となります。一般の日雇労働紹介を扱うことになった八四年度以降、笹島の職安はどの程度の仕事を紹介してきたのでしょうか。表1は日雇労働紹介とアブレ手当てに関する数値を示したものです。

まず明らかなことは、当日求人数はないに等しい状況が続いてきたことです。もっとも多かったのは八四

表1　中職安の労働紹介とアブレ手当てに関する統計

	中職安の登録日雇有効求職者数（各年度末）（　）内は女性で内数	当日求人数（年間）	白手帳交付状況（　）内は女性で内数	日々認定数（　）内は1日平均
1984年度	427 (11)	1,367	550 (12)	5,361
1985年度	518 (9)	866	579 (8)	8,806
1986年度	779 (11)	370	890 (14)	15,417
1987年度	1,311 (20)	393	1,353 (25)	35,067
1988年度	1,791 (19)	241	1,747 (23)	79,337
1989年度	1,660 (20)	250	1,443 (18)	94,919
1990年度	1,551 (17)	78	1,667 (20)	87,200 (324)
1991年度	1,819 (35)	33	1,782 (35)	105,660 (387)
1992年度	2,220 (68)	38	2,215 (68)	113,539 (455)
1993年度	2,699 (95)	5	2,914 (111)	133,650 (548)
1994年度	2,987 (109)	15	3,087 (131)	163,563 (668)
1995年度	3,070 (133)	377	3,676 (182)	182,381 (741)
1996年度	3,646 (233)	815	4,083 (266)	226,303 (923)

中職安『日雇業務年報』各年版による。当日認定数の１日平均は『日雇業務年報』に記載されているもののみ

年度の一三六七人ですが、年間の合計数だということを忘れないでください。一日平均にすると四人を少し超える程度の人数になります。九三年度にいたっては年間の当日求人数の合計はわずか五人です。長期求人数についても同様のことがいえます。要するに笹島の職安は、日雇労働の紹介機能をほとんど果たしてきませんでした。

笹島での日雇仕事は、圧倒的に民間労働市場に依存してきました。笹島日雇労働組合（笹日労）が毎年春闘期に行っている路上求人業者についての調査からは、一〇〇前後の業者が路上求人に関わっていることが確認されています。しかしいうまでもなく、民間労働市場は景気の波を直接に受けます。不景気のなかで路上

求人の縮小、すなわち寄せ場の縮小が進行し、日雇労働者は経済的な困窮に追い込まれてきたのです。

2　労働行政は何を行ってきたのか

表1は、白手帳とアブレ手当ての日々認定数がほぼ増え続けてきたことをも示しています。日雇求職者給付金（通称アブレ手当て）は、日々の日雇労働紹介後、不就労となった求職者の生活保障を行うために職安が支給するものです。日雇労働者を雇用する事業主は、事業所を管轄する雇用保険印紙を購入し、日雇労働者から白手帳の提示を受けた場合には、賃金を支払うたびに、賃金日額に相応する等級の印紙を手帳に添付することが義務づけられています。日雇労働者がこのアブレ手当てを受給する要件は、現在、前月と前前月の二カ月に二六日以上働いて、少なくとも二六枚以上の印紙が手帳に貼られていることにあります。この場合には、日雇労働者は最高七五〇〇円の給付金を最高一七日まで受給することができます。笹島の職安が担ってきた役割は、ほぼこのアブレ手当ての支給に限られてきたといえるでしょう。

アブレ手当ての受給は、雇用が不安定な日雇労働者の生活保障に欠かせないものです。しかし、この制度には根本的な問題点があります。それは、二カ月で二六日以上の就労が受給要件となっていることから明らかなように、この制度は一定程度働けている日雇労働者を対象にしていることです。したがって、仕事にアブレて経済的に困窮している日雇労働者ほど、この制度から実質的に排除されているという問題があります。また、笹島で路上求人を行っている業者のなかで印紙を貼らない業者がいるという問題もあります。笹島日雇労働組合の春闘調査では、半数程度の業者が印紙を貼っていないという現実が明らかになっています。本来、寄せ場での路上求人業者に対する指導・監督は職安行政が担うべき課題なのですが、この面でも職安はその役割を十分には行ってこなかったわけです。

笹島の変容をみてきましたが、行政の関わりの点からみると、寄せ場である笹島に対する直接的な労働対策はほとんど皆無であったことがわかります。

戦前、失業保護事業の一環として設立された労働紹介所は、日雇労働紹介を通じて、失業対策と人夫請け負い業者によるピンはね防止という観点からの労働者保護を目的とするものでした。しかし、笹島の前身である「水車地区」を直接の対象とする対策は行われませんでした。

戦後、高度経済成長期に寄せ場に対する国家的な関心が高まりますが、笹島では職安行政とは別の独自な寄せ場対策の必要性は認められず、職安行政によってわずかな対症療法的な施策が行われただけです。基本的な寄せ場対策として、「職業安定機関の強化による就労経路の正常化」があげられていましたが、職安がほとんど労働紹介所として機能してこなかった現実は、この行政課題に何ら実効性がなかったことを示しています。そして、笹島の変容——水車地区の歴史的形成、戦後笹島の再編、ドヤ街の解体、そして笹島での路上求人の合法化——が、直接・間接に行政施策に規定されてきたことをみてきました。

寄せ場に参集する日雇労働者の窮状を語る際に「使い捨て」という言葉がよく使われます。笹島は

「使い捨てにされてきた寄せ場」との思いを禁じえません。もちろん、このことは山谷や釜ヶ崎に対して行われてきた労働対策が十分な効果をあげてきたということを意味していません。笹島に比べれば、独自な対策が行われてきたことに言及しただけです。

この章では、笹島および寄せ場にかかわる行政の論理についていくつかの見方を提示しましたが、より幅広い観点から行政の論理を追求していくことが必要でしょう。それは、日本の社会の仕組みを考えるうえでも有益と考えます。そして、寄せ場やそこに生きる人たちが日本の経済や社会に対して果たしてきた役割を明らかにしていくことも、重要な課題として問われ続けるでしょう。

第4章　野宿者に対する名古屋市の生活保護行政はどのように変容してきたか

私は、一九九〇年代はじめの数年間、原則として週一回、支援活動の一環として、野宿している人たちが名古屋市中村区社会福祉事務所の保護係に相談に行く際に付き添いをしていました。野宿者の相談に対する社会福祉事務所の対応を見守り、場合によっては意見を言ったり異議を申し立てることが、おもな活動の内容でした。このような活動を行っていたことには、野宿者が一人で相談に行っても、保護係がなかなか真摯には対応してくれないという状況があったことも関係しています。

野宿している人を含め定まった住居をもっていない人は、行政用語で「住所不定者」と呼ばれます。当時、中村区社会福祉事務所では、「住所不定者」に対する以下のような生活保護行政が慣例的に行われていました。まず、窓口では、病気やケガなどで病院での受診（応急手当）を希望する相談は受け付けられますが、生活に困って野宿していること自体は相談の対象とは認められていませんでした。

次に、受診希望者は個人面談を受けたのちに病院で受診しますが、その結果「就労困難」（稼働能力なし）と診断された場合には、生活保護施設である更生施設への入所措置や入院措置がとられます。しかし、「就労可能」（稼働能力あり）と診断された場合には、それ以上の対応はなされず、受診という医療扶助単給の適用で終わるわけです。つまり、「住所不定者」が生活保護の適用を受けて生活保障の対象となるのは、病気やケガなどで「就労困難」と判断され入院や施設入所が必要と認められる場合に限られ、失業して生活に困って野宿している人は、病気にでもならない限り、生活保障の対象とはならないという状況があったわけです。

失業して生活に困って野宿するようになり相談に行っても、相談の対象とさえみなしてくれない（たとえば、生活に困って食事ができず空腹に耐えかねて相談に行った人に向かって、「そんなたわけた相談にはのれない」といった職員の言葉は、今でも鮮明に覚えています）。そして、受診して肉体的・健康的に「就労可能」と診断されれば、実際に働く場があるかないかということはいっさい考慮せずに生活保障の対象から除外されてしまう。このような「就労可能」な「住所不定者」に対する保護係の対応を体験するなかで、「住所不定者」に対する保護行政はどのような論理や根拠に基づいて行われているのか、また、名古屋市の「住所不定者」対策は時代や社会情勢に応じてどのように変化してきたのか、ということについて関心をもったり考えたりするようになりました。

名古屋市の「住所不定者」に対する保護行政の問題点は、おもに名古屋で日雇労働をしていた林勝義さんが「林訴訟」（失業が原因の野宿者に対する名古屋市保護行政の違法性を撃つ闘い）を一九九四年に起こしたことで、大きく注目されるようになりました。「林訴訟」はまた、各自治体の「住所不定者」対策が全国的に問題化される直接のきっかけを作りました。「林訴訟」が投げかけたものおよび「林訴訟」以後の名古屋市保護行政の問題点や変容については、第6章で取り上げられています。

現在、名古屋市には「住所不定者」を保護するための植田寮という更生施設がひとつあります。植田寮の『事業概要』などをみますと、六〇年代の中期までは失業が原因で野宿していた人も植田寮での収容保護の対象となっていたことがわかります。この事実を踏まえますと、「就労可能」な人を収容保護の対象とはみなさないという方針は、いつ頃どのようなかたちで策定されたのかという疑問がわきます。この章では、おおよそ戦後から九〇年代までを念頭に置いて、名古屋市の「住所不定者」対策はどのように推移してきたのか、特に、失業が原因で野宿する人はどのように扱われてきたのかについて検討します。なお、戦後から七〇年代中頃まで、野宿する人は一般に「浮浪者」と呼ばれていました。「浮浪者」と「住所不定者」はともに差別的な意味合いを含む言葉ではありますが、行政の姿勢や見方を問題にするという本章での趣旨も踏まえ、カッコつきでこれらの言葉を使っていきます。

名古屋市の「浮浪者対策」——戦後から一九五〇年代まで

1　一斉収容と援護相談所

戦後名古屋市内で「浮浪者」の問題がもっとも可視的であった（目立った）のは、「浮浪者」が多く集い寝泊りしていた名古屋駅とその周辺でした。このこともあって、名古屋駅は、名古屋市の「浮浪者対策」のひとつの焦点の場となり続けました。戦後から一九五〇年代までの名古屋市の「浮浪者」対策について、まず指摘できる大きな特色は、一斉収容（俗に「浮浪者狩り」と呼ばれていた）や援護相談所の設置を通して、かなり積極的な「浮浪者」対策が行われていたことです。

一斉収容は名古屋駅とその周辺を中心に行われましたが、そのピークは一九四七年度と四八年度でした。一九四七年度には、六〇回の一斉収容が行われ三六九九人（浮浪児九九一人を含む）が、一九四八年度には、四八回の一斉収容で三三二五人（浮浪児五四六人）が施設に収容されています。この時期に頻繁に一斉収容が行われた背景としては、敗戦の影響（戦災、復員、軍需工場閉鎖、外地からの引き揚げなど）で「浮浪化」せざるをえなかった人たち、つまり戦災に起因する「浮浪者」が多数存在していたことが大きかったわけです。当時、名古屋駅に寝泊りしていた人は五〇〇〜六〇〇〇人もいたようです。

一斉収容の目的としては、「浮浪者」を一定期間生活保護施設に収容して、彼らの自力更生を図ることがもっとも重要なこととされていましたが、公衆衛生や防犯の面からもその必要性が認められていました。その後、戦災「浮浪者」の減少にともない、一斉収容も減少していきます。とはいっても、五〇年代後半まで、年間二〇〇〜三〇〇〇人が一斉収容によって収容保護されていました。

援護相談所は一九四五年一月、名古屋駅構内に設置されたもので（七四年に廃止）、名古屋に流入する人たちの管理・統制と保護をおもな目的とする機関でした。一斉収容がいわば「浮浪者」の事後的な救済を目的とするものであるのに対し、援護相談所は「浮浪化」への予防的業務としての街頭相談を担ったわけです。一九五二年度から五六年度までの五カ年の援護相談所の取り扱い人員総数は一万八一二三人（年間の平均取り扱い人員は三六二四人）でした。取り扱い状況は、移送（送還）、収容措置、相談のみに分かれますが、移送がいちばん多く一万二一〇〇人で全体の六六・八％を占め、収容措置三〇八五人（一七・〇％）、相談のみ二九三八人（一六・七％）と続いています。このほかに、各区での社会福祉事務所の窓口業務があり、相談内容と状況に応じて、生活保護施設への収容保護が行われていました。

2　収容保護の中心は更生施設

収容保護の対象となった「浮浪者」は、健康状態や年齢などに応じて各施設に収容されました。表1は、一九五八年三月末現在の名古屋市における生活保護施設の収容状況を示したものです。定員数、実員数いずれにおいても更生施設が多く、収容保護のなかで更生施設が中心的な役割を担っていたことがわかります。当時の更生施設は、「『浮浪の状態にあるものを収容して適切な保護と指導を加え、社会に復帰させる目的をもつ』（『名古屋市の民生事業』一九五八年、七二ページ）と規定されており、「浮浪」の状態にある者すべてが保護の対象になっていたわけです。

表1　収容施設における被保護者現在員調　（1958年3月31日）

	施設名	定員 人（世帯）	現在員 人（世帯）	男（人）	女（人）
養老施設	東郊寮	90	86	37	49
	壽寮	200	199	74	125
	名古屋養老院	53	53	13	40
	青大悲養老院	30	32	−	32
	計	373	370	124	246
救護施設	天白寮	60	60	29	31
更生施設	瑞穂寮	160	179	106	73
	植田寮	170	170	170	−
	船見寮	380	341	323	18
	草薙寮	123	74	21	53
	厚生寮	300	320	258	62
	計	1133	1084	878	206
医療保護施設	瑞穂寮	200	219	生活保護法	186
	済生会病院	180	160	被保護者	96
	精霊病院	135	95		6
	計	515	474		288
宿所提供施設	蘇鉄寮	140	101（3）	104	−
	新興寮	44（25）	70（16）	53	56
			39（9）		
	名古屋寮	180	147	147	−
	計	364（25）	357（28）	304	56

（注）宿所提供施設新興寮現在員の下段は非保護者
（『名古屋市の民生事業』名古屋市民生局、1958年）

コラム「生活保護施設の概要」

一九五〇年に生活保護法が全面的に改正され、同法による保護施設は、養護施設、救護施設、更生施設、医療保護施設、授産施設および宿所提供施設の六種類とされました。各施設の内容は次のとおりです。

養護施設：老衰のため独立して日常生活を営むことのできない要保護者を収容して、生活扶助を行うことを目的とする施設。

救護施設：身体上または精神上、いちじるしい欠陥があるために独立して日常生活の用を弁ずることができない要保護者を収容して、生活扶助を行うことを目的とする施設。

更生施設：身体上または精神上の理由により、養護および補導を必要とする要保護者を収容して、生活扶助を行い、その更生を図ることを目的とする施設。

医療保護施設：医療を必要とする要保護者に対して、医療の給付を行うことを目的とする施設。

授産施設：身体上もしくは精神上の理由または世帯の事情により、就業能力の限られている要保護者に対して、就労または技能の修得のために必要な機会および便宜を与えて、その自立を助長することを目的とする施設。

宿所提供施設：住居のない要保護者に対して、住宅扶助を行うことを目的とする施設。

更生施設に収容されたのはどのような人々だったのでしょうか。第一に、更生施設収容者の多くは「就労可能」な人たちでした。たとえば、一九五九年三月三一日現在の更生施設収容者は七一五人で、その内訳は、働いている者三三七人、不就労者（老衰、疾病、身障、その他）二二五人、完全失業者一五三人でした。そして、働いている三三七人のなかでは、日雇労働者が三〇八人で、群を抜いて多い状況でした。第二に、収容者の「浮浪」の原因としては、失業が高い割合を示していました。五一年から五八年にかけての更生施設収容者の入寮の原因別状況は、失業が四五・二％、「日雇労務《ママ》に従事しているが寄宿するところがない」が三二・六％で、その他疾病、家出、犯罪などと続いています。第三に、更生施設への収容経路では、援護相談所と一斉収容が大きな役割を果たしていました。五一年から五八年にかけての更生施設収容経路別状況では、援護相談所が七四・二％ともっとも多く、一斉収容一六・八％、社会福祉事務所八％でした。

以上を簡潔にまとめますと、戦後から五〇年代にかけての「浮浪者」対策は、終戦直後はおもに戦災に起因する「浮浪者」を対象にしていましたが、その後は失業に起因して「浮浪」せざるをえなかった者（その多くは日雇労働者）を、おもに援護相談所や一斉収容という方法を通して収容していた事実が確認されます。「就労可能」な失業者は、疾病などによる不就労者と同様に収容保護の主要対象だったわけで、その収容保護をおもに担っていたのが更生施設でした。

現在、名古屋市で唯一の更生施設である植田寮は、一九四六年に（旧）生活保護法による保護施設として設置され、五〇年に（新）生活保護法によって更生施設となりました。青山大作は、『名古屋市の社会福祉』（一九七三年）のなかで、植田寮は、「『新』生活保護法（一九五〇年）の施行により更生施設となり、一八歳から六〇歳までの単身男子の『浮浪者』および要保護者（いずれも稼働能力のある者）のほか、保護の実施機関の委託による者などを収容して、生活扶助をするとともに、更生の途を図るためのもので、建物は戦争中は健民修練所として使用していたものである」と記述しています。

3 「浮浪者」問題ついての行政認識

一九五〇年代の段階で、名古屋市は「浮浪者」問題をどのようにとらえていたのでしょうか。

第一に、名古屋市は、国民生活の全般的向上と戦後一〇年におよぶ「浮浪者」対策によって、「浮浪者」のなかで更生できる者はほとんどが更生し、残された主要な課題は、「諸方をはい回する純粋の浮浪者」の存在とみていました。名古屋市は、「浮浪者」を小屋がけ「浮浪者」（仮小屋生活的な住宅困窮者に属する者）、施設に収容されている「浮浪者」、徘徊「浮浪者」の三つに分類していますが、適当な住居を提供すれば比較的容易に更生できる者として小屋がけ「浮浪者」をとらえているのに対し、徘徊「浮浪者」は保護を受けても自力更生の意欲がなく、施設収容されても規律的な生活に堪えられず無断退寮するもっとも問題の多い人々とみています。つまり、「純粋」という言葉には、「常習の浮浪者」「職も住居もなく」「バタヤや日雇労務などこの社会特有の仕事に従事する」「精神的な欠損者」など、さまざまな蔑視的な意味合いが含まれています。ここでは、行政が行おうとした保護や更生の方針や内容にそぐわない人は、「問題の多い浮浪者」として蔑視の対象になっていたことを確認しておきましょう。

第二に、更生施設を軸に展開してきた収容保護施策の見直しが、二つの理由から必要になっているととらえられています。まず、更生施設よりも救護施設や養老施設をより充実させていく方向性が示されています。このことは、本来これらの施設に収容されるべき不就労者が、施設収容能力などの関係で、更生施設に収容されていたことと関係があります。次に、経済の発展によって「浮浪者」が減少してきた社会事情を考慮して、更生施設の一部を宿所提供施設に切り替えていくことが必要だととらえられています。ただし、「浮浪」の背景に失業という経済問題があり、景気の変動によって「浮浪者」が増減するということは認識されています。そのために、以上の政策転換においても、失業対策事業の拡張など、労働行政の充実が必要であると示されています。

名古屋市の「浮浪者」対策――一九七〇年代中頃まで

1　更生施設収容保護の減少

更生施設への収容保護は、一九五〇年代を境に、拡大期から減少期へと変化しはじめます。表2の「社会福祉事業施設」は、一九四七年から六五年までの各保護施設数の推移を示したものです。この期間、増加しているのは救護施設のみで、その他はいずれも減少しています。特に更生施設は、五七年には五つありましたが、六五年には植田寮のみとなり、急激に減少したことがわかります。こうした更生施設数の減少にともない、その定員数も大幅に減少しました。定員数は四八年から五八年まで

表2　社会福祉事業施設（名古屋市内に所在する施設数）

種別＼年	1951	52	53	54	55	57	59	61	62	63	64	65
救護施設					1	1	1	1	2	2	2	2
更生施設	4	5	5	5	5	5	4	3	3	3	3	1
医療保護施設	3	3	3	3	3	3	3	2	2	3	2	2
宿所提供施設	4	5	4	4	3	3	3	3	1	1	1	1

※1966年度以降は変化なし
（『名古屋市総計年鑑』〔名古屋市〕各年版から作成。ただし、いずれの施設数においても、変化のなかった年度は省略）

がもっとも多く一一三三人でしたが、更生施設が植田寮一つとなった六五年以降は一七〇人となっています。そして、植田寮は七二年四月、救護施設定員一四〇人、更生施設定員七〇人の総合施設へと改編され、更生施設の定員がさらに縮小されました。この改編については、植田寮の七二年版の『事業概要』で、「……産業構造の変動により身体上又は精神上のハンディキャップを有する社会不適応者の利用が顕著にみられ」るようになり、こうした社会情勢への適応として救護施設の拡充が図られたと記載されています。

さて、植田寮の『事業概要』などを参照すると、一九六〇年代の更生施設収容状況について次の三点が指摘できます。

第一に、一九七〇年代までには、援護相談所や一斉収容に代わって、社会福祉事務所が更生施設への主要な入寮経路になったと考えられます。援護相談所や一斉収容は積極的な「浮浪者対策」という特徴をもっていましたから、この変化は「浮浪者対策」が消極的なものになったととらえられるでしょう。

第二に、収容原因別状況はどうだったのでしょうか。一九六六年度までは、「収容原因調」が記載されています。それによると、失業、疾病、身体障害、精神障害などの収容原因のうち、失業が占める割合はいずれの年度もいちばん高く、六四年度は五一・一七%、六五年度は五〇・〇〇%、六六年度は四三・七五%となっています。また、入寮者の入寮前の職業別状況では、いずれの年度も、日雇と無職の占める割合が高くなっています。これに対し、七二年以降の『事業概要』では、「収容原因調」の記載がなくなっていて、入寮者の収容原因別状況はわかりません。ただ、七二年から七六年版までは、各年とも四月一日現在の入寮者の入寮前の職業別状況についての記載はあり(七七年以降は記載なし)、それによると、各年とも依然として日雇ないし無職の割合が高くなっています。このほか七六年版には、「本寮への入寮者もここ数年明らかに質的変化が現れ、殆ど疾病あるいは心身障害による落層者で占められ、有病率は八〇%の高率に達している」との記述があります。これらを参考にしますと、植田寮収容者のなかで、日雇と無職の占める割合は以前と同様に高かったが、そのなかで「健康で就労可能な者」が占める割合は、この時期に低下したのではないかと推察できます。

第三に、事業目的の欄の表現上の変化があります。一九六七年版までの事業目的の欄には、「原則として一八歳から六〇歳までの単身、男子無宿者、その他の要保護者」と、収容保護要件が記載されていますが、七二年版以降は「身体上又は精神上の理由により養護および補導を要する要保護者」と、生活保護法の表現がそのまま用いられています。「原則として単身で無宿者」との表現は、定まった宿がなく「浮浪」していること自体を収容保護要件とみなし、失業、疾病その他の理由による「浮浪者」をすべて収容対象としていた当時の更生施設の実状を反映しているといえるでしょう。七二年版以降の表現上の変化については、更生施設の収容保護要件についての名古屋市の考え方の変化なりを反映したものかもしれないと仮説的に考えることはできますが、はっきりしたことはいえません。

以上みたように、一九六〇年代は、更生施設の数および定員の減少がみられた時期といえます。このことは当然のことながら、「就労可能」な者の収容保護が縮小したことを意味します。また、七二年以降は、植田寮の『事業概要』で収容原因についての記載がなくなったため、入寮者のうちどの程度が失業を原因とするものであったのかについても確認できません。ただ、断片的な資料から推察すると、この時期、失業に起因する「就労可能」な者の収容は、更生施設収容者のなかに占める割合という点でも減少したのではないかと考えられます。

2　更生施設縮小の根拠

社会情勢の変化に応じて更生施設中心の生活保護行政を見直すべきだとの考え方は、すでに『名古屋市の民生事業』（一九五八年）のなかで示されています。そこでは、従来の更生施設中心の体制から、救護施設の充実と更生施設の宿所提供施設への切り替えが必要であると述べられています。更生施設の縮小が現実的かつ望ましいと判断されたことの主要な根拠ないし展望としては二点あげられています。すなわち、「純粋の浮浪者」が減少していることにより、更生施設の一部を宿所提供施設へと切り替えることが望ましいこと、および失業対策事業の拡張により、稼働能力のある者は更生施設よりも宿所提供施設へ収容するほうが適当であることです。

一九六〇年代にかけての「浮浪者」の状態はどのようなものだったのでしょうか。名古屋駅とその周辺の状況についてみておきましょう。

一九六五年前後には、年一～二回の頻度で一斉収容が行われていたようです。六二年六月の一斉調査では、「浮浪者」はおおよそ一三〇人でした。「収容された人たちで身障者や職業のないものは二カ月無料で給食、その間に就労できるものは職業の斡旋など更生指導を行う」とあります（『中日新聞』一九六二年六月二三日）。六六年の一斉調査では「浮浪者」六五人が収容され、また、六八年一二月の一斉調査では、三五人の「浮浪者」が保護され、健康者は更生施設へ、病弱者は救護施設へそれぞれ収容されたと書かれています（『中日新聞』一九六八年一二月二四日）。名古屋駅周辺の「浮浪者」は、五〇年代後期には二〇〇人前後と推定されていたので、同場所周辺での「浮浪者」が漸次減少していたことは確かなようです。この背景としては、経済の全般的な上昇や失業対策事業の拡張によって、失業に起因する「浮浪者」が減少したことが大きかったといえるでしょう。

名古屋市の「住所不定者対策」――一九七〇年代後半以降

1　「住所不定者対策基本方針」の策定

名古屋市は、一九七八年一二月、民生局長名で「住所不定者対策基本方針」（以下、「基本方針」と略）を策定しました。「基本方針」がこの時期に策定された背景として重要なのは、まず、オイルショック以降の不況のなかで、名古屋駅周辺を中心に野宿する人たちの問題が再び可視化し、問題化されはじめていたことです。七五年一二月末の新聞は、名古屋駅周辺で同年中に一一人の餓死者が出たこと、および同年末現在おおよそ一〇〇人前後が名古屋駅に寝泊りしていることを伝えています(『朝日新聞』一九七五年一二月三〇日)。次に、野宿する人たちが増えている状況をとりわけ日雇労働者の失業や劣悪な労働条件に起因する社会問題ととらえ、名古屋市の民生・医療行政の改善を求めるとともに、その責任を追及する支援グループの活動が始められたことです。

「基本方針」が策定されるまでの過程で、行政と野宿者・支援グループがもっとも激しく対立した問題は、当時の国鉄が名古屋市民生局などとの協力の下に実施しようとした、「名古屋駅浄化作戦」と称する名古屋駅の夜間閉鎖計画でした。同計画は、明らかに名古屋駅構内からそこに寝泊りしている人を排除する意図をもって行われたものです。野宿者や支援者グループは、この計画が実施されれば野宿者は行き先もないまま駅構内から排除されることになると主張し、国鉄に対して抗議するとともに、福祉事務所や名古屋市本庁での座り込みを含む反対運動を展開しました。

同計画は一九七七年一〇月に強行されましたが、このことは、六〇年代後半までまがりなりにも一斉収容などを通じて保護の対象でもあった名古屋駅周辺の「浮浪者」が、全面的に排除の対象となったことを象徴的に示しました。しかし同時に、野宿者・支援グループは、この間の運動を通して、同年(七七年)末から年末年始の一定期間「住所不定者」のための無料宿泊所の開設を名古屋市に認めさせるなど、一定の成果も勝ち取りました。名古屋市が七八年末に「基本方針」を制定したのは、野宿者・支援グループからの激しい抗議や追及を受けていたこと、および野宿者問題がより大きな社会問題となる状況が予測されるなかで、「住所不定者」に対する当面の対策の骨子や基本姿勢を制度的に確立・確認する必要があると判断したからだといえます。

「基本方針」は、「住所不定者」を一時的困窮者と要保護者に分けています。一時的困窮者とは、「就労可能者」(就労の意志と能力が認められる者)を指し、その対策としては、生活保護ではなく、法外援護として、「一時的困窮者に対する援護策」(一人一回を原則とする宿泊および給食援護)があげられています。要保護者への対策は、収容を要する者、移送を要する者、疾病者の三つに分かれています。このうち、生活保護施設への収容を要する者は、疾病者とともに、「稼働能力がない」ことが保護要件となっています。

特筆されるのは、「就労可能者」は、生活に困窮していても要保護状態ではないと明示されていることです。言い換えると、保護施設収容対象者は、疾病その他の理由で「稼働能力がない」者に限定するとの方針が確定あるいは確認されたわけです。前節まででみたように、就労可能な者も従来更生施設収容の対象となっていたわけですから、この「基本方針」の制定は、名古屋市の「住所不定者」に対する保護行政の大きな転換を意味したわけです。

コラム「法外援護」
法外援護とは、各自治体が生活保護法などの法律の枠外で行う単独の援護事業を指します。

名古屋市が「住所不定者」に対する法外援護として行ってきたおもなものは、以下のとおりです。①緊急宿泊援護は、受診や施設入所・入院の必要が認められるけれどもその日のうちに処置できない場合の緊急的措置として、宿所と食事を提供するものです。②診察・入院協力料は、「住所不定者」の診察と入院を受け入れた民間病院に対して支払われる協力料です。このような協力料が支払われる背景には、一般に民間病院が「住所不定者」の診察や入院を嫌がるということがあります。③入院時の生活用品の支給と緊急ベッドの確保。以上の援護事業は内容的にはいずれも生活保護の適用による受診および施設入所や入院措置を補完するためのものです。④年末年始の無料宿泊所の開設は、年末年始の一定期間、住居がなく生活に困っている人を対象に、名古屋市の元簡易宿泊所であった船見寮を開設して食事、宿泊、日用品の支給などを行うことです。この無料宿泊所への入所措置は、内容的に、生活保護を補完するものではなく、就労の意志と能力がありながらも所持金がなくて生活に困窮している人を対象とする独自な事業です。

2 「基本方針」の論理

しかし一方で、「基本方針」は、「住所不定者」のほとんどは日雇労働者であるから、「住所不定者」の生活を改善するには、日雇労働制度の改革をはじめ、国、県レベルでの総合的な対策が必要だ、との考え方も示しています。「住所不定者」の問題が日雇労働制度に起因する社会的な問題であると認識しながらも、名古屋市としては就労可能であれば要保護状態とは認めないとの方針を立てているわけですが、この「基本方針」はどのような論理によって支えられてきたのでしょうか。

まず、「基本方針」が治安対策としての性格をもっているということがあります。「基本方針」と関連資料である「中村区住所不定者対策資料集」（名古屋市職員労働組合中村区役所支部発行、発行年不明）をみると、「住所不定者」対策が、「住所不定者」の保護や援護の内容に関するものと、「住所不定者」との相談や面接のあり方および支援グループに対する対策から構成されていることがわかります。「住所不定者の面接は、飲酒者・粗暴者が多いことにより困難があるので体制強化が必要である」「支援団体に対する対応、いわゆる『名古屋市からの回答書』の取り扱いについては、毅然たる対応が必要である」などの表現にみられるように、後者は広い意味で治安対策といえるものです。

中村区住所不定者対策資料集

（年末年始対策を含む）

名古屋市職員労働組合中村区役所支部

また、「住所不定者」に対する人間観の問題があります。以下のような記述があります。「彼等（住所不定者）は、計画的生活能力、金銭管理能力に乏しく、その上、飲酒癖、放浪等により更生意欲に欠けるものが多く、また、不潔、性行不良のため病院などから疎外される多くの要因をもっている」「飲酒者・粗暴者・病院・施設をトラブルにより強制・自己退院した者には、原則として相談に応じない毅然たる方針を定めることが必要である」など。「生活・管理能力に乏しい」「更生意欲に欠ける」「性行不良」などといった問題の多い人たちというとらえ方がなされており、「住所不定者」自身の責任が強調されています。そして、「いたずらに厚い処遇をすることはかえって自立意欲を阻害する」との見方から、就労可能な者は要保護状態と認めないという方針が正当化されているわけです。

ところで、一九八〇年代のはじめに、「住所不定者」の増大という社会情勢もあって、「基本方針」を見直す動きがありました。これは、「住所不定者対策検討委員会」（この委員会は各区の社会福祉事務所職員二〇人と民生局八人の職員で構成され、八一年五月から延べ三五回開催されました）が、「当面の改善策」と「専門的な取扱機関等の設置」について検討し、「住所不定者の対策にかかる提言」（一九八三年五月開示）として、民生局に提出されたものです。このうち、「専門的な取扱機関等の設置」に関する検討は、「基本方針」の大きな見直しを射程に置いたものでした。この点について、「検討委員会」は、名古屋では「住所不定者」の多くを構成する日雇労働者は笹島地区に集中していること、寄せ場に対する労働対策が不十分であるがゆえに賃金不払いや労災のトラブルなどで日雇労働者が窮地に陥っていること、「住所不定者」の専門的な取り扱い機関がある他都市では「住所不定者」の自立更生に効果をあげていることをおもな理由としてあげ、愛知県など関係先へ働きかけるとともに、専門的

年末年始に開設される無料宿泊所。14〜16畳に10〜12人

な取り扱い機関の設置が望ましいという提言を出しています。この提言は、福祉事務所で「住所不定者」にじかに接し、これらの地区に居住する日雇労働者が抱えている問題にかかわっていた現場担当者の声を反映したものです。

しかし、名古屋市民生局は、一九八四年一二月に「提言」に対する基本的見解として、専門的機関設置の必要性は認められないとの判断を下しています。このおもな理由としてあげられているのは、「住所不定者」の専門的取り扱い機関が設置されている他都市の簡易宿泊所（ドヤ）街と比較して、名古屋の場合、福祉事務所に相談来所する「住所不定者」の数が少ない、ドヤ街がなく恒常的な生活指導を必要とする地域住民がいるわけではない、および、専門的取り扱い機関を設置した場合、民生行政以外の問題点を抱え込むことになる、ということです。

たんに他都市に比べて「住所不定者」の数が少ない

ことやドヤ街がないことを理由とする論理は、実状や現場担当者の要請をあまりにも無視したものです。そして、名古屋市は、民生行政による解決を図りながら労働行政へ働きかけるのではなく、まったく逆に、民生行政が抱えるかもしれないコストや負担を強調することで、現状維持にとどまることを正当化しようとしたわけです。

3 「住所不定者」取り扱い状況の推移

表3は、一九七七年度から九九年度までの名古屋市の「住所不定者」取り扱い状況を示したものです（本章巻末に名古屋市の「住所不定者」取り扱い状況についての関連図と簡単な説明を掲載しています）。福祉事務所に相談にくる「住所不定者」の顕著な増加が明らかです。名古屋駅構内が夜間全面閉鎖された七七年度は一八五九人でしたが、「住所不定者にかかる提言」が出された八三年度には、ほぼ倍近い三四四三人にまで増加し、さらに九三年度にはこれも倍近い六五四八人にまで増加しています。その後四年ほど増加は見られませんでしたが、九八年には八〇〇〇人を超え、九九年度には一万人を突破しました。

取り扱いの内訳をみますと、生活保護のなかの応急手当がほぼどの年度でももっとも高い数値を示しています。応急手当は九一年度に初めて二〇〇〇件を超えましたが、九九年度では約六五〇〇件まで増大し、全体に占める割合でも九一年度三七・一％から九九年度五五・九％へと増大しました。次に多いのは入院（特に私立病院への入院）ですが、九〇年代はいずれも一〇〇〇件台で推移しています。

表3　名古屋市における住所不定者取り扱い状況

調査年度	1976年度	1977年度	1978年度	1979年度	1980年度	1981年度	1982年度	1983年度	1984年度	1985年度	1986年度	1987年度
相談件数合計	1,374	1,859	1,856	1,883	2,139	2,389	2,971	3,443	3,670	3,708	3,761	3,849
内訳 生活保護 施設入所 救護施設（厚生院）	8	18	10	9	3	8	5	11	2	1	2	3
内訳 生活保護 施設入所 更生施設（植田寮）	102	109	92	125	132	145	157	159	169	169	166	166
内訳 生活保護 施設入所 宿所提供施設（熱田荘）	3	2		4	7	2	7	11	5	5	8	5
内訳 生活保護 施設入所 その他	11	3	2	–	–	–	–	–	–	–	–	–
内訳 生活保護 入院 厚生院　医療	–	–	–	–	–	–	–	–	–	–	4	3
内訳 生活保護 入院 国公立病院	6	20	24	19	17	15	34	26	21	29	19	17
内訳 生活保護 入院 私立病院	412	437	460	442	533	639	713	802	778	845	731	869
内訳 生活保護 応急手当	196	278	437	356	395	403	596	735	1,053	870	1,299	1,266
内訳 生活保護 移送	175	295	234	403	450	483	618	725	699	480	462	440
内訳 生活保護 その他	17	5	3	14	8	22	18	15	5	3	5	7
内訳 法外援護 応急手当	5	12	13	23	15	15	22	14	11	12	20	21
内訳 法外援護 移送	218	352	372	237	202	280	297	333	193	165	149	170
内訳 法外援護 給食	59	44	45	76	127	180	219	304	241	204	128	182
内訳 法外援護 その他	8	65	18	25	19	16	43	88	49	25	6	18
内訳 ＊ その他	–	–	–	10	12	11	30	20	19	79	19	18
内訳 相談のみ	154	219	143	140	219	170	212	200	424	821	743	664

＊内訳は、簡易宿泊所紹介、老人ホーム、婦人相談所、その他

名古屋市における住所不定者取り扱い状況

調査年度	1988年度	1989年度	1990年度	1991年度	1992年度	1993年度	1994年度	1995年度	1996年度	1997年度	1998年度	1999年度
相談件数合計	4,059	4,002	4,581	5,405	5,629	6,548	5,623	4,992	5,409	6,341	8,887	11,564
内訳 生活保護 施設入所 救護施設（厚生院）	3	2	5	2	1	3	4	1	3	1	6	4
内訳 生活保護 施設入所 更生施設（植田寮）	188	178	173	159	146	169	128	141	138	163	156	118
内訳 生活保護 施設入所 宿所提供施設（熱田荘）	6	5	2	6	5	6	3	4	6	14	11	5
内訳 生活保護 施設入所 その他	–	–	–	–	–	–	–	–	–	–	–	–
内訳 生活保護 入院 厚生院　医療	3	5	4	3	5	–	2	1	1	2	4	6
内訳 生活保護 入院 国公立病院	31	41	57	40	47	48	45	44	58	78	94	121
内訳 生活保護 入院 私立病院	933	982	1,072	1,087	1,056	1,321	1,056	1,010	1,113	1,366	1,632	1,727
内訳 生活保護 応急手当	1,484	1,450	1,647	2,010	2,317	2,916	2,584	2,293	2,373	2,810	4,340	6,470
内訳 生活保護 移送	350	352	355	323	227	317	200	81	47	42	58	133
内訳 生活保護 その他	4	12	4	2	1	3	6	9	7	14	19	46
内訳 法外援護 応急手当	25	19	6	25	27	15	5	8	3	3	3	11
内訳 法外援護 移送	172	151	188	222	196	241	249	215	233	200	219	324
内訳 法外援護 給食	87	105	116	163	331	397	99	44	49	71	75	80
内訳 法外援護 その他	34	57	35	35	13	29	12	7	7	15	6	12
内訳 ＊ その他	16	15	18	21	24	54	17	6	11	19	32	32
内訳 相談のみ	723	628	899	1,307	1,234	1,029	1,213	1,128	1,360	1,543	2,232	2,475

＊内訳は、簡易宿泊所紹介、老人ホーム、婦人相談所、その他
（内訳の項目は年度によって若干違いがあるため、一番細かく書かれていた98年度の見出しを使い各年度の数値をあてはめた。〔名古屋市民生局調べ〕）

施設入所件数が占める割合は小さく（九〇年度三・九%、九九年度一・〇%）、なかでも救護施設厚生院と宿所提供施設熱田荘への入所はわずかです。更生施設植田寮への入所件数も、九〇年代はおおよそ一五〇前後を推移していて、増えているわけではありません。大まかな傾向として、合計数がほぼ断続的に増大してきたことと施設入所者数が増加してないこと、生活保護のなかで入院と応急手当の占める割合が漸次増加してきたととらえることができるでしょう。

更生施設植田寮への入寮措置に関して、「就労不可能」な者のみを収容保護の対象とする「基本方針」がどの程度厳格に適用されてきたか、この点は定かではありません。一九七〇年代に福祉事務所でケースワーカーをしていた人の話では、稼働能力が認められても、失業その他の理由で野宿せざるをえないような困窮者に対しては、植田寮への収容保護が行われることもあったようです。しかし、すでに述べたように、私が野宿者に付き添って福祉事務所に行っていた九〇年代のはじめには、収容保護対象者は稼働能力のない者に限るとの方針が徹底されていました。

したがって、以下のように解釈できると考えられます。つまり、「基本方針」は、更生施設収容対象者を稼働能力のもたない人に限定するとの基本方針を示したものであった。福祉事務所の現場では、稼働能力の有無だけではなく、さまざまな状況を考慮して、生活困窮者を収容保護する場合があった。しかしながら、その後の推移のなかで、稼働能力のない者のみを収容保護の対象とするという方針が福祉事務所の現場でも慣例化し、かつ徹底されてきたと。

なお、「基本方針」のなかで記されていた「一時的困窮者に対する援護策」は、九四年度までほとんど実績がなく、九五年度に廃止されています。

林訴訟へ

この章では、名古屋市が定まった住居をもっていない人に対して行ってきた保護行政の変遷を、大まかな三つの時期区分に基づいて整理しました。一九六〇年代後半までは、明らかに失業が原因で生活に困窮し野宿する人も更生施設に収容されていました。その後、七〇年代前半から更生施設の収容保護要件が不透明になります。そして、七八年制定の「住所不定者対策基本方針」によって、稼働能力のある者は更生施設収容の対象とはしない（要保護性がない）との基本方針が定められます。一方、更生施設収容枠は六〇年代中頃に大幅に減少しました。六五年に更生施設は植田寮一つとなり、その定員数は更生施設への収容保護がピークであった時期と比べると一〇分の一にまで縮小されたわけです。

どのような行政施策でも、そのあり方や妥当性を評価・検討するための重要な視点は、社会情勢の変化をどの程度考慮しているか、そして社会的なニーズにいかに対応しているかにあります。行政は一九六〇年代にかけての更生施設枠の縮小を、経済発展や失業対策事業の拡張による雇用機会の増大という社会情勢に見合うものとしてとらえていました。しかし、この時期でさえ、野宿問題の背景には失業の問題が深く関わっていて、景気変動によって野宿者が増減するということが認識されていたのです。今日の状況が当時と大きく異なっていることは明らかです。すなわち、福祉事務所に相談に来ざるをえない「住所不定者」は増加し続け、特に平成不況に入ってからその数は大幅に増大したわけです。

生活に困窮し野宿に追いやられる人は日雇労働者に多いこと、言い換えれば「住所不定」の問題は日雇労働制度と深く関わっていること、この点について名古屋市が認識していなかったわけではありません。しかし実際には、日雇労働者の置かれている状況を考慮した特別な対策は、年末年始対策としての無料宿泊所の開設に限られてきたわけです。通年対策としては、稼働能力の有無を判断基準として、稼働能力ある者はほぼ一律に生活保護の対象者とは認めない政策が続けられてきました。つまり、名古屋市は、「稼動能力があれば保護の要件はない」とする一方で、年末年始を除けば、独自な法外援護も行ってこなかったのです。そして、このような行政施策を支えてきたもののなかに、日雇労働者や「住所不定者」に対する差別的な人間観が関わっていたこともみたとおりです。

日雇労働問題と深く関わる野宿者問題は、名古屋市の保護行政が単独で対応できるものではなく、保護行政、労働行政、住宅行政、衛生行政などを含んだ総合的な対策を必要としていることはいうまでもありません。しかし、社会保障の最後の拠り所というべき生活保護の責務がすこぶる大きいことも明らかです。

以上のような名古屋市の保護行政の問題点や責任を根源から問いかける闘いが一九九四年の「林訴訟」によって始められ、その後、全国各地で寄せ場から保護行政を問う運動および闘いが進められていくことになります。

［参考資料］名古屋市「住所不定者」
相談取り扱い状況関連図解説

図1から図8は、一九七六年から九九年までの約二五年におよぶ名古屋市の「住所不定者」相談取り扱い状況を示したものです。これらの図から、その大まかな動向を読み取っておきます（図の作成では、日本福祉大学大学院樋渡貴晴さんの協力を得ました）。

図1　全相談件数の年度別変化（全市、中村区、中区、その他）

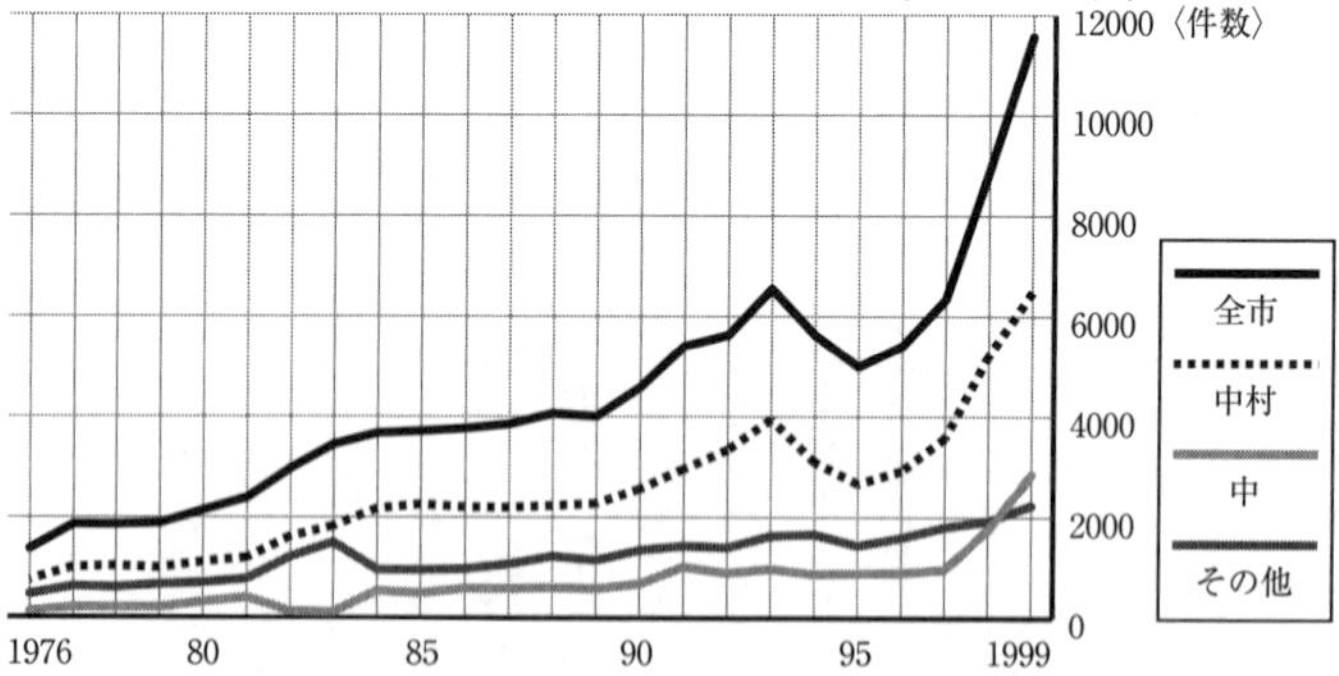

相談件数は長期に渡って漸増していますが、1990年代後半の急増は驚くべきものがあります。相談件数は90年代中頃の6,000件前後から、99年には12,000件近くへと、約2倍に急増しました。地区別では中村区がもっとも多く、全相談件数の約半分を占め、その後に中区（25%前後）が続いています。

図２　相談件数中の生活保護法等と法外援護、相談のみの割合（全市）

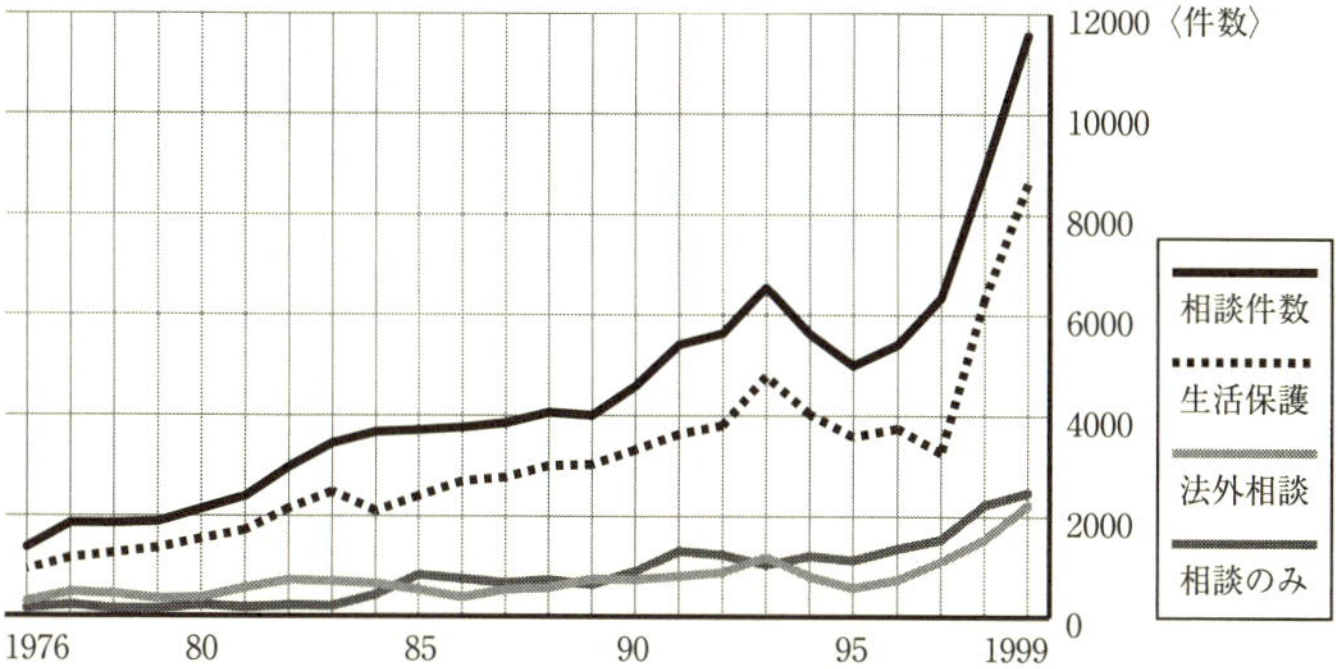

相談件数の内訳が、生活保護、法外援護、相談のみ別に示されています。90年代後半の全相談件数の急増は、おもに生活保護の急増に対応したものであることがわかります。ただし、90年代を通じて相談のみの件数がほぼ例年法外援護を上回ってきた事実も見逃せません。99年では相談のみの件数は2,000件を超えています。

図３　生活保護法等の「措置」結果内訳（全市）

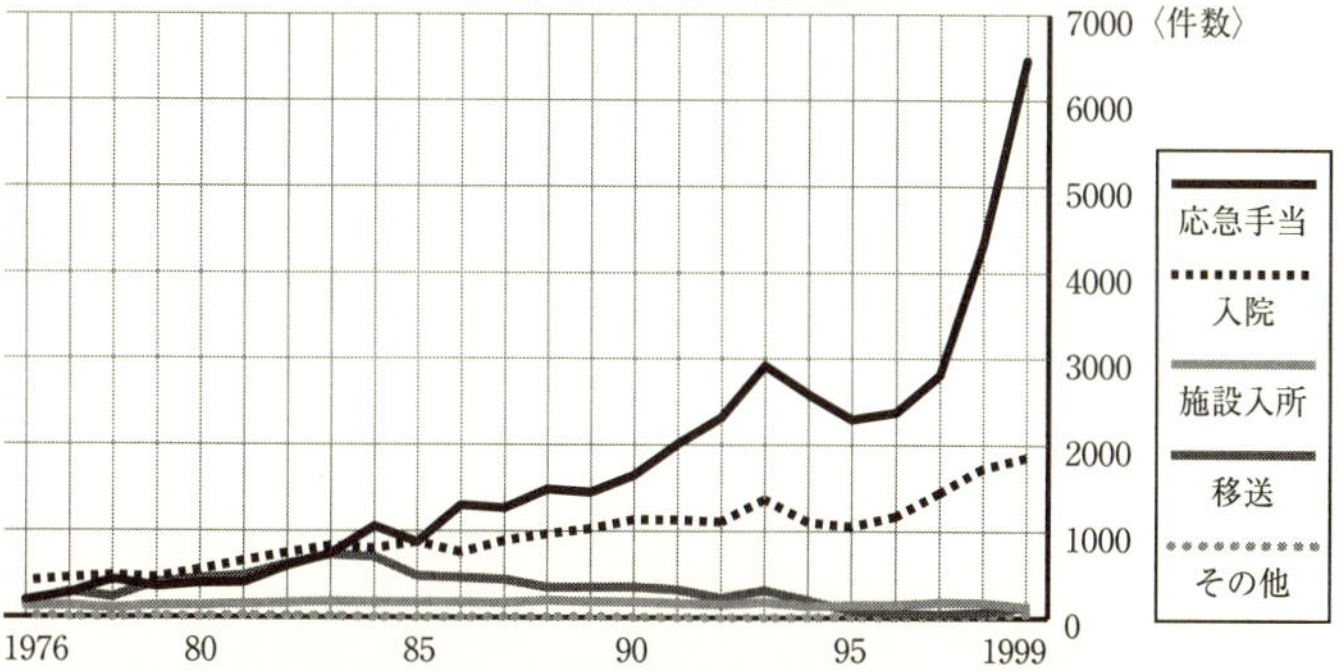

生活保護法の措置結果の内訳が示されています。90年代を通じて応急手当（受診による医療扶助単給：野宿状態におかれたままの通院）が群を抜いて多いことが一目瞭然です。施設入所は定員が決められていることもあって横ばいで、90年代を通じて150件前後で推移しています。これに対し入院は90年代後半に1,000件前後から2,000件近くに急増しました。このことは、入院治療を要する健康を害した人々の増大とともに、本来であれば施設入所させるべき人々が受け皿として入院させられている（社会的入院）現実を反映しているとも推察されます。

図４　法外援護の内訳および相談のみ（全市）

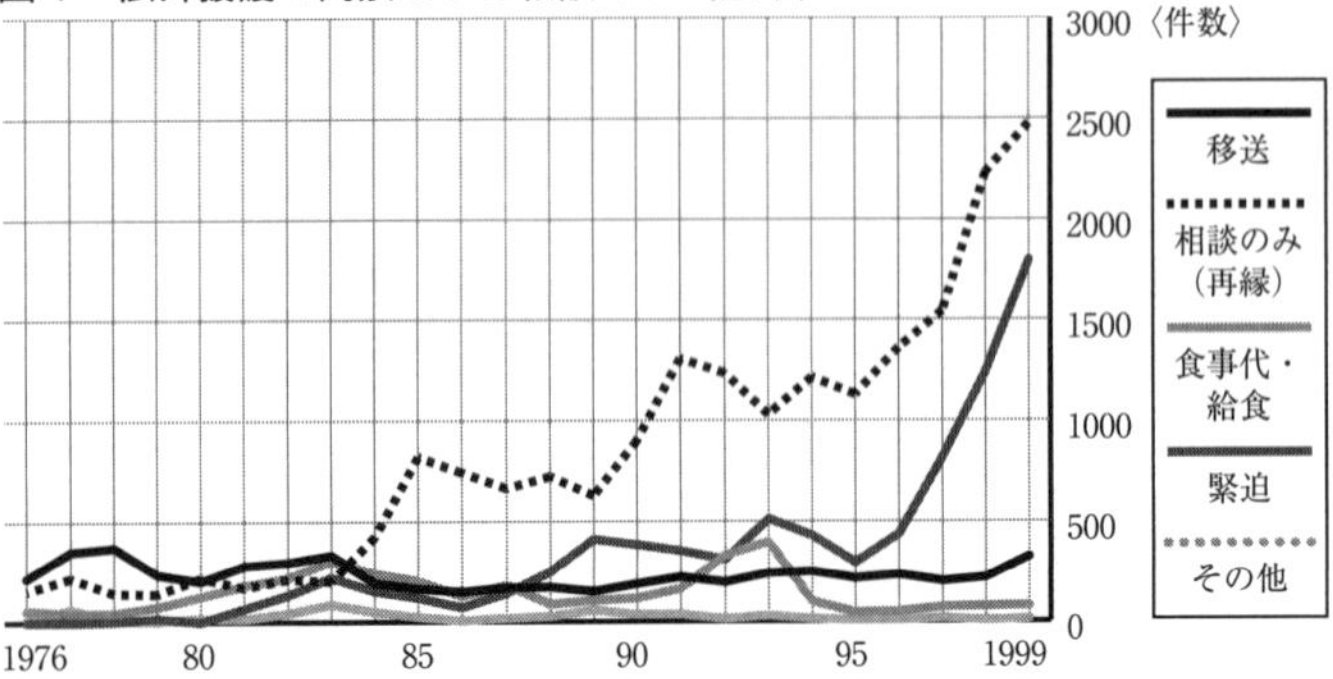

法外援護の内訳が示されています。図２で見たように、相談のみが法外援護をほぼ上回ってきています。名古屋市の住所不定者対策の推移をみれば、生活に困窮していても稼働能力があると認められる場合に、「相談のみ」で対応されていると考えられます。また、法外援護の内訳では、緊迫（緊急宿泊所）の急増が目につきます。施設保護入所が定員の関係で横ばいの状態が続くなか、緊迫は生活保護に代わる一時的な保護機能を実質的に担っているといえ、問題をはらんでいると思われます。

図５　中村区の生活保護適用とその内訳

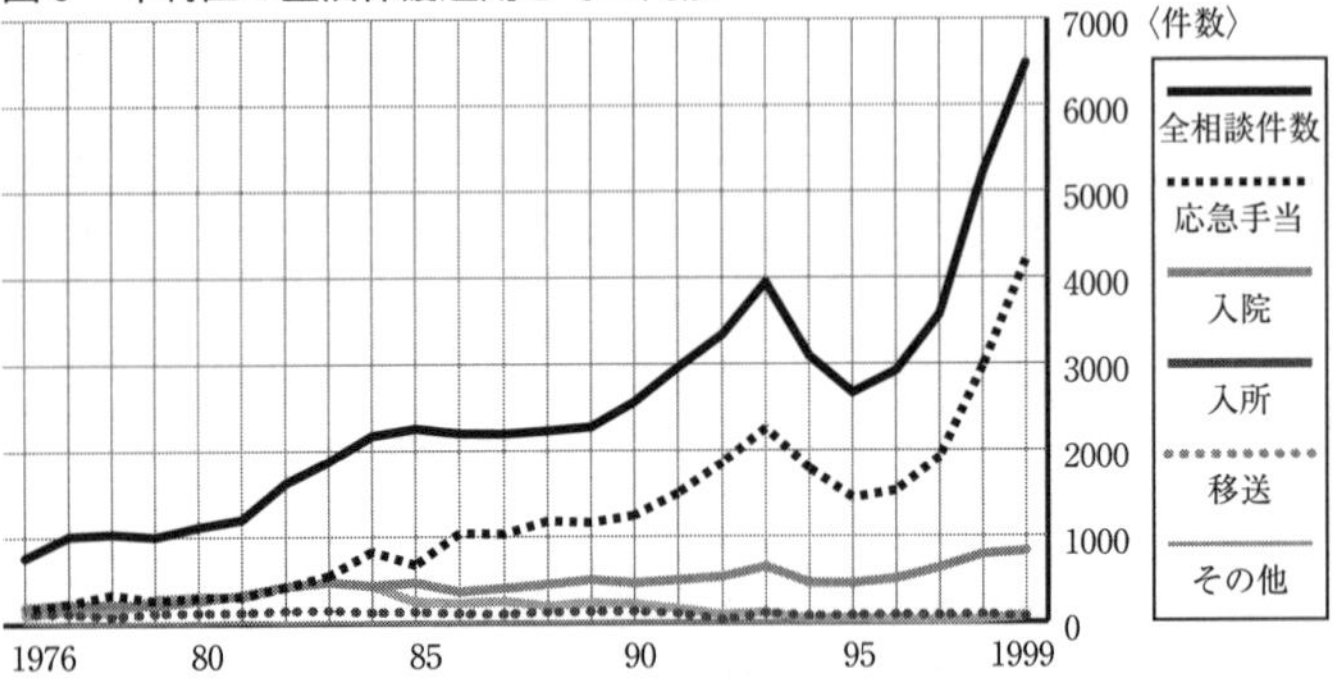

中村区における生活保護の内訳が示されています。大まかな動向は全市の場合と変わらず、応急手当の占める割合が群を抜いて高くなっています。全相談件数と応急手当の推移がほぼ同じ動きをしているのが特徴的で、相談者の大部分が野宿状態での通院を強いられているという状況を示しています。

図6　中村区の法外援護内訳とその他

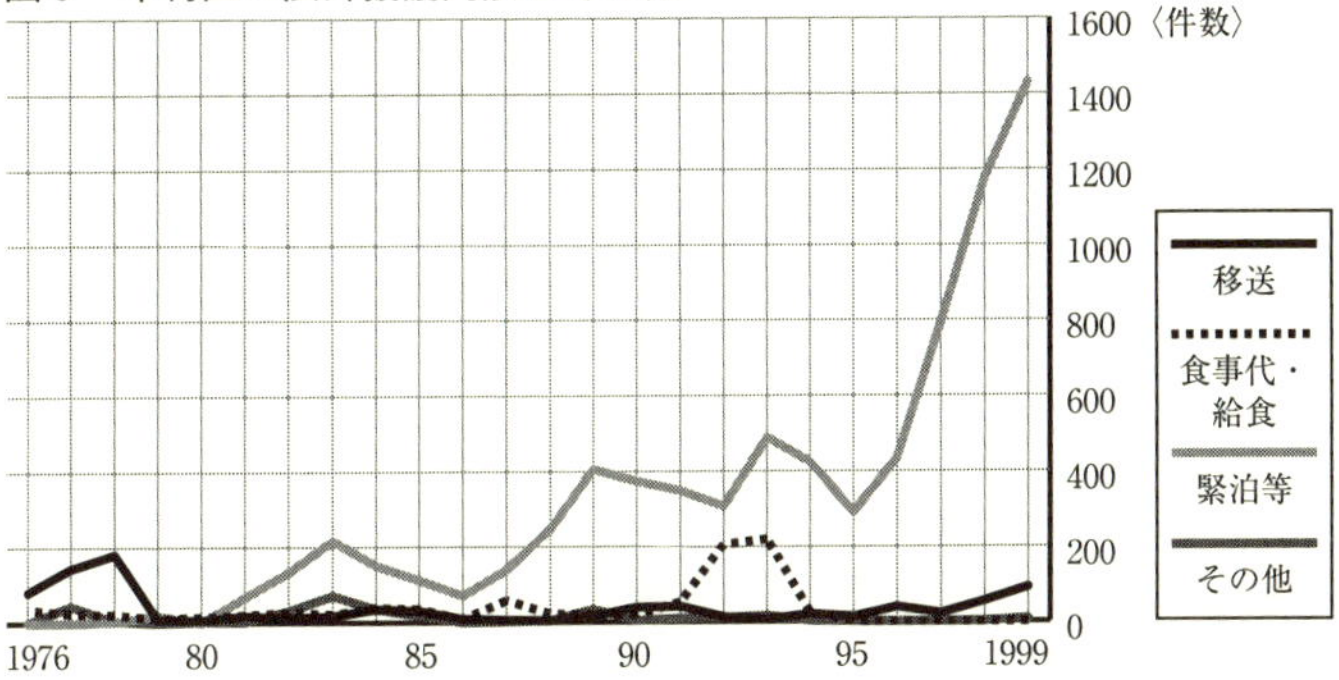

中村区における法外援護の内訳が示されています。1980年代以降のどの年をみても緊迫の占める比重はいちばん高く、特に90年代に入ってからの急増が目につきます。90年代の後半では、緊迫の値が大きすぎて、他の線がほとんど見えなくなっている状態です。中村区に限られることではありませんが、居宅保護の制限、受け入れ施設の不足により、緊迫に頼らざるをえない状況を示していると思われます。

図7　中区の生活保護適用とその内訳

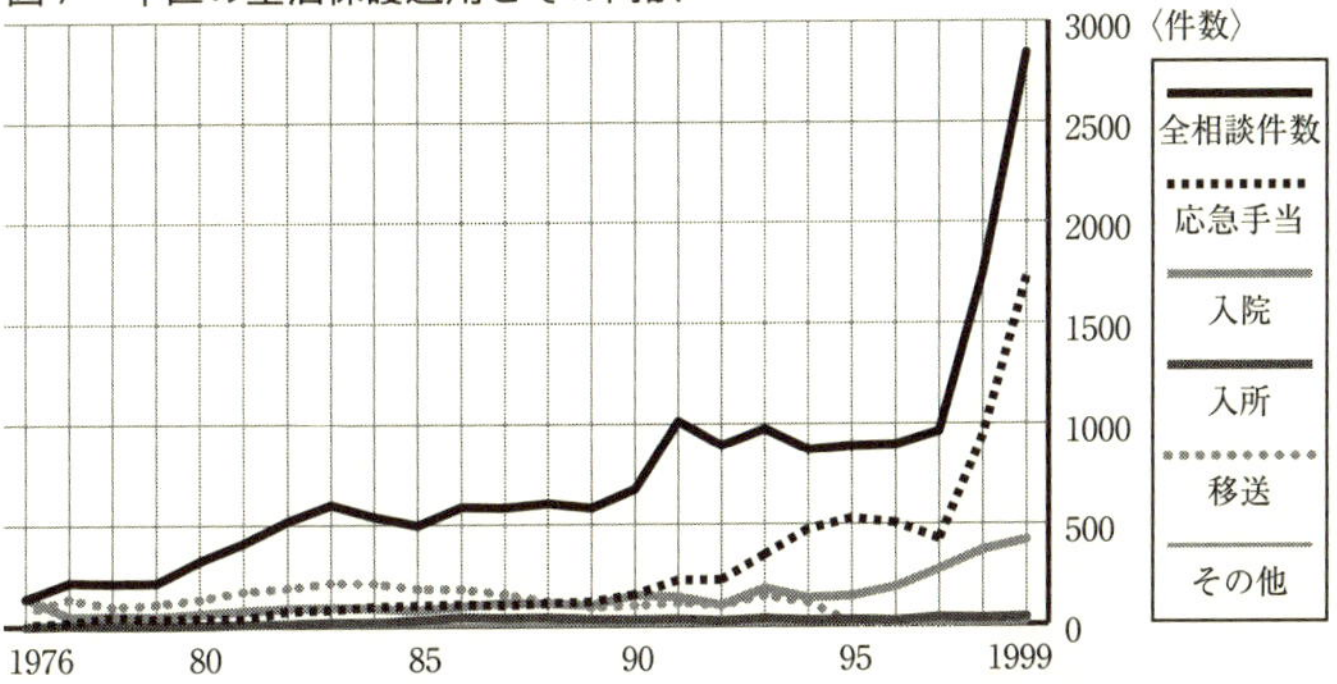

中区における生活保護の内訳が示されています。中村区と比べて、90年代後半の全相談件数の伸び率が高くなっています。名古屋市における相談件数に占める中区の比重が漸次高まってきたといえるでしょう。また、中村区と比較すると、入院の増加が顕著です。

図8　中区の法外援護内訳とその他

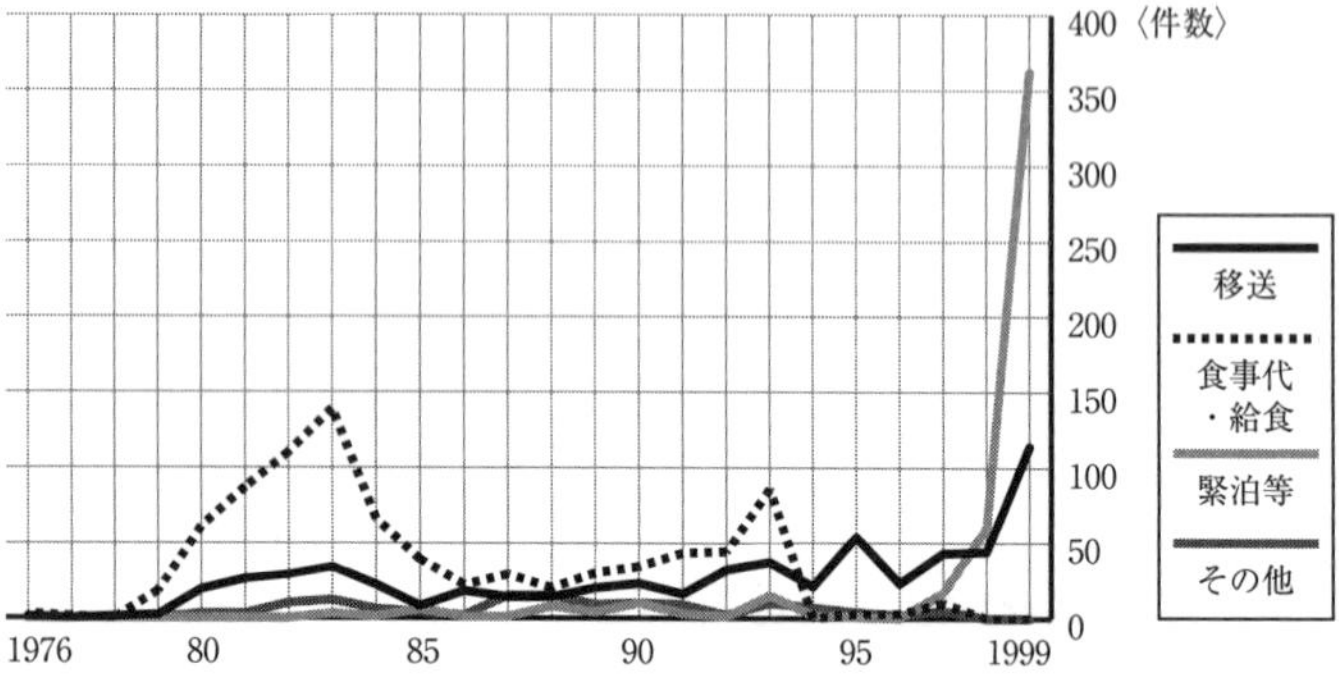

中区における法外援護の内訳が示されています。何よりもグラフの右端で緊迫が垂直に近い伸び率を示していることが注目されます。97年までは、食事代・給食や移送の占める比重が高く、98年から99年にかけて突然、緊迫が増えました。緊迫の件数は98年60、99年362であり、99年では全体の75%強を占めるにいたっています。

Ⅲ

笹島における闘い・運動

第5章　名古屋での野宿者支援運動のはじまり――個人的体験からの報告

この章では、名古屋でなぜ、どのようにして野宿者支援運動が始まったのか報告します。

名古屋での野宿者に関わる運動は、一九七六年一月から始まります。不況により名古屋駅周辺で十数人の日雇労働者が餓死・凍死をしていることを知り、おにぎりとみそ汁配りから始めたのですが、病気の人と出会い、医療活動もするようになり、そこで行政や医療機関の問題にぶつかります。また、排除の問題も出てきて、野宿者とともに排除反対と生存権保障を要求して、引くに引けない闘いとなり、年末年始対策を中心とする名古屋市の「住所不定者」対策を引き出すことになります。しかし、働きながらの運動には限界があったり、運動の幅が狭く、またこの闘いで逮捕者を出したためにその救援運動にも力を入れなければなりませんでした。恒常的な行政交渉をもつことができず、年間通じての対策を獲得するにはいたりませんでした。一方で日雇労働者・野宿者からは、支援とは何かを突きつけられます。そうしたこともあって、日雇労働者自身の組合（運動体）の必要性を感じ、その結成を準備しうる活動が必要だと考え、労働問題に取り組もうとします。そうした時に、のちに笹島日雇労働組合結成の中心人物となる大西豊さんに出会うことになります。一九七八年のことです。これが一つの区切りでした。

以上の約三年間は、きわめて集中した濃度の濃い運動で、その後の活動を先取り的に凝縮した期間ともいえます。ひとつの区切りであることと同時にこうした内容をもつため、運動の始まりとして、かなり詳しく報告します。その場合、客観的・網羅的に報告するのは無理なので、私の思いも含めながら、自分が体験したことを中心に述べることにします。

なお、これ以降の運動の経過は、資料として巻末の年表にまとめましたので参照してください。

三つの体験——背後にある不況

一九七四〜七五年頃でしょうか。私は名古屋の中心である栄の地下街で、野宿になっていると思われる、片腕を半分失った障害者に出会いました。汚れた服を着ていて、お金がほしいと声をかけられました。同じ頃ですが、私が大阪の天王寺公園で知人と話していた時、野宿していると思われる一人の男性が私たちの前に来て、お金がほしいと手を差し出しました。野宿者が、直接私に向かって困窮を訴えてくるというのは、当時三三歳くらいの私の人生で初めてでした。さらにはこんなこともありました。名古屋市東区山口町のアパートに住んでいた私が、近くのめし屋に行った時、小柄で日に焼けた丸顔をした建設労働者らしい人とひょんなことで知り合いました。彼が大曽根の職安近くのアパートに住んでいる日雇労働者であること、お金がなくて横浜から名古屋まで、水に醤油を入れたものを飲みながら歩いてきたこと、名古屋に来ても仕事がなく、この近くの徳川園（公園。私も時々散歩していた）で野宿したこともあることなどを知り、私には想像もできない彼の経験に触れ、少しゆっくり話そうということで私のアパートに行きました。これをきっかけに、このNさんとの付き合いが始まりました。

当時私は、これら三つの体験を関連づけて意識しておらず、一つひとつに対しても、社会の矛盾の結果生じていることと考えながらも、偶然に体験したことと思っていました。しかし当時の日本は、一九七三年のオイルショックを契機とする不況のもとにあり、失業が増大し、日雇労働者・底辺労働者はその波をもろに受けていたのです。私が、七四年〜七五年に失業者としての日雇労働者や野宿者に出会うという体験をし、日雇労働者の生活を描いた映画を観て、それをひとつのきっかけにみんなで炊き出し・医療活動を始めるのは、あとから考えると偶然とはいえないように思えます。大きな状況のなかでの、私たちの必然だったように思えるのです。

「どっこい！人間節」の衝撃

私の母はキリスト者で、私たち兄弟に「貧しくとも正しく生きなさい」と言っていました。小さい頃に、母の死、会社の倒産による父の失業と病気、家庭での内紛と続き、貧乏だけでなく、つらい日々がありました。大阪府の高校を卒業後、人生を新しく歩みはじめるのだと、教会で洗礼を受けて、教会と大学で人間と社会のあり方を考えようとしました。一九六五年四月に工学部工業化学科を卒業し、化学会社に就職して名古屋に来ました。その年の夏に、職場で組合活動をしていたTさんが人事課から差別と圧力を受けていることを知り、その後も彼への不当な配置転換に対する職場の人たちの反対運動などがあり、それらについて私も会社のやり方を批判しました。私は課長から呼ばれて、「君の将来によくない。会社の中では、憲法はないのだ」などと言われましたが、私はこれが自分の生き方だと考えていました。七一年には不当労働行為や労働者への差別を行っている会社と癒着している労働組合執行部を批判し、私は労働組合の委員に立候補しました。ただちに配転をほのめかされ、私が対抗処置として真相を記録したミニコミを作ると、課長や人事課によって、私は職場で村八分にされてしまいました。苦しい毎日でした。しかし、会社の労働者の多くが、私の主張に共感をもっていると感じていました。公然とその意志を表明できないだけだったのです。こうして私は、労働組合を資本から独立した労働者のためのものにしようと活動しました。

一九七五年九月中旬、東京で全国の労働運動活動家交流集会があり、それに参加しました。その集会の休憩時間に『どっこい！人間節』という記録映画が上映されました。この映画は、小川プロダクションが、三大寄せ場のひとつ横浜の寿町に七四年から一年以上住み込んで撮影し、日雇労働者が寄せ場で生きる姿を描いたものでした。私はこの映画を観て、大きな衝撃を受けました。日雇労働者の街（まち）である寿町で、日雇労働者は仕事がなく、また病に侵され死に追いやられていきます。私は、人間が人間として考えられていない冷酷な現実に、憤りとやりきれなさを感じました。同時に、日雇労働者たちが飾らないでぶつかり合い、助け合って生きている姿に、優しさ・あたたかさを感じ、うらやましいとさえ思いました。

上映運動へ

私は、第三世界（発展途上国）の民衆と国内の底辺労働者の犠牲のうえに私たちの生活・豊かさが成り立っていると考えていて、この映画もただ観るだけではすませられない気持ちでした。そこで、交流集会に一緒に行っていたKさんや、名古屋YWCAのMさんなどと相談のうえ、私たちがまったく知らない底辺労働者の現実を多くの人々に知ってもらうために、大きな上映会をすることにしました。私たちは、①市民社会に切り込むひとつの機会とする。②日雇労働者の団結を希望するので、彼らにも宣伝する。③各個人としては、このような現実を作り出している構造を追及していく必要がある。会としては、上映運動の結果から素直に考えていきたい、という確認を行いました。こうして、『どっこい！人間節』を上映する会」を結成して取り組みました。

一九七五年一二月一二日夜の上映初日は、寿日雇労働者組合の鹿児島さんと映画の中で泣き叫ぶ在日朝鮮人ジョーさんの話も聞きました。一三日夜と一四日の午後の上映会では、私たちが寿の労働者へのカンパを訴えました。結局、三日間の入場者は五五二人と多数にのぼり、カンパは九万七〇〇〇円あまりでした。アンケートも八四枚回収があり、感動した、よかった、もっと多くの人に見せたい、

師走無情
息たえだえ 労働者の街
「正月まで もたんよ」
不況風直撃 仕事も労賃も減る
中村区

『朝日新聞』1975年12月12日

などの感想が多く、もっと実態を知りたい、何かできたらしたい、などの声もありました。私たちの上映運動は、ひとまず大成功でした。

せっかくここまでやったのだから、寿町の闘う労働者へのカンパに取り組もうと決めたのは、一二月二六日のことでした。寿の歴史に関する資料作成、カンパの訴えのビラ作製の分担を決め、新年早々に会う約束をして別れました。

息たえだえ――不況下の笹島

上映運動を行っていた一九七五年一二月一二日の『朝日新聞』には、「息たえだえ労働者の街」「不況風直撃――仕事も労賃も減る」「わしら景気の調節弁」という見出しの下に、笹島の状況が大きく報道されています。二〜三年前に比べると、仕事が一〇分の一になり、二〇〇人以上が仕事にあぶれている。日当も七〜八〇〇〇円から四〜五〇〇〇円へと大幅に減っている。「わしらもこれじゃ飢え死にだわ」と報じていました。また、名古屋市の中村署が一二月中旬にプロジェクトチームを編成し、笹島の日雇労働者街＝通称水車地区の実態調査を行ったことも報道され（『朝日新聞』一二月一五日、一七日）、前回（七三年）が毎朝職安前に集まる労働者平均四六〇人、求人の車六八台だったのが、今回は三三〇人、二一台へと減っている、午前八時以降仕事がなくてあぶれた労働者は、前回五〇人、今回一五〇人と三倍になっている、これらの原因として不況があると中村署も判断している、という内容でした。二つの新聞報道で、不況下で日雇労働者の生活がきわめて苦しく、また「あぶれ地獄」に追い込まれていることがよくわかります。

〝餓死〟にショック、炊き出し活動へ

師走もおしせまった一二月三〇日、「胃はカラカラ、行き倒れ—名駅周辺」「〝餓死〟今年も一一人」という新聞記事で、中村署発表によると名古屋駅構内、路上、簡易宿泊所で誰にも見とられずに、今年一一人もの人が、「衰弱」「凍死」「心不全」という死因（事実上の餓死）で死んでおり、彼らが不況で仕事にあぶれた日雇労働者などであること、駅構内に寝泊りしている人は約一〇〇人で、かなり増えたのは確かで、失職して行き場のない人の数だけ増えたのではないかと、推測されていました。

私たちは「豊かな日本」で、私たちと同じ労働者が名古屋で少なくとも一一人も餓死していること

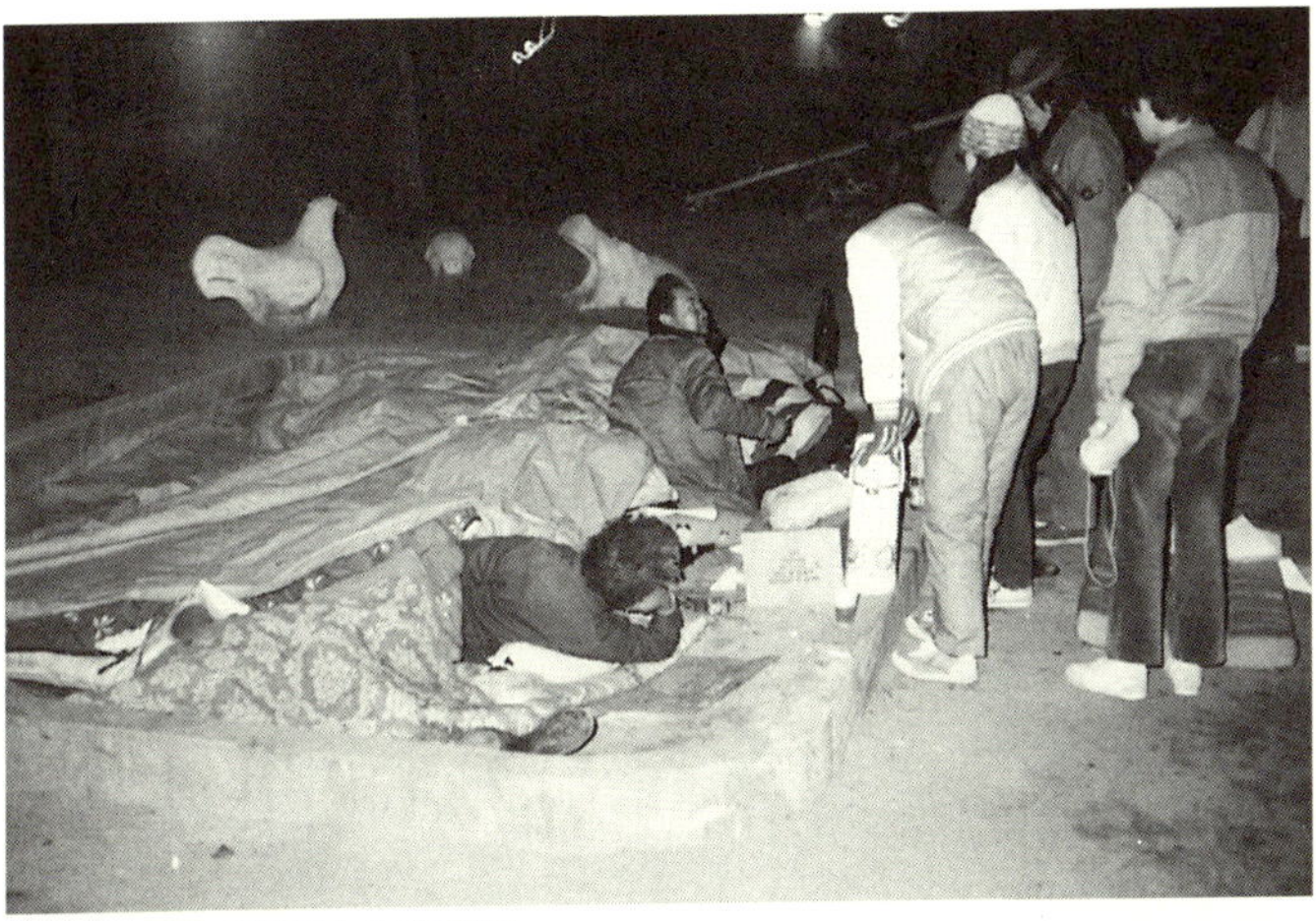
公園の砂場で野宿する労働者

を知り、大きなショックを受けました。「上映する会」は、年末の確認どおり七六年一月三日に一〇人くらいが集まりましたが、この記事がさっそく話題になり、Kさんが、おにぎりとみそ汁ならわれわれでも配れるのではないかと提案しました。おにぎりを配るというが、「慈善」で終わるのではないか、労働者の自立心を奪うことになるのではないか、などいろいろな意見が出ましたが、結局、「将来どうなるか見きわめることはできないが、まずやれることをやろう。われわれと日雇労働者との生活が断絶してしまっており、われわれの中に彼らに対する差別・偏見があるが、やりながらそういう現実をなんとかしたい。おにぎりで何が共有できるのか?という疑問もあるが、とにかくやってみよう」ということになりました。

この時の問題意識は、不況で仕事を奪われ、死に追いやられていく日雇労働者の現実を、同じ労働者として黙認していていいのか?というものであり、一月末に作成した活動参加の呼びかけ文の見出しは、「仕事を奪われ、食べるものも宿もない日雇労働者らを、見殺しにするな!」でした。日雇労働者が資本主義社会に不可避な失業により野宿を強いられ、死に追い込まれているのは事実ですが、私たちは、資本主義社会を変えねば意味がないという発想でもなく、彼らのためにやれることをやればよいという発想でもありませんでした。できることをしながら、そこでぶつかる現実から逃げないで問題を考え、課題に挑戦していこうというやり方だったのです。

こうして、おにぎりとみそ汁配りを一月一四日から毎週月・水・金の三回行う、期間はある程度暖かくなるまでということで三カ月間、と決定しました。準備の場所は無料で借りられる場所がなく、当面名古屋YWCA(中区栄)にし、米五升の炊飯は東区の愛知大学の生協に頼みました。その頃集まっていたのは、民間企業労働者、教師、電電公社員、市職員、団体職員、それに上映運動で知り合った日本福祉大学の映画サークルメンバーなど、一〇人くらいでした。

「飯なんかいらんから、仕事をくれ」

一九七六年一月一四日、仕事を終えた者が集まりました。のり巻きのおにぎりとみそ汁を作り、おにぎり二個をポリエチレンの袋に入れます。これが一人分で、五升で七五人分作りました。簡単な確認をしたうえで、十数人でみそ汁とおにぎりを持って、まず名古屋駅地下鉄構内へ。いちばん北側の一角には、二〇~三〇人の労働者が、コンクリートの上にダンボールを敷いて、身を横たえていました。「おじさん。あたたかいみそ汁とおにぎりがあるから食べない?」「今日から毎週月・水・金の三回配ることにしたので、どうぞ」などと言いながら、みんな緊張して配ります。「お前たちはどういう者だ。何でこんなことをするのか」と反発ぎみに言う労働者。「ありがとう」という人もいますが、なんでこんなことをされるのかといぶかっている様子でした。国鉄駅のほうに上がって北側の隅に行くと、やはり二〇〜三〇人の人がダンボールの上に身を横たえたり、ふとんをかぶっています。ここはあまり通行人がいないせいか、地下鉄より落ち着いた雰囲気です。中央コンコースのほうにも行きました。「お前たちは市の者か(福祉対策としてやっているのか、という意味)。飯なんかいらんから、仕事をくれ」という労働者の反応に、どきっとしました。「いやー、仕事のほうは……」と言いつつ、うつむいてしまいました。仕事がないから野宿となり、病気になり、死に追いやられるのだと一応わかっているのですが、今やっていることはその原因をなくそうとするのではありません。労働者にとって何が切実なのかを、その労働者の言葉は、さりげなくかつ鋭く示していました。頭にねじりはち巻をした威勢のいい労働者が、「俺らはこじきじゃあないぞ。こんなものいらんわい」と蹴っ飛ばそうとしたときも、やはり複雑な気持ちがしました。また、待合室の入り口に「暴力団」のような感じの人が二〜三人いたので、待合室には入りませんでした。のちにわかることですが、彼らは労働者や家出少女を喰い物にしている手配師でした。

おにぎりは結局足りず、その後様子をみながら、炊くお米の量を七〜八升に増やしていくことになりました。六時から七時半頃までおにぎりとみそ汁を作り、八時四五分くらいまで前回の状況の報告と反省を行い、それから地下鉄で名古屋駅に行き、九時から一〇時か一〇時半までかかって配りました。二回目、三回目とも親子で野宿している人に出会い、私たちにはショックでした。

毎回の話し合いでは、労働者の反応にとまどう声が出たり、「愛知県へ仕事よこせという要求をすべきではないか」という意見も出たりしました。県への要求については、そういう提案の趣旨はわかるが、労働者と話もしておらず、また昼間働いている私たちにはやれる態勢もない、ということになりました。

この問題が重要であると知りながら、その後も就労保障の課題を意識的に追及することはありませんでした。今から思えば重要な就労保障をこの時に課題としなかったのは、私たちの逃げではなかったかと思います。確かに活動を始めたところであり、昼間動ける態勢もなく、知識も不十分で、その時は無理であったことは事実ですが、せめて今後意識的に追及する課題として確認すべきだったと思います。市民運動をしている人でさえ、「日雇」「野宿」というと、「炊き出しね」という反応を示すのは、私たちの運動が、失業問題が基本問題であるということを具体的な運動で示すことができなかったからだと、のちに何度も思わされました。

市民・労働者で、国鉄の妨害を阻止――支援者の拡がり

四回目の時に国鉄の鉄道公安官が多数きて、「鉄道営業法により物品の配布に相当するので許可がいる」「風紀上好ましくない」とのことで、私たちのおにぎり・みそ汁配りを止めさせようとしまし

た。私たちが、「昨年駅周辺で一一人餓死・凍死しており、この現実を黙認していることは非人道的である。彼らも生存権が保障されねばならない。法律よりも憲法のほうが優先する。生存権が侵害されている現実を黙認したり、労働者を構内から追い出すことにより、この現実に加担することこそ問題である」と主張していると、周囲に通行人などが一〇〇人ぐらい集まってきて、私たちの意見に「そうだ、そうだ」とか「おにぎり配りぐらい、いいではないか」などという声があり、国鉄側は焦りぎみ。結局駅から「法律的にはおにぎり配りを取り締まれないから、もう引きあげろ。彼らに聞かれるな。暴力行為があったら一斉に取り締まれ」という伝令が飛び、公安官は引き上げていきました。そこで私たちは、コンコースや待合室で再び配りました。

この出来事は、翌日の新聞で報道されました。私たちの周辺の人しか知らなかった「おにぎり配り」のことが、この記事で東海地方に一挙に知らされることになり、新聞社を通して支援のカンパや米と野菜が届けられたり、活動に加わってくる人もいました。また岐阜県関市の小学校五年生の生徒が、一万円あまりのカンパと、一人ひとりが書いた「家のないおじさん」宛の手紙を送ってきてくれました。このように、やりはじめて一週間目という早い時期の妨害でしたが、私たちの主張・行為に大義があったがゆえに、法を楯にした国鉄の妨害も功を奏さず、かえって私たちは励まされ、活動も強められることになりました。

一方、何の準備態勢もないまま突然始めた〝おにぎり配り〟(のちに誰がいうともなく、その後炊き出しという表現になった)だったので、準備場所・資金などいろいろ問題がありました。おにぎり・みそ汁などの食料費だけで、毎回五〇〇〇円くらいはかかるので、せめて場所は無料で借りたいという思いがあり、私はある会合で協力を訴えました。私の訴えにカトリックの相馬司教などが共感してくださり、一月二六日から、名古屋市中区布池にあるカトリック教区センターを無料で借りることができました。またI神父をはじめカトリックの人たちも活動に加わるようになりました。たんなる個人の決意で始めた活動が、大きな影響力をもつカトリック教会に接点をもてたことは私たちに大きな励ましとなり、活動参加者の幅を広くするということからも大きな意味をもちました。プロテスタントの人も、カトリックの人たちも、神を信じていない人たちも、こうしてともに歩むことになりました。

病気の労働者に対する福祉事務所の態度への疑問

二月二日、おにぎり・みそ汁配りが終りかけた頃、先ほどおにぎりとみそ汁を渡したIさんが救急車で名古屋市西区の済生会病院に運ばれました。Iさんは、「風邪なので入院の必要はない」とのことで、駅に戻されることになりました。自動車で追いかけてきた私たちは、このまま駅に帰されても病状が悪化すると危惧したものの、初めての経験でどうしてよいかわからず、救急車に同乗していた警官二人に、駅までパトカーで送ることと、治療費は福祉事務所から出ることを確認するのにとどまりました。Iさんに「気をつけて温かくしてくださいネ」と言ったものの、そんなことができない状況であり、私たちには無力感がありました。

Iさんは薬を飲んでいましたがよくならず、二月七日、Iさん、Kさんと私の三人で初めて中村区社会福祉事務所に行きました。保護係では最初、「駅から来たの。それだったら駅にある援護所に行ってください」との対応。私たちは、福祉事務所は相談にのるところではないかと言いましたが、職員は駅に戻れといいます。私たちは労働者がこうして追い返されているのかと気づき、抗議をしていると、奥のほうから別の職員が来ました。結局再度済生会病院に行き受診しましたが、三日分の薬をもらっただけでした。Iさんはその後もよくならず、三たび済生会病院へ行くと、「喘息だが入院の必要はない」と診断されました。そこで、私たちは福祉事務所へ行き、「今のままでは身体はよくならないのでなんとかしてほしい」と訴え、更生施設植田寮へ入ることになりました。ところが後日、血尿が出ていることがわかり、結局Iさんは入院ということになりました。

風邪が喘息になり、ついには血尿が出て入院へと追い込まれたのであり、入院の必要がないということで、放置され、病状が悪化してからしか施設に入れないという福祉事務所のやり方に、私たちは矛盾を感じざるをえませんでした。さらに問題なのは、福祉事務所で門前払い・追い返しが行われていることです。私たちが強く抗議して、やっと相談にのってもらえたのです。こうした福祉事務所などの対応により、多くの人が死に追い込まれているのではないか。私たちが初めて出会った衰弱した労働者の事例で、私たちは福祉行政の問題点を多く知らされたのでした。

医療活動へ――その試行錯誤

Iさんのことで大きなショックを受けた私たちは、その後はおにぎり・みそ汁を配りながら、一人

医療も届けるぜ　兄弟

どっこい人間節　第二章

病む浮浪者、見ておれぬ

名駅周辺

「飢えと寒さ、ひもじかろう」と、記録映画「どっこい！人間節」を上映する会の青年たちが、国鉄名古屋駅周辺に集まった浮浪者にミソ汁とおにぎりの炊き出しを始めて、四カ月がたった。この間、最初は鉄道公安官ら駅職員から、乗客への迷惑になると禁止された。「働く意欲もない浮浪者に"給食"など必要ない」との批判もうけた。その中で、延べ百人近くの人が毎回の炊き出しを受けてきたが、夏場にはいったため、ひとまず十四日で炊き出しはやめ、今後は病気に悩む浮浪者への医療活動に専念することにした。

寝転がった人に手を差し伸べ、みそ汁やおにぎりを配る若者たち
（12日午後10時、名古屋駅コンコースで）

青年たちが浮浪者との"対話"を通してわかった実態を中間報告にまとめたところ、浮浪者の中には意外ともいえるほど病人が多く、社会福祉事務所からも医療機関からも見放されていることが明らかになった。このような浮浪者の実態報告はこれまでほとんど行われていなかっただけに、青年たちの活動は改めて注目されている。

同会は昨年十二月、横浜・寿町の浮浪者の生活を描いた記録映画「どっこい！人間節」（小川プロ製作）を上映するために生まれた。学生や会社員、教員らで構成されているが、会長も代表も置いてないのが会の特徴の一つ。

炊き出しを始めたきっかけは、映画を見た直後、名古屋駅周辺で昨年中に十一人もの浮浪者が凍死したことを知ったため。「私たちが今すぐできることは何だろうか」と話し合い、毎週月、水、金

『朝日新聞』1976年5月13日

ひとりの健康状態になるべく気を配るようにし、救急車を呼んで病院に行ったり、労働者と一緒に福祉事務所に行ったりするようになりました。そして、救急車の出動を要請しても、否定的・消極的態度を示す国鉄・警察、相談に行った労働者と私たちのあいだを引き離し、都合のいいように措置しようとする社会福祉事務所、重症患者なのに二〇秒の診察でたいしたことはないと誤診する医療機関、病気なのに酔っぱらいセンター（中村警察署）に入れようとする救急隊・警察などの現実にぶつかり、私たちはそのたびに抗議したり、要求したりし、労働者の側に立とうと努力しました。また、労働災害で足を骨折したのに、治療もしてもらえ

ずに中央コンコースでうずくまっていたTさんなど、私たちには考えられない状況があることも知らされました。

並行して私たちは、生活保護法の学習や約一〇人の事例の問題点の検討を行い、国鉄・警察・行政・医療機関の差別的な態度や労働力としての価値をもたない者を切り捨てる態度、何かにつけて野宿者が精神病院に入れられていること、野宿者が行政・医療機関に不信感をもっていること、などが明らかにされました。こうした現実と反省を踏まえて、炊き出し以外の活動を、新たに「医療活動」と位置づけてやっていくことにしました。

Y病院問題と厚生院・植田寮問題

しかし、救急車を呼んで深夜まで病院で付き添ったり、病気の労働者に出会っては仕事を休んで福祉事務所・病院・施設に行ったりするものの、行きあたりばったりの活動であり、「収容」すればことと足れりとするような行政・医療機関の姿勢・現実をどうやって変えればよいのか、わからない状態が続きました。こうしたなかで、Y病院と名古屋市の生活保護施設である厚生院と植田寮の問題が浮上したのです。

春日井市のY病院を何度か訪問してわかったことは、入院時の触診のみで後は診察なし、部屋の掃除は患者が行い、検温は各自が計って看護婦詰め所まで行く、工事用プレハブにベッドをぎっしり詰め込んで、福祉からの患者を多く入れている、などという状況です。OさんもFさんも薬のためロレツが回らず酔っぱらったようなしゃべり方をし、ヨダレが出てくることもあります。Gさんは、胃潰瘍ということで三月に入院し、五月に退院できるとのことでしたが、五カ月間投薬のみで容体は悪くなるばかりでした。どんどんやせてきたこともあり、私たちはがんではないかと考え、中村福祉事務所に転院を申し入れましたが、治療方針に口をはさめないと断られたので、八月に私たちは本庁の民生局に転院をせまりました。Y病院にはがんの可能性を指摘したところ、病院側はそれを認め、検査をしました。検査結果はやはりがんでした。Gさんは私たちの活動に非常に共感し、日雇労働者を使い捨てにする社会を変えていく必要があり、退院したら一緒に活動したいといつも言っていた人でした。私たちは、病院や行政に激しい憤りを感じました。みんなでGさんを頻繁に訪問しました。しかし、Gさんはもうすでにがんの末期で、無念にも九月に亡くなられました。Gさんは最後まで、私たちと一緒に活動することを楽しみにしていたのに……。

Y病院は、私たちが入院させてはならない悪徳病院と判断した最初のところでした。

Y病院以外にも、労働者から自分の名前を出してもいいから問題にしてほしいという病院・施設がありました。それは、名古屋市の医療保護施設・救護施設である厚生院です（厚生院は現在は名古屋市名東区にありますが、当時は瑞穂区にありました）。回診が少ないのに、検査の回数がやたらに多い、病名がわからない、看護婦がここでは手術しないほうがよいと言う、生活保護費は請求しないと渡らない、物品が事実上強制的に支給されて代金が引かれるし、市価より高い、などなどです。私たちは労働者との話し合いを何度ももち、一一月に名古屋市に質問状を出しました。一方、名古屋市の更生施設・救護施設である植田寮についても問題があり、労働者の声のなかから、支給金の月二〇〇〇円アップ、事務所で仕事を紹介せよ、高齢者・障害者は仕事がないので寮で作業をし賃金を出せなど、社会復帰ができる態勢を目指した要求書を作り、頻繁に植田寮に行って在寮者の署名運動を行いました。

私たちは、労働者にも呼びかけて一二月に二回、民生局保護課と交渉を行いました。民生局は問題をなかなか認めようとしませんでしたが、植田寮については求職活動のための交通費・弁当代は出す、職業紹介をするよう検討する、救護施設における作業は実益を兼ねたものを検討するということになりました。当事者とともに要求し、闘った成果でした。

こうした病院や施設の問題は、現在にも通じる問題です。入院や入所すれば「一件落着」ではないのです。そこできちんとした治療と社会復帰する準備がなされる環境であるかどうか、厳しくみていく必要があります。

炊き出し活動を打ち切り、医療活動を継続

炊き出し活動は三カ月間の予定でしたが、野宿者の状況をみていると炊き出しをやめようとはいえず、かといってたんに続けようという人もいませんでした。受けとる人と渡す人という関係の固定化をどうすれば変えられるのか。労働者が自力で生活できる方向をどのようにして作っていくのか。もっと労働者と話し合い、炊き出しを一緒にやればどうか、などの意見が出されました。いったん六月三〇日まで週三回炊き出しを続けると決めましたが、結局五月一四日で炊き出しを終了し、その後は

月・水・金曜日の夜にパトロールをして医療活動を続けることにしました。

四カ月間で五三回の炊き出し、使ったお米四石二升、おにぎりなどを食べた人延べ六四三二人、一回平均一二一人となります。そして、二月から五月中旬までに医療・生活相談をしてきた労働者は、記録に残っているだけで四九人（うち、家族三件、単身女性二人）、入院した人一八人、救急車の出動五回、植田寮（更生、救護）入寮者一五人、宿所提供施設熱田荘入所三家族、老人ホーム入所四人でした。

行政・国鉄・警察の「実態調査」、中止となる

炊き出し活動の終了の翌日、次のようなことが新聞で報道されました。駅利用者からの苦情が多いので、名古屋市交通局、民生局、県労働部、国鉄名古屋駅、中村署の五者の会議がなされ、「五月二一日午後一一時半から二二日午前二時まで、とりあえず実態調査を行う。病人は施設に収容、働く意欲のある人は更生施設・簡易宿泊所に収容、県が求職相談にのる」ことを決めたと。

私たちは、調査方法や排除・収容を意味するような内容に疑問をもち、駅構内で寝泊りせざるをえない日雇労働者の現状を社会的問題としてとらえ、人間としての生活を保障すべきであり、排除・隔離収容すべきでないこと、深夜警察力を使っての「調査」は、労働者の主体性・自発性・人権を無視したものであり、強制「調査」であること、現行施設はあまり余裕がなく、施設・病院・行政の労働者に対する差別・偏見を改め、労働者の実情に合わせたものにする必要があること、県が求職相談にのるというが、手帳を作らせるだけで、仕事につけるわけでないこと（行政のたんなるポーズで、あとは労働者に責任を転嫁するもの）、東京都や長野県のように県営事業を起こすこと、今回の「調査」は、日雇労働者らの状況を真に理解し、人間としての生活を保障し、社会的差別と偏見からの解放への道に通ずるものでないので、中止すべきである、などを述べた公開質問状をすぐに五者および知事・市長に出し、民生局保護課に交渉を申し入れました。

結局二一日の調査は中止となり、その理由として「内部でも当初から『仕事をあっせんするといっても実際には難しい』という声があり」、「受けザラづくりがまったくできていなかった行政当局は実態調査延期を追い込まれてしまった」などと報道されたように、「実態調査」そのものが問題であったと思われます。

「調査」は当面中止されましたが、今後行政・国鉄がどのように出るかわからないので、当初の方針どおり、私たちは五月二六日に名古屋市民生局と衛生局の係長ら四人と交渉をしました。その結果、①当局の不十分性が理解できたので、文書回答を努力する。②真の解決を目指し上映する会との継続した話し合いを今後とも行い、改善・指導する。③上記二項目についての問題が解決するまでは、「実態調査」をすべきでないことを認める、という確認書が得られました。初めての民生局との交渉は、粘り強い話し合いにより一定の合意ができ、たんに「調査」が中止されただけでなく、民生・医療行政改善のスタートラインにつくことができたかにみえました。しかし、民生局・衛生局は五月三一日、話し合いには応ずるが文書回答はしない、と返答しました。私たちにとってこの市当局の態度は、問題点や方針を市民の前に明らかにすることをあくまで避けて、形式的な話し合いでごまかす姿勢にみえました。

第二回越冬炊き出し——福祉事務所窓口問題と病院問題

「実態調査」反対運動、医療活動、行政との交渉などに追われながら、私たちは一九七六年一二月からの越冬活動の準備をしました。新しい人も参加しやすいように、新たに「名古屋・越冬炊き出しの会」を結成し、一二月二〇日から七七年二月二八日までの月、水、金（ただし一二月二七日〜一月三日は毎日）午後六時から八時半まで、おにぎり・みそ汁づくりと話し合いを、九時から一〇時頃までおにぎり・みそ汁配りと医療相談をし、必要に応じて福祉事務所への付き添いや訪問活動も行うことにしました。

問題となったのは、休庁期間中の福祉事務所の窓口です。私たちはその必要性を強調し、一二月二七日の民生局の返答では休庁期間中も緊急保護を必要とする人の窓口を作るとのことだったので、私たちは特別に窓口を作っていると思っていましたが、実際には福祉事務所の守衛を通して職員に連絡をするというもので、がっかりしました。

それはともかく、病状を訴える野宿者が五人いたので、一二月二九日の朝、中村福祉事務所に行き、病院・施設の紹介を要求し、結局五人とも入れました。ところが大変なことが起こってしまったのです。吐気と腹痛を訴えるKさんはM病院内科に入院となりましたが、元旦に訪問したところ、Kさんは精神科閉鎖病棟に入れられており、病院にその理由を聞いても言えないというのです。福祉事務所に調査を要求し話し合いましたが、病院に口出しできないと言います。私たちが行っても面会できないので、修道士であるメンバーが一月八日に病院に行き、Kさんと面会しました。Kさんは非常にショックを受けており、早くここを出たいと訴えました。担当の医師は、「酒を飲んでいたので、アル中ではないかと思った。検査結果は異常なしで、一月六日付けで退院可となっている」とのことでした。すぐに退院させましたが、まったく人権無視も甚だしい行為です。しかも福祉事務所は何の責任も感じていません。私たちは、今後Y病院・M病院を拒否すると決めました。

行路死九人が出るなかで、国鉄が労働者締め出し計画

「名古屋・越冬炊き出しの会」は、四月以降も解散することなく、「『どっこい！人間節』を上映する会」とともに、毎週月・水・金の夜医療パトロールを行ったり、福祉事務所へ行ったり、病院・施設への訪問を行いました。私たちの活動にもかかわらず、一月から八月下旬の間に名駅・笹島周辺で九人の野宿者が行き倒れで亡くなりました。

そうしたなかで、国鉄が一〇月三日から野宿者を名古屋駅構内から追い出すことを決定したというニュースが九月二三日の新聞で報じられました。「美観をそこねるだけでなく、犯罪も少なくない」ということで、鉄道公安官を昼間一五人、夜間三〇人動員し、新しいシャッターを架設し、午前〇時から五時まで閉鎖して野宿労働者を入れない、というもので、「名古屋駅浄化作戦」と称しています。

名駅での寝泊まり、お断り

犯罪多発で"一掃作戦"

シャッターの新設も

名鉄局

名駅での寝泊まりお断り——。朝夕が冷え込み出すとともに国鉄名古屋駅には現在失業中の自由労働者が集まり始め、利用客からの苦情が増え出したため、名鉄局は二十二日、駅の出入口のトビラを閉め切ったり、コンコースのシャッターを新設するなど、これまでにない徹底した"一掃作戦"に乗り出すことを決めた。同局の調べによると現在同駅に寝泊まりしている自由労働者は百人以上。夏場には少ないが、秋から冬にかけて寒くなってくると増えるのがこれまでの例。コンコースなどに新聞紙やゴザを敷いて寝泊まりする人ばかりか、犯罪もかなり起きているという。

朝夕の冷えこみが厳しくなるにつれ、国鉄名駅のコンコースには職にあぶれた人たちが寝所を求めて集まる

同駅公安室が今年七月までの一年間に警察に引き渡した窃盗、暴行、強盗などの刑法犯罪は五十二件。このほか女性につきまとったり、たかりなどの軽犯罪や銃砲刀剣不法所持、酔っ払いなどが千五百六十八件にも上っている。同局では例年、秋口にこれらの人たちの一掃をはかってきたが、中央コンコースが駅の東西を結ぶ付近唯一の通路で、一般市民の通行があるため出入口のトビラを閉め切るわけにもいかず、これがネックとなって徹底できずにいた。

そこで今年は十月三日から公安員を昼間十五人、夜間三十人の態勢で動員し、こうした人を見つけ次第、立ちのかせるとともに、午前零時から同五時まで駅東西の出入口のトビラを各一カ所を除いて閉め切り、利用客と東西の通り抜け以外は入口でチェックして中へ入れないようにするなど強い方針。特にこの人たちの多い東玄関と東みどりの窓口を結ぶ銀行付近にシャッターを新設し、北口方面を午前零時以降完全にシャットアウトするほか売店三カ所の深夜営業を中止し、酒などが買えないようにする。一方、県と市にも協力を依頼して職安や社会福祉事務所を通じこの人たちの生活、就職のあっせんなどアフタケアもするという。しかし夜間出入口のトビラを閉め切っても出入口のチェックのさい一般の人とこの人たちをどうやって見分けるか、基本的人権の問題もあり、駅とこの人たちの終戦以来の根くらべは簡単にはか

『毎日新聞』1977年9月23日

一〇〇人〜一五〇人の労働者が駅構内で野宿しており、県労働部や市民生局の協力のもとに実施するとのことでした。

　このことを知った私たちは、労働行政も民生行政もまったく改善されないままなされる今回の「浄化作戦」も、労働者を寒空へと追い出すものであり、なんの解決にもならないと考え、要求書を出して、ただちに反対運動をすることにしました。国鉄名駅前でのビラ配り・署名運動をはじめ、

国鉄にも面会を求めて中止を要求しました。助役は、名古屋市が受け入れ施設があるといっているからやるのだ、と言います。名古屋市民生局は、「労働行政が大きな問題。民生サイドとしては精いっぱいやっている」と自己弁護をし、現行施設でなんとかできるといいます。私たちは二九日に、①行政が労働者を受け入れるまで国鉄に延期を申し入れること、②労働者がアパートを希望する場合、アパートの頭金を出すこと、③病弱者を市立病院に受け入れること、④名古屋市立簡易宿泊所である笹島寮・船見寮でも生活保護を認めること、などを要求しましたが、市当局は前向きの返事はしませんでした。

生活保護申請から、泊り込み闘争へ

国鉄は行政に受け入れ態勢があるとしていますが、現実はそうではありません。口頭で私たちが訴えてもダメなので、行政に受け入れ態勢がないことを一〇月三日までに具体的に示す必要があります。私たちは九月三〇日（金）の夕方、野宿者に呼びかけて国鉄会館で一人ひとりの要求を聞き、生活保護の申請をする確認をし、翌一〇月一日に中村福祉事務所に行き、一三人くらいの野宿者が生活保護を申請しました。野宿者や私たちは、福祉事務所は個人相談をする前に今までの制限的かつ抑圧的なやり方を改めることを表明すべきであり、九月二九日の要求書にあるように、民生局はアパートや笹島寮・船見寮に受け入れるように約束すべきであると主張しましたが、福祉事務所は、個人相談に応じるが話し合いはしないという態度です。本庁から民生局職員が来て、夕方には通常は有料の笹島寮に今回は無料でも入れると言いましたが、私たちは、今回だけというのは一時しのぎであり多くの野宿者には問題の解決にはならないと主張しました。結局Tさん以外は相談に応じましたが、三人はあくまでアパートなどを要求して話し合いが決裂し、一人は救護施設、六人は笹島寮、二人は瀬戸と大阪へ、ほかの四人は合意せずとなりました。

私たちは野宿者とともに、民生局の部長・局長や市長との話し合いを求めて福祉事務所に座り込みました。市側は、深夜〇時すぎ、二日（日）の朝八時および夕方の三回退去命令を出す一方、「市長も局長・参事クラスも都合で会えない」との態度でした。二日の午後A神父から「市・県からの中止要請があれば延期か中止するのかという質問に、国鉄のS助役は従わざるをえないと言っている。だからこのままがんばってくれ」と連絡・激励があり、私たちは希望をもちました。野宿者や笹島寮に入っている労働者にも呼びかけて、福祉事務所で夜一〇時から話し合いをしました。そしてもう一度民生局に話し合いを要求してもダメなら、闘争宣言を発し、福祉事務所の泊り込み・座り込みをしたまま、明日市役所に行き、市長を探し出して直訴することにしました。

私と数人が三階の民生局に、「明日の幹部会までに幹部と話し合いたい」と申し入れましたが、民生局は話し合えないと言うのみでした。そこで四〇~五〇人が三階に行って、今は亡き野宿者の阿部さんが、「闘争宣言」を大声で読み上げました。「……市当局はなんらの誠意ある回答をしていない。国鉄名古屋駅当局によれば、市当局が延期・中止を要請すれば従わざるをえないと答えている。われわれは、大きな憤りをもって要求する。本日二四時までに本山市長と会わせるように。もしこの正当な要求を拒否し、誠意ある回答を示さない場合は、われわれは新たな闘争に突入する。このことにより起こる事態の一切の責任は、市当局にあることを通告する。われわれ日雇労働者と、連帯する仲間は、団結して勝利を闘いとることを宣言する」。民生局職員などは悲痛な顔をしていました。

野宿者たちは二階にかけ降りるなり、「やったぞ。心がすっとしたぞ」「いつも俺らにどなりつける民生が、あんな顔をしてたぞ」「こんな気分は生まれて初めてや。」とニコニコしながらしゃべり合っていました。三八時間、緊張・疲労のなかでともに過ごしながら、一大決意をし、団結した力を見せたら、いつもは野宿者にえら張っている職員がおどおどしていたと受け取れたのです。差別され、抑えつけられて生き続けた日雇労働者が、うなだれるのでなく、この時は胸を張ることができたのです。

福祉事務所と市役所での同時的闘い

一〇月三日早朝、引き続き中村福祉事務所に残って座り込みを続けるグループ（野宿者と私を含めた支援者計約一〇人）と、市長との話し合いを求めて市役所に行くグループ約一〇人とに分かれました。福祉事務所にいる私たちは話し合いを求めましたが、民生局の返答はなんの変化もありません。一方、市役所に出かけたグループは、朝の幹部会に出席するはずの本山市長を探して庁舎内をかけめぐりましたが、市長は逃げまわり、仕方なく秘書室に座り込みました。困った市側が差し向けた民生局長との話し合いも、「強制排除の延期要請はできない。要保護者の福祉増進に努める」というもので、なんの前進もないものであり、労働者は激しく怒りました。

中村福祉事務所（区役所）は、一七時過ぎから全員退去の警告書を二回出し、一八時に退去命令が張り出され、多数の職員が一〇人足らずの私たちを追い出そうとしました。非暴力で必死の抵抗をしながら、弁護士と連絡をとったところ、退去命令の手続が不備らしいことがわかり、そのことを区役所側に告げると態度が急変し、その後は追い出すことはしませんでした。市役所のほうでは、私たちの側は市長室も含めて座り込みを続けながら、午後と夜に民生局長との話し合いをもちましたが前進はなく、「すでに名駅では労働者の排除が始まっている。行くところがないので泊まる所を作れ。さもなくばここで泊まる」と迫りました。二三時近くになって民生局長は、「ここでは困るので、九階の第八会議室に行ってくれ。市長との話し合いは、明日四日にする」と返事をしました。福祉事務所で闘っていた私たちにこのことが伝えられ、私たちは市庁舎への闘いに合流しました。一方、国鉄名古屋駅構内で始まった強制排除に抗議して闘っていた野宿者や仲間にも第八会議室に泊まれることになったという連絡があり、希望する労働者約二〇人が市役所に向かいました。

市役所での泊り込み闘争——市長交渉決裂し、膠着状態へ

翌四日も、民生局は個人面接をし、通常は病気でないと入れない更生施設植田寮や有料である簡易宿泊所笹島寮・船見寮にとりあえず今回だけ入寮させて、この場を収めようとしました。野宿を強いられている一五〇人を超える人たちのことを考えて施策を出そうというのではなく、個人的問題として相談に応じ、当面を逃げ切ろうとしていると思えたので、私たちは、現状では個人面接に応じられないと表明しました。夕方五時半からの交渉で本山市長は、「駅構内からの追い出しには反対しない。市宿泊施設の無料化については検討する」と返答しただけでした。駅構内からの排除に反対せず、いま野宿者をどう受け入れるのかも明らかにしないままに「検討する」と言われても、納得できません。市長交渉による解決は失敗しました。

その夜も翌五日も市側は何度も退去命令を出しました。私たちは、何度も問題解決のための話し合いを要求しましたが、市側は、会議室から出て行ったら話し合うという主張で、膠着状態が翌六日も続きました。いつ警察力を使った強制排除あるいは逮捕の弾圧があるかもしれないので、その場合は全員でスクラムを組み、手を出さず口で徹底的に抗議し、挑発にのらないで最後までがんばると確認していました。七日の午後七時半I弁護士が来て、「市側から会いたいとの連絡があった。中警察署からも、機動隊を入れたくないので、説得してくれと言ってきた。皆の意見を聞きたい」とのことでした。私たちは、野宿者が行く所がないままでは会議室を出て行けないと説明しました。結局市側(総務局長、民生局長)が、「笹島寮・船見寮に当面無料で入れる。解決のために予備折衝をしてもよい」という意向を示し、私たちも予備折衝に応じることにしました。

「予備折衝」での攻防

六日に提出していた私たちの要求は、①野宿に追いやられている労働者全員の受け入れが不可能であるので、市は国鉄の強制排除をやめさせること、②笹島寮に関し、無料での入寮、生活保護の適用を可能にせよ、③公立病院への日雇労働者の受け入れ、④職業安定所に通いやすい所に速やかにプレハブ（無料宿泊所）を建てよ、⑤「住所不定者」にもアパートの頭金を出せなどでした。

予備折衝は、七日（金）二一時から九日一三時まで断続的に五回行われました。市側は総務局長、民生局長などが、私たちの側はI弁護士（第一回のみ）、労働者数人、支援者一～二人（私は毎回）が出席し、毎回事前に方針を決め、話の内容をみんなに持ち帰って相談しました。市側は、①ここにいる人は最大限一〇日間笹島寮・船見寮に無料で受け入れる。②国鉄には排除をやめろとは言えない。③無料宿泊所については前向きに考える。アパートの頭金のことも検討の対象にしたい、④これで退去してくれ。その後に話し合いたい、というもので、会議室から出る対策として考えている内容でした。私たちは、①野宿に追いやられている労働者のことも含めて考えており、要求項目の具体的な前進がない限り出て行かない、②国鉄の強制排除は、労働者の死にもつながるものだ、③市の姿勢が基本的に変っておらず、「検討する」というだけでは具体性がないと主張しました。

五回目の折衝で民生局長は、笹島寮への受け入れ、無料宿泊所の建設はやりたいと思うが、国鉄の強制排除については申し入れはできないと言明しました。ほかのことも曖昧な返事で、「退去するのかどうか返事せよ」と繰り返すのみでした。私たちとしては、野宿者の生活場所をどう確保するかが問題であり、その見通しがないなら、国鉄の排除を止めさせねばなりません。九日夜、みんなで基本方針を決めました。当面、①強制排除をやめさせる闘いを強める、②笹島近くに無料宿泊所を作らせる、③ほかの要求も順次勝ち取っていく。長期的には、①みんなで団結して労働問題を考え、闘っていく、②日雇労働組合のようなものを目指して、今から努力する、というものでした。

翌日から毎晩八時に国鉄名古屋駅に集合し、強制排除阻止の闘いをしつつ、国鉄に中止要請を行いました。また、元気な日雇労働者とつながりを作るために、笹島寮入寮労働者に働きかけました。市当局は、退去を労働者側に迫り、われわれの写真を撮ったり、一一日には再度会議室の電気を切り、扉入り口にはガードマン二人を常駐させ、ものものしい状況になってきました。私たちの再三の抗議と話し合い要求に、一二日夜、二日ぶりに民生局長が姿を現しました。私たちは「強制排除中止と無料宿泊所ができれば、会議室から出ていく」と表明し、一方民生局長は、ほかの要求についてはやや譲歩姿勢を示しましたが、強制排除の中止は無理であると表明しました。私たちは、名古屋市を通じて国鉄の排除をやめさせることは困難であり、そのことにこだわっているとすべてを失うかもしれないと判断し、「今までの民生局の発言を文書確認させる。会議室から出て、新たな闘いの態勢を作り、国鉄を揺さぶる」ことを決定しました。

確認書を交わして自主退去へ

深夜から民生局と確認文の検討が始まり、一〇月一三日午前六時前には、私たちは眠たい目をこすりながら民生局が清書した回答文を見ていました。要旨は次のとおりです。①野宿に追いやられている労働者に対し、笹島寮・船見寮に最大限一〇日間無料で受け入れる。その後も宿泊費・食費が払えない場合でも追い出すことはしない。②船見寮（港区）に入って笹島に仕事に行く場合、笹島までの輸送手段を確保する。③笹島寮入寮の受付時間は休日も含めて大幅に緩和することを検討する。④笹島寮・船見寮に入れない場合も、なんらかの形で受け入れることを検討する。⑤笹島近くに無料宿泊所を早急に作るよう最大限努力する。⑥国公立病院も含む病院に、「住所不定者」を誠意をもって受け入れるよう働きかける。診察のための手帳交付も働きかける。⑦「住所不定者」に対するアパートの頭金は、ケースにより支給することがある。原則支給できるよう関係当局に働きかける。（③〜⑦は今後も交渉を続け要求実現に努力する。市は月一回交渉に応じる）。

私たちはこの回答を受けて、一三日正午までに自主的に市庁舎から出ることになり、会議室の後片づけをし、日雇労働者一二人は笹島寮に入りました。一〇月一日からの福祉事務所座り込み闘争・本庁舎泊り込み闘争は終わりました。最後までよくがんばったといえます。組織らしい組織もなく、よくぞここまでやれたと思えたし、当時一定の勝利感はありました。しかし、本質的には何も解決していないともいえます。「努力する」という回答が多いからです。闘いは終わったのではなく、新しい闘いへの出発でした。

ここでこの確認書を評価しておきますと、ポイントのひとつは、①の現在の野宿者の受け入れ問題は、すべての野宿者はとりあえず入寮でき、努力しても生活費が稼げない人は、一〇日間以降も在寮できると解釈できます。しかし、「ただし最大限一〇日間」という表現からは、その後は有料であり、生活費がなくても追い出すことはしないとしているものの、入寮者にとってはプレッシャーはきわめて大きく、運動によるよほどの支えがない限り出ざるをえないことになるのであり、のちに問題になります。次は無料宿泊所を日雇仕事に行きやすい笹島近くに作る努力をするということです。また、アパート入居時の頭金支給をすることがあると確認したこともポイントです。ただしこれらの件も含めて、③〜⑦はきちんとした内容や決定でないため、今後も交渉を続けて実現に努力することになっています。

できるだけ抽象的に曖昧に回答しようとする市からやっと引き出した回答で、連日の疲れ・睡眠不足で最後のツメが甘かったものの、当時の私たちの力量からは、これが精いっぱいだったといえます。結局その後実現し定着したのは、年末年始の無料宿泊所（ただし、定員は要求よりかなり少ない）だけでした。そのほかの要求を実現できなかったのは、私たちがその後市当局との交渉をうまく活用できなかったからです。当時の私たちの力量の限界だったとはいえ、好機を逸してしまったことは、今から思えばつくづく残念です。

国鉄での阻止闘争と弾圧・誤認逮捕

市役所から退去した一三日夜から、私たちと野宿者は国鉄名古屋駅構内からの夜間締め出し阻止活動を本格的に開始し、毎晩のようにビラ配り、公安派出所や駅長室への抗議、中央コンコースでの泊まり込みを行って排除を阻止し、「二五日から全面閉鎖する。不法侵入で検挙も辞さず」との国鉄の強硬方針に対しても、私たち六〇人は二四日夜から抗議と話し合い要求を行って、排除を阻止しました。国鉄は、二八日に私たちの話し合い要求を拒否し、鉄道公安員八〇人を動員して午前〇時半出入り口を完全に締め切り、座り込んでいる私たちを暴力的に一人ひとりをゴボウ抜きにし、寒空の下に放り出しました。

そうしたなかで、国鉄の強制排除によって厳寒の路上に追い出された労働者が中区の病院で亡くなり、私たちの恐れていたことが現実になりました。私たちは、一一月一九日、公安室前で要求・抗議を行い、国鉄は四〇人の公安員と機動隊を動員して午前一時半、強制的に排除し、東出入り口で押し合いになりました。その時に扉のガラスが割れ、公安員が名前をあげて日雇労働者Gさんを捕まえようとしましたが、Gさんは捕まえられることなく、笹島寮に戻りました。ところが二九日の夜にビラまきをしたとき、Gさんが「二〇日にガラスを割った」として逮捕されました。Gさんは、「やっていない」と言い続けましたが、接見禁止となり、起訴されてしまいました。どうして割れたのか。目撃していない私は知りませんでしたが、後日Gさんではなく、支援者の一人が蹴ったと知らされることになります。

無料宿泊所建設は否決、越年対策は勝ちとる

一〇月一三日に笹島寮に入った労働者は、一〇日間過ぎると宿泊・食事代を払うようにと執拗に言われ、私たちは事実上の追い出しであると笹島寮に抗議しました。一一月一日、民生局長が出席する名古屋市との第一回交渉は、具体的にはほとんど前進せず、無料宿泊所については市議会に補正予算を提出するとのことで、私たちも各政党の市議団に資料をもって訴えましたが、無料宿泊所設置は否決されました。五〇人定員の無料宿泊所を作るのではなく、六七〇万円の予算は既存の船見寮（港区にある市営の簡易宿泊所）の整備・運営にあてて、年末年始だけ野宿者を無料で受け入れるということになったのです。通年ではなく、しかも寄せ場・笹島から遠く、定員も少ないもので、笹島近くに通年の無料宿泊所を作れと要求した私たちの趣旨とまったく異なり、みんな怒りました。一二月初旬からの越冬対策に関する市当局との交渉の場でも、無料宿泊所建設が否決された責任を追及し、受け入れ人員五〇人はまったく少なく、希望者全員を受け入れること、年末年始も窓口を開けること、土地（寝泊まり、炊き出しの場所）を提供せよ、食券・宿泊券を出せ、などを要求しました。既存施設だけでは明らかに受け入れ不可能なので、その場合にも医・食・住を確保させようとしたのでした。

一二月二一日は越年対策に関する最後の市交渉であり、前夜から地下鉄構内にいる日雇労働者が交通局に追い出されないように私たちも一緒に泊まり込み、翌朝は市役所の廊下に座り込んで、決意を示しました。民生局参事との交渉で激論の末、①無料宿泊所建設の再提案は困難である。②年末年始は船見寮に八〇人、植田寮に二〇人、無料で受け入れる。③笹島寮での受け入れも考え、合計一五〇人くらいは対応できる、県の簡易宿泊所朋友会館（有料）もあり、無料化の努力もする、④休庁中の窓口も作りたい、というものでした。通年の無料宿泊所は勝ち取れませんでしたが、初めて越年対策を勝ち取ったのです（なおこの時には知らなかったのですが、名古屋市は一二月一日に名古屋市分課条例施行細則の一部を改正し、民生局保護課の分掌に「住所不定者の対策に関すること」が追加され、主幹が一人おかれました。ここに「住所不定者」対策が始まり、七八年一二月一日には「住所不定者対策基本方針」が策定されるのですが、このことは第4章に書いてありますので割愛します）。

次に問題になったのは通年対策で、私たちは一〇月一三日の確認書の履行をせまりました。港区の船見寮から笹島への早朝の交通手段については回答がなく、労働者はこれを追及しましたが、時間が延長しているとして守衛が室内に乱入し、民生局参事を外に出してしまいました。

労働者からの批判と労働者の会の結成、そして弾圧

私たち支援者は、仕事をしながら一〇月三日からの直接行動を含む闘いをしてきましたが、日雇労働者から、昼間に決めたことが夜の会議で変更になる、最後まで責任をもってやろうとしないとの批判・不満が出ていました。市庁舎から退去し笹島寮を拠点にして闘うという方針がうまくいかず、アパートを借りて拠点にしようとしましたが、このたまり場の位置づけでも食い違いが生じました。「労働者の怒りを制止したり、方針を変更するが、これでは支援者が日雇労働者を支援していることにならない。全面的に支援してくれるのか。力量不足と逃げないで、全体で討議をしてくれ」という趣旨の申し入れが、労働者有志よりなされました。精いっぱいやってきたつもりですが、野宿に追いやられている者と帰る所のある者との違い、今すぐの問題をどうにかしようとする労働者と少し先のこと・状況も考えようとする私たちとの違いは歴然とありました。闇雲に突っ込んでも成果なく、犠牲のみになりかねないとも思いますが、逃げているといわれればそうかもしれません。私たち「『どっこい！人間節』を上映する会」は、重苦しい空気のなかで、日雇労働者の切実な要求・思いを踏まえていなかったと反省し、日雇労働者の闘いが生まれようとしている今、その闘いを支援する組織を作らねば、と話し合いました。

一一月二〇日~二一日の闘いで出会った労働者からは、「労働者の自覚を促していくようなやり方が大切であり、今の炊き出しは慈善的だ。労働者の仲間づくりとして、労働者が主体になってしてはどうか」との意見が出され、この年の炊き出しは、日雇労働者が弁当とみそ汁を配るというかたちで行われました。

また、無料宿泊所（船見寮）の入所者は八〇人の予定が、一九七八年一月二日には八九人となり、有料の簡易宿泊所の部屋に回したりする状況で、更生施設植田寮もいっぱいになりました。私たちが、二〇〇人くらいの受け入れを考えるべきと言っていたのに、一〇〇人の受け入れしか考えてなかった名古屋市の越年対策は、破綻してしまいました。さらに無料宿泊所退所期日の一月九日以降が問題であり、「困っている労働者は笹島寮・船見寮に最大限一〇日間無料で受け入れ、その後も困っていれば追い出すことをしない」という確認書の履行を迫り、民生局や船見寮長と交渉しました。一月五日、労働者の鋭い追及に、寮長はお金がなければ九日以降も追い出さないと確認しましたが、民生局による労働者への追い出しの圧力は高まり、一月一八日、労働者二三人が集まるなかで「船見寮労働者の会」を結成し、追い出し中止と笹島への就労用送迎バスを要求しました。

そうしたなかで、市庁舎泊り込み闘争に加わり、日雇労働者の中心メンバーの一人であったMさんが、一二月二九日の未明に民生局保護課の係長を殴ったという理由で、一月一八日、突然逮捕されました。一二月二八日の炊き出し医療相談時にOさんが血を吐いて倒れており、救急車で市立のJ病院に運ばれましたが、結核の既往歴があるにもかかわらず、駅に戻されました。その後民生局職員が街頭相談に来たので、MさんがOさんのことで抗議しようとしました。係長が「あんたは関係ない」などと取り合わなかったので、Mさんが殴りかかり、私が止めに入りました。結局Oさんは、再度救急車で運ばれ、入院となりました。こういう成り行きであり、私たちはこのことでMさんが逮捕されるとは、まったく予想していませんでした。にもかかわらず少しの腫れと痛みがあることをもって、名古屋市は警察に訴えたわけです。

国鉄名古屋駅の玄関扉ガラスを割っていないのに、割ったとして逮捕・起訴された日雇労働者Gさんの裁判は、一月二四日から始まり、またMさんも起訴され、三月一五日から裁判が始まることになります。

支援会議の結成と新たな模索

一九七七年九月以来の闘いで、活動領域が一挙に拡大し、日雇労働者・野宿労働者の要求に応えうる組織的な活動が必要とされていました。反弾圧・救援活動、炊き出し、医療活動、船見寮・笹島寮の労働者への働きかけなどをしつつ、「上映する会」は、現状を踏まえ、議論を繰り返し、「日雇労働者の組織化を目指して、日雇労働者とともに闘う。国家権力から弾圧されているGさん、Mさんの裁判闘争を責任をもって行う」などを目的とした名古屋日雇労働者支援会議を、二月末に結成しました。

自然発生的に、「日雇労働者を見殺しにするな」と七六年一月に炊き出しを始めてから二年後に、日雇労働組合結成を目指す市民グループが、ここに誕生したのです。そして「救援ニュース」を発行し、朝の笹島で「アンコだより」や「どっこい」を配ったりし、三月一二日には日雇労働者から条件違反と賃金不払の相談が初めて持ち込まれ、労働者と一緒に労働基準監督署に行くことも始めました。

三月末で越冬活動を終了しました。一〇月以来、無料で船見寮に入った労働者は一二一人、簡易宿泊所笹島寮には一二三人、入院七人、更生施設植田寮には五七人。実に三〇〇人以上が入院・入寮したのでした。

この後、越冬炊き出しの会は医療活動を、名古屋日雇労働者支援会議は医療活動・救援活動そして労働問題に取り組むことになりました。支援会議は、日雇労働者の集まりを計画し、「日雇相談所」のようなものが作れないかを模索しました。船見寮の労働者は追い出しにも屈せずがんばっていましたが、次第に人数が少なくなり、一方、名古屋市当局は、年末のトラブルを理由に、私たちとの話し合いをいっさい拒否しました。

七七年九月からの苦しい、しかし有意義な闘い。犠牲も払わねばなりませんでしたが、成果も勝ち取った闘い。これらを経て、二つの裁判を抱えながら、新しい模索を始めていた七八年七月二九日、大西豊さんと出会うことになり、それ以降支援会議は大西さんたちと労働問題を一緒に取り組み、八二年に「笹島日雇労働組合」が結成されることになります。

私たちは、日雇労働者が使い捨てにされ、野宿を強いられ、死に追い込まれているという過酷な状況を真剣に受けとめ、その状況を可能な限り変えるために、行政などに責任を激しく問い、またみずからのあり方、当事者との関係性を問おうとしてきました。当然、その当時の時代状況の影響も受けています。

こうした私たちの運動について、当時の名古屋市福祉事務所職員が、「住所不定者問題をめぐる職員の動揺」という小見出しで、「組織的に人を集めて中村福祉事務所を占拠し……」、「寿が下火になる中で、今名古屋はねらい打ちにされているのではないかという感じがします。……」と書いています。もちろんこうした見方はまったくの誤解であることは、今までの報告からおわかりでしょう。

問題はたんに一部の職員が誤解していたことではなく、名古屋市当局自体が、そのような見方をベースに、七七年秋以降の、とりわけ年末のトラブルを理由に、その後ずっと私たちとの話し合いを拒否してきたことです。私たちや野宿者・日雇労働者が運動を時には激しく展開してきたのは、今までの報告からわかるように、名古屋市当局が真摯に問題を見つめて生存権を保障したり社会的に解決しようとするのではなく、約束を反故にしたり、前述の誤解（予断・偏見）をもとに支援者対策を優先させて、その時々を乗り切ろうとしてきたことが大きな要因と思われます。十数年後にある福祉事務所職員は、「藤井さんたちがあれだけやったから、名古屋市も住所不定者対策を始めた。行政というのは、新しいことはよほどのことがないとやらない」と述べていましたが、こうした行政一般の体質も要因のひとつでしょう。行政は、市民の問題提起を真摯に受け止め、その内容が妥当であれば、提起者が少数であろうと、誰であろうと、その問題を社会的に解決すべく、今度は市民に問題提起をして、一緒に考え、施策を作り上げていくべきでしょう。

一方、私たちの運動としては、日雇労働者や野宿者が抱える問題について理解の足りない市民や職員をこの問題の理解者にしていくことも課題だと思います。

名古屋市当局がこれまでの話し合い拒否という態度を変えて、支援団体の集まりである笹島連絡会と話し合いを始めた現在、市当局はポーズで話し合いをするのではなく、問題提起を真摯に受けとめ、人権や社会正義という観点から判断し、人権を保障する施策を編み出していくべきです。また市民も、野宿者の現実を無視したり、行政と運動とのやりとりを傍観するのではなく、率直に発言していく必要があります。

行政も支援者・市民も大きな課題を抱えています。

第6章　生活保護行政を揺り動かした林訴訟

一九九六年一〇月三〇日、名古屋地方裁判所の大法廷の傍聴席は、日雇労働者、仕事がなくて野宿を強いられている労働者、そして支援者でいっぱいでした。

いよいよ判決。「一、原告が平成五年七月三十日にした生活保護の申請に対し、被告名古屋市中村区福祉事務所長がした（生活扶助・住宅扶助を認めない）生活保護開始決定を取り消す。二、被告名古屋市は、原告に対し金二十五万円……の支払をせよ」

完全勝訴です。私は仲間のSさんに「完全勝訴」と書いた大きな紙を渡すと、彼は法廷を飛び出していきました。傍聴席では歓声があがり、互いに握手をしたりしています。原告林勝義さん（五八歳）は満面の笑顔に包まれ、なんとも素晴らしい顔です。

これが、生活保護を行政に拒否されて野宿を強いられた日雇労働者が、訴訟で生活保護行政に対して初めて勝った瞬間の情景でした。

生活保護法とは――生活困窮者は保護を受けられる

生活保護法（以下、「法」という）は、憲法第二五条の規定する理念に基づき、国が生活に困窮するすべての国民に対して、健康で文化的な最低限度の生活を保障するとともに、その自立を助長することを目的としています（法第一条）。厚生省社会・援護局保護課監修「保護のてびき」には、次のようなことが書いてあります。すなわち、旧生活保護法などでは、素行著しく不良な者あるいは勤労を怠る者については、保護は行わないと定めており、生活困窮に陥った原因の如何によって保護するかどうかを定め差別した取り扱いをしていた。しかし現在の生活保護法では、すべての国民は要件を満たす限り保護を無差別平等に受けることができ（法第二条）、「性別、社会的身分はもとより、生活困窮に陥った原因の如何はいっさい問わず、もっぱら生活に困窮しているかどうかという経済状態だけに着目して保護を行う」と。そして法第四条（保護の補足性）では、一項で保護の要件として資産や能力の活用をあげていますが、それは絶対的な条件ではないと法制定当時の厚生省保護課長・小山進次郎氏が解説しています。また、三項で急迫している場合はまず保護をすべきと規定しています。要するに、生活保護法では、生活に困窮すれば生活保護が受けられるのであり、最低限度の生活すなわち、人間としての尊厳をもって生きることを保障するものです。

生存権を侵害している保護行政の実態

ところが厚生省（現・厚生労働省）は、実際には扶養を義務と思わせたり、人権を侵害するような資産調査をして、保護申請をあきらめさせたり、稼働能力がある世帯を事実上排除するように福祉事務所を指導してきました。

名古屋市の福祉事務所でも、野宿や簡易宿泊所住まいの労働者が失業などで生活に困窮して保護を申請しても、稼働能力があると判断すると、相談に応じない状態でした。病気やケガで病院にかかりたい場合は受診はできますが、受診の結果稼働能力ありと判断されると、その日の受診料は「医療扶助」として福祉事務所が出すのみで、生活扶助・住宅扶助は認めないというやり方をしていました。定まった住居がなくても、現在地保護によって保護が受けられることが法第一九条に書かれていますし、稼働能力があるから保護が受けられないとはどこにも書かれていませんから、こうしたことは違法行為です。しかし全国的にそうしたことが当然のごとく行われており、したがって稼働能力のある人が生活保護の権利を獲得することは、きわめて重要な課題となります。東京・横浜などでは引き替えにパンを食べることのできるパン券やその日簡易宿泊所で泊まることのできるドヤ券を配ったりする法外援護がありますが、それもない名古屋では、生活保護を当たり前にやらせることは、とりわけ大きな課題です。

戦後最大の不況と生活保障の闘い

九〇年代初頭に「あぶく景気」がはじけて深刻な不況となり、日本は大失業時代に突入し、全国の日雇労働者などに深刻な影響を与えています。序章で述べたように、名古屋市中心部でも九一年には二三〇人くらいだった野宿者（毎年数十人が死に追い込まれていた）が、九二年には二八九人、九三年には三八二人と増えていきます。この事態に、日雇労働者やホームレスを生活・医療面から支援している笹島診療所は、「失業して生活困窮していれば生活保護が受けられるはずであり、生活保護が受けられずに野宿に追い込まれている状況はどう考えてもおかしい。行政が違法なやり方を続けるのであれば、法的に争うことも含めて闘う」ことを確認し、九三年春から生活保障の闘いを重点的に始めました。

私たちは、ホームレスに呼びかけて集団で保護申請をし、福祉事務所に生活保護を適用せよと迫りました。しかし個別的には成果があっても、基本的には違法なやり方を打ち破れませんでした。そうした時に私たちは林勝義さんに出会ったのです。

福祉事務所によって野宿に突き落とされた林さん

林さんは、一九三八年に岐阜県で生まれました。中学校卒業後、東京都江東区深川で塗装の見習いとして働き、その後川崎市で寿司見習い、岐阜県で雑貨店や飲食店で働きました。七四年頃より名古屋市中区・中村区で中華料理店で働いた後、八三年頃より建設関係の仕事に従事し、主として飯場に入って仕事をしてきました。その間、名鉄の線路の枕木の仕事中に、枕木が足の上に落ちてきてケガをし、徳山ダム関係での仕事では家屋の解体をする仕事をして二メートルの高さから落ち、脇腹を打撲して一週間通院をしたり、さらに労働災害で左手中指を切断し指が曲がらなくなるという経験もしました。

一九九三年七月初旬、林さん（当時五五歳）は両足が時々けいれんを起こすことや、不況が深刻化したために、仕事が見つからず、ついに名古屋駅前で野宿せざるをえなくなりました。そこで林さんは私たち笹島診療所メンバーに相談をし、そのアドバイスに従って七月中旬に三回福祉事務所に行き、それぞれ生活保護を申請しました。しかし、福祉事務所は、「軽作業が可能だから」「働けると医者が言っているから」という理由で、三回とも林さんが要求している生活保護の適用（生活の保障）をしなかったので、林さんは野宿を続けざるをえませんでした。

その後も一生懸命仕事を探し、七月下旬にやっと現場の仕事が見つかりましたが、数日で足のけいれんが起こり、病院に行きたいといったら解雇となってしまいました。困り果てた林さんは、七月三〇日に四たび福祉事務所の門をたたきましたが、またもや「働けるから保護の要件はない」ということで、受診しか認められませんでした。自分の努力ではどうしようもなくなったので、最後の頼りとして福祉事務所に行っているのに、福祉事務所は助けを求める林さんをまたもや野宿へと突き落としたのです。

不服審査請求へ――苦しい行政の裁決内容

七月三〇日、一緒にいた私は林さんに、「林さんのためにも、みんなのためにも、法的に争って福祉事務所のやり方を改めさせよう」と提案しました。林さんは賛成し、私が代理人になって九月一日、愛知県知事に不服審査請求をしました。不服審査請求というのは、行政による法的な決定（処分）に不服がある場合に、その処分が違法かどうかを県知事や厚生大臣に審査を請求し、争うことであり、この制度は生活保護が権利であることを保証するものです。

愛知県知事の裁決は、居住地の定まらない者については、資産などの継続的な把握が不可能であること、生活状況などを十分に把握したうえでの訪問活動・指導援助が困難ないし不可能であることにより、生活保障は入院するなどして一定の生活圏を形成した場合に限定せざるをえないとして、林さんの請求を棄却するものでした。裁決は、福祉事務所の主張する「就労可能だから」という理由が適法かどうかという争点から逃げ、ホームレスはきわめて限定された生活保護しか認められないとして、いわば門前払いをしたのです。逆に言うと、各地で行われている「ホームレスは生活保護が受けられない」という違法な運用の理由が明らかにされたといえます。しかし、ホームレスだから資産などの把握が不可能というのは、まったく根拠がありません。保護申請時に家族や資産などについて詳しく尋ねられますし、福祉事務所は、金融機関に対して預金などの調査をしています。居宅があるかどうかによって、把握ができるかどうかが決まるものではありません。今どこで野宿をしているかも話していますし、何度も福祉事務所を訪れているのですから、生活状況の把握や訪問・指導援助も可能です。裁決は、ホームレスに対する差別と偏見に基づいており、法第二条の無差別平等の原理などに反するものであり、とても納得できるものではありません。

そこで、やはり私が代理人になって厚生大臣に再審査請求をし、こうしたことを詳しく反論しました。厚生大臣の裁決は、福祉事務所の主張する理由や愛知県知事の裁決内容の違法性になんら触れることもなく、今度は「能力の活用が不十分であり、保護の要件に欠ける」という新たな理由を持ち出して、林さんの請求を棄却しました。

以上からわかるように、裁決は、福祉事務所が保護を認めない理由として「就労可能」をあげたことを肯定したのではなく、福祉事務所の保護を認めないという処分を別の理由でなんとか肯定しようとしたのであり、内容的には私たちは負けてはいなかったのです。

林訴訟運動の開始——求めよ！さらば与えられん

一九九四年五月九日、約七〇人の野宿労働者や支援者が名古屋裁判所前で行った提訴集会で林さんは決意を述べ、仲間の声援を背にしながら、名古屋市長と福祉事務所長を裁判所に訴えました。

ここに林訴訟が始まることになるのですが、その支援運動は実質的には不服審査請求の段階から始まっていました。私たちは法学出身でも社会福祉の出身でもありません。その素人が審査請求や裁判を提案したのは、生活保護を拒否された理由が「働けるから」という明らかに違法な理由であったので、こんなことが社会的には通るはずはないという思いがあったからであり、なんとしても勝たねば

研究者も裁判を傍聴（右から３人目が原告林さん）

ならないという決意をしていたからです。

でも、法律的にいくらこちらが正しくても裁判では必ずしも勝てるわけではなく、いかに運動を盛り上げるかが決定的に重要です。そこで私たちは、①林さんだけの問題ではなく全国のホームレスの課題であることを訴え、全国の寄せ場・地域の闘いと連帯し、地元名古屋でホームレスを主体にした日常的な生活保障の闘いを進める、②各地の寄せ場の仲間に拡げるだけではなく、厚生省が法第四条一項（資産・能力の活用を保護の要件と規定）を厳しく解釈し、保護を制限している「保護適正化」攻撃に対して、各地で闘っている生活困窮者、ケースワーカー、社会保障分野の人たちと連携していく、という方針を立てました。正直いって、笹島という狭い所で、しかもほんの少数で運動してきた私には、この方針の実施は必ずしも明るい見通しがあるわけではなかったのですが、とにかく全力で取り組むのだと決意していました。

セミナーで話す原告の林さん（右）と筆者の藤井（1995年2月）

まず戦後の社会保障運動を進めてきた研究者や運動体と出会うことが必要でした。そこで不服審査の段階からすべての書類を、各寄せ場・地域の仲間、知り合いの弁護士などだけでなく、笹島に関心をもっておられた大学の先生・研究者に送りました。そうしたなかで、小川政亮さん（元金沢大学教授）、笛木俊一さん（日本福祉大学助教授）、庄谷怜子さん（大阪府立大学教授）、京都の竹下義樹弁護士、尾藤廣喜弁護士などを紹介してもらいました。小川さんから便せん一〇枚にびっしり書かれた手紙をもらった時は、私たちの主張が間違っていないという確信がもてましたし、大きな励ましでした。あるケースワーカーからは生活保護法制定当時の厚生省保護課長であった小山進次郎氏の著書『増補生活保護法の解釈と運用』が送られてきて、これが大きな武器になりました。提訴時には、内河恵一・渥美裕資両弁護士に代理人をお願いし、地元研究者の協力がぜひ必要であるとの判断から、面識のない笛木さんを事務局二人で訪れ、快諾を得ました。笛木さんの提案で六月に京都の柳園訴訟（コラムを参照）弁護団竹下・尾藤両弁護士と交流し、両弁護士も弁護団に入っていただくことになり、強力な弁護団が作られました。こうして一生懸命訴えることによって新しい出会いがあり、人から人へと次々に道が開かれていきました。

その後も、次々に扉が開かれるように、新しい人との出会いが続きました。この「人との出会い」と拡がりは、私たち事務局の努力だけでなく、原告林さんの人なつっこさ、チャーミングな笑顔もおおいに関係しています。こうした裁判態勢の整備や支援者の拡がりも、冒頭の一審勝訴判決を導き出すことになった大きな要因です。

コラム「柳園訴訟とは」

建設労働者であった柳園さんが、入院中に生活保護を受け、退院後も生活保護の継続を求めましたが、退院後の居所（知人宅）を明らかにしなかったとして、京都府宇治市は「居住実態不明」により要保護性の有無や程度が明らかでないことを理由に、保護廃止を決定しました。このことを違法として柳園さんが一九九〇年に裁判に訴えたのが、柳園訴訟です。一九九三年の判決は、居住実態不明を理由に保護を廃止することは、法の許容しない制裁的廃止決定であり違法であるとして、損害賠償を認めました。

ホームレスが初めて生活保護裁判で勝訴したこと、生活保護をめぐり慰謝料として損害賠償が初めて認められたこと、などで注目を集めましたし、私たちもおおいに励まされました。

ていねいに審理をした第一審

原告が裁判で求めたことは、①被告福祉事務所が生活扶助、住宅扶助を認めず医療扶助のみを認めた保護決定処分を取り消すこと（行政訴訟）、②原告は、違法な決定のため、疾病をかかえながら野宿のやむなきにいたるなどしており、これらの精神的苦痛に対する慰謝料として被告名古屋市は金一〇〇万円を支払うこと（民事訴訟）、です。

裁判は、第一回公判（正式には「口頭弁論」という）が六月二七日に行われ、一九九五年四月一〇日の第六回公判までは、書類でのやりとりや証拠提出・証人申請でした。

最初の証人尋問（六月と八月）は、林さんが生活保護申請をした際に対応した福祉事務所のケースワーカーです。その証言は、保護行政の実際ではなく建前を言いつつも、林さんへの対応についてはある意味では正直に答えていました。たとえば、一般的に就労能力がある人は保護の要件はないと明確に答えていること（明らかに違法な見解・運用です）、林さんの場合も医師が働けると判断したから保護の要件がなく、従って林さんの求職状況や職安などでの雇用状況などを確認していないこと、資産も収入も所持金も寝るところもない林さんが雨の中困っていることに対して、工夫してなんとか生活をするだろうと思ったことなどです。違法な運用が日常的に行われていることが明らかになったわけですが、それにしてもなんと冷たい保護行政の実情でしょうか。

次の証人尋問（一〇月と一一月）は私で、日雇労働者が使い捨てにされている状況、林さんの保護申請状況、福祉事務所の保護運用状況、当時の求人状況、野宿生活の大変さ、適切な援助をすれば野宿から脱することはできることなどを証言しました。

三人目の証人は庄谷さんで、野宿者・支援者・研究者の共同で一九九四年一二月に行った名古屋の六四人の野宿者の聞き取り結果を証言してもらいました（九五年一二月、九六年一月）。この聞き取りは、庄谷さんの提案に基づいて結成された「名古屋〈笹島〉の現状を明らかにする会」が行った、名古屋で初めての聞き取りでした。この結果、今まで体験的にしかわかっていなかった実情などが、ある程度「客観的」に明らかになりましたし、この取り組みを行うなかで新たに支援の輪が拡がったり、その後研究者と一緒に政策提言をするきっかけとなりました。

四人目の証人は、花園大学教授の中川健太朗さん（元京都市左京福祉事務所保護課長）です（九六年一月、三月）。稼働能力があっても野宿というような生活困窮状況であるならば、保護を適用するのは当然であり、実際に野宿者に現在地で保護を適用して、アパートでの居宅保護に切り替えていった事例なども紹介してもらいました。ところで、被告名古屋市当局は、それまで「稼働能力のある者は保護の要件がない」と主張してきましたが、このままでは敗訴すると思ったのか、この時に突然「能力の活用をしていなければ保護の要件がない」と主張を変更してきました。

九六年四月には、原告の尋問となり、林さんは保護を認められなかった日に食べる物が全然なく、トイレの水をがぶがぶ飲んだこと、ケースワーカーに「倒れて働けなくなったら面倒を見てやる」と言われたときに、「倒れてから面倒を見てくれても遅い」と言ったこと、野宿の際ジュースのビンなどを投げつけられたこと、いつも睡眠不足で身体がフラフラすることなどを証言しました。なお、裁判長がていねいに質問をして、週二回の炊き出しは、雑炊一杯であること、足の痙攣のこと、仕事を探してもなかったこと、身長が一五三cmで体重が五〇kgあるかないかで力仕事に不利であること、などを明らかにしていったことが印象的でした（各証言は、林訴訟資料集（一）―（三）に収録されています）。

九六年七月に結審となり、そして冒頭に述べたような原告勝訴判決が一〇月三〇日にあったわけです。

「画期的な」一審判決

一審判決は、保護開始決定処分・廃止決定処分について、次のような判断をしました。

法第四条一項の「利用し得る能力を活用する」という要件については、申請者が稼働能力を有する場合であっても、①どの程度の稼働能力であるか、②その稼働能力を活用する意思があるかどうか、③申請者の具体的な生活環境（林さんの場合は野宿という環境）のなかで、実際にその稼働能力を活用できる場があるかどうか、により判断すべきであり、申請者がその稼働能力を活用しようとしても、

第１審勝訴判決を喜ぶ原告の林さん

実際に活用できる場（具体的な就労の場）がなければ、「利用し得る能力を活用していない」とはいえない、と明確に判断しました。

そして林さんの場合については、稼働能力があるとはいっても、両足を使って建設資材などを運搬するなどの重労働に従事する能力はなかったものと認められ、他方可能な限り職を見つけて働いていたが、野宿者が急増している状態からすると、野宿生活をしている日雇労働者である原告が、両足痛などの症状のある状態で就労先を見つけることはきわめて困難な状態であったと、事実の認定を行いました。そして、原告は軽作業をする能力があったが、就労しようとしても実際に就労する場がなかったと認められるのであり、利用できる稼働能力を活用していなかったとする被告らの主張は誤りであり、したがって、福祉事務所が法四条の要件を満たしていないとして行った処分を取り消すとしました。

さらに判決は、被告が違法な保護開始決定と保護廃止決定をしたのは、稼働能力の活用につき個別具体的な検討をせず、抽象的な就労可能性を前提として、林さんが稼働能力の活用をしていないと判断したことによるものであり過失があること、開始決定の通知の遅れについても明らかな法違反であり、被告に過失があること、これらの過失により原告は保護申請後も野宿を強いられ、食事もあまりとれず、仕事も九月末まで見つからなかったこと、結局原告は、こうした被告福祉事務所の一連の行為により、開始決定の取り消しによっては回復できない精神的損害を被ったとして、林さんの慰謝料請求を認めました。

この判決は、生活保護法の解釈としても当たり前ですし、事実を公平に見れば当然出てくる結論といえますが、ホームレスが訴えた裁判で、全国各地の運用を批判する内容をもつ判決を出したという意味で、やはり「画期的」といえます。そしてこのニュースは全国各地を駆けめぐり、各地のホームレスや支援者に大きな励ましを与え、行政にショックを与えたようです。

まさかの控訴審判決

名古屋市当局は、各地からの控訴するなという声に背を向けて、一一月一二日に名古屋高裁に控訴をし、九七年三月五日から口頭弁論が始まりました。控訴審で名古屋市側は、林さんは肉体的負荷の高い仕事に固執して、職種を拡げて求職活動をしておらず、職安での求職活動もしていない、自立的な生活設計や自立のための就労について真摯な意思・意欲に乏しい、五五歳は高齢の域ではなく、稼働能力の活用の場の有無は、真摯な稼働能力を有していたか否かの判断との相関関係において決められるべき側面が大きく、また、職種によっては有効求人倍率が高いところがあり、新聞でも求人広告がたくさん出ている、などと主張しました。

名古屋市側の主張は、体調維持・管理のための万全の努力、能力活用における万全の努力、自立生活や就労に向けた真摯な意思・意欲が強調され、このような完璧な人間でなければ保護の要件がないかのように主張しています。そして、有効求人倍率が一・〇以上であるから、仕事は探せばあるはずといい、ミスマッチの問題を無視しています。また、生活保護費は「国民の税金」でまかなっていると二度強調し、林さんの努力の程度で保護を認めると申請者の勤労意欲を削ぐことになりかねず、正義・公平の理念にも反すると述べていますが、これは、小山進次郎さんが「自立の助長を目的にうたった趣旨は、そんな調子の低いものではない」と批判した、「惰民防止論」といえます。

裁判の展開は早く、名古屋市側は保護課長を証人申請しますが、四月二五日の第二回口頭弁論で、裁判所が申請を却下しました。双方は、証拠提出しつつ、六月一三日の第三回口頭弁論で、双方の主張を批判する準備書面を陳述し、裁判所はこれで結審としました。

実質三カ月の間に、裁判所は一審判決に対するなんの疑問も表明しなかったし、特に何かを重点的に審理をすることもなかったので、私たちは一審判決が覆されるとは思っていませんでした。ところが九七年八月八日の判決は、生活保護法第四条一項を一審判決と同様に解釈しながらも、林さんの場合は就業の場はあったと推認できるので、保護の要件を満たしていないとし、林さんは全面敗訴となってしまったのです。

初めに結論ありき——事実の歪曲と可能性の推認

判決は、名古屋市側の主張に沿って、職業別常用職業紹介状況の有効求人倍率は、保安の職業二・七三倍、建設の職業四・四九倍などであったこと、職安から二、三の就業先の紹介を受け、面接の機会を得たのに、毛髪を整えないため採用を断られたなどの「事実」認定を行い、そのうえで、①当時の日雇労働の求人や紹介状況は、かなり厳しいものであったが、有効求人倍率からすれば必ずしも厳しい状況にあったとはいえない、②真摯な態度で求人先と交渉すれば、就労の可能性はあったと推認することができる、③結局、被控訴人林さんの就業の機会、就業の場が存在することの可能性を否定することはできないのであり、法四条一項の補足性の要件を充足していない、としたのです。

ところが、判決があげている有効求人倍率は、年令による違いを無視した数値であり、実際は全職種平均でみると、四四歳以下の場合は一・三〇ですが、林さんの年令である五五歳以上の場合は〇・一六、保安職の有効求人倍率についても、九七年七月では二・一〇ですが五五歳以上では〇・六五といちじるしく低くなり、年齢を考慮すれば判決のいう「推認」は、ただちに崩れます。また、職安で紹介されたのは一件だけで、しかもその時期は生活保護を拒否された後の九月であり、軽作業しかできない健康状態だったから断られたのです。判決は前提となる雇用状況・求職状況の事実をねじ曲げ、また風呂にも入れない野宿の大変さをまったく考慮に入れないで、真摯な態度・努力がなかったと断定し、最後には、就労の場の可能性を推認しています。判決は、林さんに「就労の場の存在の可能性の否定」を求めていますが、「ある」ことの証明はひとつでも事例をあげればいいので行えますが、

「否定」(「ないこと」)の証明はいくら事例をあげても、「あるかもしれない」ということを否定できないので、論理的には証明は困難です（「悪魔の証明」というそうです）。

以上のように判決は、行政の主張・行為に追従して初めに結論を出し、それに見合いそうな「根拠」を無理に「証拠」の中から選別し、机上の空論で根拠づけたといえます。

怒りの上告――最高裁判所での闘い方は？

林さんは、こんな無茶苦茶な判決は納得できないと憤って、一九九七年八月一九日に最高裁判所に上告をしました。

ところで最高裁判所は、基本的には第二審の事実認定を前提とするので事実審理を行いません。そして、二審判決の法解釈は憲法や法律に違反しているとか、理由に齟齬や不備があったとか、審理が不十分であった、などとして争うことしかできません。ただし、二審の事実認定が明らかに経験則に違反しているということでは争えます。また、最高裁からの「上告受理通知書」を受け取ってから、五〇日以内に上告理由書を提出する必要があります。そこで弁護団は名古屋と京都で会議を重ね、上告理由書を作成し、一〇月八日に提出しました。上告理由書では、①憲法一四条（法の下の平等）違反、憲法二五条（生存権、国の社会的使命）違反、②生活保護法第一条（目的）・第二条（無差別平等）および第四条（保護の補足性）違反、③証拠の解釈や事実認定に関する経験則違反、理由齟齬・理由不備、審理不尽について詳しく展開し、それを裏づける証拠も提出しました。

さて、林訴訟の弁護団においても、最高裁での闘い方が十分わかっている弁護士はいません。そこで生存権訴訟として有名な朝日訴訟や、教科書裁判として有名な家永訴訟に最高裁まで関わられた新井章弁護士（東京中央法律事務所）に九月初旬に了承を得、同法律事務所の弁護士二人とともに弁護団に加わっていただきました。そして、最初の在京弁護団との打ち合わせを一二月九日に東京で行ったのですが、その時に上告理由書が決定的に重要で、そこで述べた理由以外には新たに理由を付け加えることができないこと、今後は上告理由書の論点を補強するというかたちで上告理由補充書を出し、その提出時に書記官と会う努力をして、書記官の表情などから審理状況の感触をつかむ以外に何もわからないことなどを聞きました。上告審では、ほとんどが二年以内に棄却となり、弁論（公判）も開かれることはほとんどなく、二審判決の見直しには弁論が開かれることが不可欠とのことです。こういうむつかしい闘いなのですが、すでに上告理由書を提出しており、あとは補充書や意見書などを出して、最高裁判事に何とか真実をわかってもらえるように努力するしかありません。

最高裁での闘い

その後の弁護団会議は東京で行うこととし、研究者にも参加を呼びかけました。新井弁護士は、上告理由書の不備を補うべく、「原判決の基本的な特徴と問題点――上告理由書全般の補充」という論文を書かれ、個々の論点も補うべく各弁護士が分担し、上告理由補充書としてまとめました。社会保障分野での最長老ともいうべき小川政亮さんは、憲法における人間の尊厳・生存権を世界史的文脈で、また国際人権規約との関わりで論じた意見書を、ホームレスの聞き取りに参加されて以来のお付き合いである元西成労働センター課長で高野山大学講師の上畑恵宣さん（のちに同朋大学教授）は、野宿という非人間的な状況を名古屋と釜ヶ崎の実情から明らかにし、生存権保障の最後のネットである生活保護法の意義を述べた意見書を、それぞれ書かれました。これらを上告理由補充書とともに一九九九年一月二九日に提出しました。

控訴審判決は、事実をねじ曲げて認定し、予断と偏見で林さんを怠け者かのように判断しただけでなく、法四条一項の「能力の活用」という要件を実質的には非常に厳しく解釈しています。弁護団はこの問題点の論証にも力を入れていたのですが、一審以来議論に加わってこられた木下秀雄さん（大阪市立大学教授）は、控訴審判決は抽象的な就労可能性を問題にしているが、それは立証責任の問題と混同しているか、悪魔の証明を求めるもので違法であること、具体的に期待できる就労の場がなく、最低生活が可能な収入・資産がない場合は、まず生活保護を適用するのが法の趣旨であることを、ドイツの社会扶助法の議論を踏まえながら論証する意見書を書かれました。九九年六月二四日に弁護団は最高裁調査官に面談し、木下意見書を提出しました。

無念にも林さんが逝く

林さんは、名古屋地裁に提訴した後の九四年一一月に私たちの援助で名古屋市中村区のアパートに入居していました。仕事はあったりなかったりで苦しい生活でした。九六年年五月、がんのため入院し（告知はされず）、闘病生活が始まり、生活保護を受けます。六月初旬には手術をして退院しました。しかし、九八年九月、林さんはがんで再び入院し、一〇月に告知があり二回目の手術をしましたが、前回の時のようには回復しませんでした。九九年二月頃に医師は「数カ月もつかどうか」と漏らしましたが、多くの人の励ましを受けながら病と闘ってきた林さんの気力・体力は、医師も驚くほど強靱であり、医師の予想を超えて夏を越し、九九年一〇月二二日午前一〇時一〇分、林さんは仲間に見守られながら、秋晴れのもと安らかに永眠しました。

がんと告知されても、楽天的な性格が幸いしたのか「俺、がんだわ」とけろっといい、「また、裁判の打ち合わせに東京に行かんといかんわ」とも言っていた林さんでした。一方、林さんにとって、各地の弁護士、支援者、ケースワーカー、研究者と知り合いになったのは、ひとつの誇りでした。病を知った各地の人からの手紙をベッドの上で見せて、誇らしげに笑顔を浮かべていました。ニコッとしながら気軽に話しかけて築いたこの人間関係という財産は林さんの闘いを支えたし、私たちにもその財産を残してくれたのでした。

私たちは、葬儀委員会を作り、喪主弟さんのもとに一〇月二三日通夜を、二四日葬儀を行いましたが、各地からいろいろな人が駆けつけ追悼の言葉を述べ、四家族六人のご遺族も「こんな人たちに囲まれ、勝義も幸福だったと思う」と感謝しておられました。

闘いの継続

原告が死亡した場合訴訟はどうなるのでしょうか。損害賠償を請求した民事訴訟のほうは、宇治市を相手取った柳園さんの生活保護裁判で相続人が訴訟を継承できるという判断が出ています。処分の取り消しを求めた行政訴訟は、朝日訴訟の最高裁判決で「生活保護の受給権は、一身専属の権利で相続の対象にならない」とされていました。

林さんは林訴訟の結果が全国の生活保護行政に大きな影響を与えることを理解していましたから、生前に弁護団や私たちは林さんと話し合い、訴訟を継続させるために、藤井を相続人にすることを遺言書として林さんに残してもらっていました。

林さん亡き後も、弁護団は、準備中であった上告理由補充書（二）をさらに検討し、二〇〇〇年八月に最高裁に提出しました。この補充書は、再度生活保護法第四条の解釈問題を取り上げるとともに、最高裁の裁判官に野宿者の現実を知ってもらって、いかにして偏見にとらわれずに判断してもらうか、最高裁は国家財政の状態などを気にして行政よりの判決を出す傾向にあるので、急増しつつある野宿者や貧困者に生活保護を適用しても国家財政全体から考えると大きな問題ではないことなどを明らかにし、裁判所が抱きかねない不安を取り除く、などという問題意識からも書かれました。同時に、社会政策学会で知り合った広島女子大学助教授の都留民子さんにフランスの失業対策としての公的扶助の現状を、憲法学の立場からは「人権としての自立・自律への権利」を展開しておられる静岡大学助教授の笹沼弘志さんに生活保護法における生存権保障の原理と構造について、それぞれ意見書を書いてもらいました。
そして一〇月には、訴訟を林さんから藤井に継承する手続きの書類と民事訴訟の承継はもちろんのこと行政訴訟も承継できることを論証した上申意見書を提出しました。

最高裁判決を予想しての取り組み

弁護団では、補充書（二）に間に合わなかった論点を補充書（三）にまとめようとしていました。またこの年の春過ぎから、「最高裁に上告してから二年半を過ぎたので、いつ判決が出てもおかしくないのではないか。運動を盛り上げるために、林さんの一周忌という意味も込めて秋にシンポジウムをしたり、最高裁に向けて共同声明を出してはどうか」という意見が、弁護団会議に出されました。

ところが、これらを準備中の九月に、「林訴訟の担当主任裁判官は来年四月二二日が定年であり、定年前に判決を出す可能性がある」という情報が東京の弁護士に入ってきました。その情報を聞いたときは緊張しました。可能性であり、ピンとこない面もありますが、極力努力するしかありません。一一月二五日の「林生存権訴訟の最高裁勝訴を目指すシンポジウム」は、一六〇人の参加者で、私たちの力量にしては参加者数も内容・雰囲気も成功でした。研究者を呼びかけ人にした「林訴訟の公正な判決を求める各界共同声明」の賛同者は、二〇〇一年一月末には集約して、二月に初旬に発表する予定でしたが、さらに賛同者を増やすために二〇〇一年二月初めに木下秀雄さんの協力で社会保障法学会会員に署名用紙を郵送しました。

突然の最高裁判決

二月一三日朝一〇時、私の自宅に東京の時事通信社のS記者から電話があり、「一〇時半より判決言い渡しがある」という連絡を受けました。「これは、ダメだ」。身体中から血の気が引いていきました。というのは、最高裁では、控訴審の判決を覆す場合はたいていは口頭弁論が開かれるのですが、上告を棄却する場合には突然判決が出るのです。ですから、今日判決が出るということは上告が棄却されると考えていいのです。気を取り直して各弁護士に連絡をしはじめましたが、ミスが多い始末です。承継人としての声明文を考えようとしますが、取り乱して進みません。ひょっとして勝訴にならないのか。そんなありえない期待をしたい気持ちでした。その間にも、共同声明の賛同者のFAXが送られてきます。なんたることか。判決文がFAXで送られてきましたが、やはり棄却でしかも内容的な理由はまったくなく、きわめて素っ気ないものでした。茫然自失の状態です。いやこんな無茶苦茶があっていいのかという気持ちだけが募ってきました。

夕方の記者会見が終わった頃には、やっと落ち着いてきましたが、完成間際の補充書（三）も共同声明もみんな間に合わないのが、悔しくてなりませんでした。夜も共同声明の賛同人のFAXが入り続けていました。

なんの問いにも答えなかったお粗末な最高裁判決

判決は、処分の取り消しを求める請求部分については、保護を受ける権利は保護を必要としている人のみに属する権利（一身専属の権利）であり、承継人に相続することはできないので、林さんの死亡により訴訟は終了したとしました。

損害賠償については、第二審の判断は「是認し得ないものではなく、その過程に違法があるとはいえない」などとして、棄却するとしました。

判決は結論だけを述べた実にあっけないもので、弁護団がいろいろな角度から提起していることにまったく答えず、結論にいたる理由はなんら述べられていません。司法の番人という最高裁の使命から考えると、結論がどうであれ、提出された論点に対して最高裁の見解を堂々と論じ、さらなる論議の素材を提供すべきです。判決は、林訴訟の問いに答えることなく逃げ去ったものであり、私は憤懣やるかたないという気持ちでした。

なおのちに知ったのですが、元最高裁判事（裁判官）によると、最高裁判決は、短い判決文の中で一字一句慎重に言葉を選び、意味をもたせるということであり、この判決で二審判決について、「是認し得ないものではなく」という消極的にしか肯定しなかったことは、問題がないわけではないことを認めていると判断できます。もう一押しだったのかもしれません。

大きな成果を実らせた林訴訟

こうして判決では林訴訟は負けましたが、いろいろな面で運動的には大きな成果を実らせました。第一に、各地のホームレスや日雇労働者の生活保障の運動に大きな励ましを与え、運動が大きく前進

生活費の補助は必要

医療扶助だけでは自立できぬ

生活保護めぐる行政不服審査　認められたホームレスの主張

「生活保護を申請したのに、医療費だけしか補助しなかったのは違法」として、名古屋市内で野宿していた男性(46)が同市の保護開始処分の取り消しを求めた行政不服審査で、愛知県は男性の主張を認め、市の処分を取り消す裁決を出した。男性は就職が決まっていたが、当面の生活費がないとして保護を申請していた。野宿者を支援する市民団体は、生活困窮者の自立を助けることをうたった生活保護法が野宿者には正しく適用されていない―と訴えており、野宿者の自立を支援する上で、今回の裁決は「大きな成果」としている。（間野　丈夫）

夜が怖い

「野宿は初めてだった。だれかに襲われるのではと思うと、怖くて眠れなかった」。今は会社の寮に暮らす男性は、野宿のつらさを語る。ぜんそくの持病に野宿の心労が重なって、今も睡眠薬がないと眠れないという。

審査請求書などによると、失業がもとで男性が野宿を始めたのは昨年七月初め。同月中旬、支援者による炊き出しで食事をした際、野宿者の生活・医療相談をしている市民団体・笹島診療所（名古屋市中村区）のメンバーと出会った。

メンバーのアドバイスで、同市中村区社会福祉事務所へ生活保護を申請したが、同事務所は病院での一日分の治療費を補助しただけ。その後、職が決まるまでに三回、保護を申請したが、その都度、病院で治療を受けただけで終わった。

同月二十六日、名古屋市内の会社に採用されることがほぼ決まったが、宿泊場所がなく当面の生活費にも困るので、二十八日、保護を申請。同事務所はそれまでと同様に「応急処置としての医療扶助」を一日分認めただけで、生活費の補助は認めなかった。

稼働能力

男性は今年三月、昨年七月末の保護処分について不服審査を請求した。

市側は「男性には稼働能力があり、その活用が不十分」なため生活費の補助はしなかったと弁明したが、裁決で県は「就職がおおむね内定していたことから、稼働能力不活用を理由に保護の要件を欠いていたとする判断は妥当でない」と退けた。

自治体は、野宿者に生活保護を認めるかどうかを判断する際、▽働ける（稼働能力がある）か▽職を見つけよう（稼働能力を活用）としているか―という点を重視する。

野宿者が福祉事務所へ相談に行くと、まず病院で診察（医療扶助）を受けさせ、医師が就労可能と判断すると、生活費は補助しないことが多い。

入院して生活保護を受けていても、退院すると「働ける」として保護を打ち切られ、野宿に後戻りする人も多い。結果として、野宿者に認める生活保護は医療扶助だけになりがちで「自立」を支

野宿者の生活相談に乗る藤井克彦さん（左）＝名古屋市中村区則武の笹島診療所で

『中日新聞』2001年5月22日

したことです。大阪の釜ヶ崎や神戸などでは林訴訟に触発されて、次々に不服審査請求がなされ、成果を勝ちとっています。また釜ヶ崎では、日雇労働者にはアパートではなく施設入所しか認めないというやり方は差別であり人間の尊厳を認めないものであるとした佐藤訴訟が一九九八年一二月に提起され、二〇〇二年三月に一審で勝訴判決を

勝ちとりました。

第二に、今までホームレスの生存権については、この運動に関わっている人たちと一部の研究者などにしか関心がもたれていませんでしたが、林訴訟をきっかけに研究者や福祉事務所ケースワーカーなど社会保障関係の従事者に広く関心をもたれ、全国的に議論がされ、保護行政を変えていかねばならないという空気が拡がっています。そして寄せ場やホームレスの運動と戦後の社会保障運動とが異なる流れで展開されがちだった現状を打ち破り、両者の運動が林訴訟を契機に交流し、議論ができるようになるという状況を生み出しました。

第三に、こうしたなかで厚生省（現・厚生労働省）が、「いわゆるホームレスに対する生活保護の適用については、単に居住地がないことや稼働能力があることをもってのみ保護の要件に欠けるということはなく、真に生活に困窮する方々は、生活保護の対象となるものである」と公式に何度も言わざるをえなくなっています。今まで制限的な運用を自治体に指示しながら、風向きが悪くなると「私どもは以前から適正に運用するように言っています。自治体は違法な運用をしないように」と澄まし顔をしているのは許せませんが、こうしたことを明言するようになったのは、林訴訟をはじめとする各地の運動の成果です。

林さんと出会ってから八年半。林さんが生きていたら、なんと言うでしょうか。「やっぱり負けたやないか」と私たちに迫ってくるのか、それとも「裁判所なんていい加減だ。けど、俺の後にも闘う人がいるし、前よりはようなってきた」と言うのでしょうか。ずいぶんエネルギーをそそいだ運動・取り組みでした。ともに苦労してきた林さんがいなくて、淋しく思います。「よくやったな」と、お互いを労り合えないのが残念です。

林さんに触発された取り組みは、名古屋でも確実に前進しています。収入がないのに退院後保護を廃止されることも多く、再び野宿を強いられるという状況があるのですが、SさんとNさんはそのことに対して不服審査請求をし、勝ちました（現在はアパート生活）。

仕事がなく野宿を強いられていたTさんは、笹島診療所を連絡先にして求職活動をしてやっと就職が決まったものの、当面の生活の場や生活費がないので社会福祉事務所に生活保護を申請しましたが、認められませんでした。これに対する不服審査請求でも請求が認められ、それにより野宿者が就職した場合は、一時保護所（コラムを参照）から通勤し、順調にいけばアパートに入居できる道ができました。

こうしたことも林さんの闘いがあったからできることです。

林さん、本当にありがとう。

コラム「一時保護所・一時保護事業」

定まった住居のない人に対して二〇〇一年三月より実施された法外の宿泊援護事業であり、

宿泊は原則一週間以内で一回限り延長が可能です。実施要綱によると、対象者は、医療機関における検診などによっても、稼働能力の有無や病状が判明しない人、家族などからの援助や他法他施策の活用の可否を把握する必要がある人、一時保護により「自立更生」の一助となると認められる人となっていますが、生活保護を要する人（要保護者）にもかかわらず、施設がいっぱいであるので入所待ちの人、入院が必要だがすぐに病院が見つからないので待機している人などが結構多い現状です。こうしたことは、緊急宿泊事業により行っていましたが、私たちの運動などにより対象者が増え、緊急宿泊施設では対応できなくなったので、一時保護所を設けたものです。

Tさんによる不服審査請求に対する裁決により、野宿状態の人の就職が決まれば、要保護性があると判断されました。この裁決を受けて、名古屋市当局は二〇〇一年八月頃より就職が決定した人の宿泊援護を一時保護所で行うようになったのですが、ここでは現金支給がまったくなく、最低生活を保障しているとは思えないこと、本来生活保護を適用すべき人を、生活保護を適用しないで権利性のない法外援護事業の対象とすることは、違法であると考えられ、現在そのことを中心的に問題にした審査請求が行われています。

Ⅳ

ホームレス問題の「これから」を考えるために

第7章　支援と差別意識についての自己反省的ノート

「近く」て「遠い」ホームレス問題

　三年近く前に「開発教育」に関する全国研究集会に参加し、日本のホームレス問題について話をしたことがあります。一般に「開発教育」は世界に遍在する貧困問題の理解と貧困を軽減・改善するための実践的な活動の推進を目的とする教育ととらえられます。これまでみてきたように、ホームレス問題は、労働問題や社会保障制度など日本社会の仕組みが深く関わる現代の貧困問題です。この意味では、ホームレス問題も開発教育が扱うべき重要な問題と位置づけられるべきものでしょう。ようやく第一八回を数えた二〇〇〇年の開発教育の全国研究集会で初めてホームレス問題が取り上げられました。日本人の貧困問題に関する関心や目は、全体的に、国内に存在する問題よりもむしろ国外のものに多く向けられてきたように思えます。アジアをはじめとする第三世界地域に対する開発援助や国際協力に関する活動や議論が、日本の貧困問題に比べてはるかに活発に行われてきた、といったら言い過ぎでしょうか。

ジョン・フリードマンは、貧困問題に対する見方に関して、「豊かな」国・地域の一員である私たちに内省を迫る問題提起をしています。「先進国の貧困問題より貧しい国の貧困のほうが、その貧困の構造的特質については正しく認識されている。経済的に豊かな先進国のそれは、道徳問題として見なされるからである。しかし今やこの便利な見方を問い直すべきではなかろうか？この問いは政府の政策に対しても意味を持っている」(『市民・政府・NGO』二四五ページ)。ホームレス問題は、その社会的背景や構造的問題にはあまり目が向けられず、勤労意欲に欠ける特殊な人たちの問題とみられがちなものといえるでしょう。

かくいう私も、日本のホームレス問題に関心をもったのは九〇年代に入ってからのことでした。それまでは、日本国内の貧困問題や社会問題に強い関心をもっていたわけではなく、もっぱら東南アジアの貧困や開発に目が向いていました。ホームレス問題に関心をもちはじめたきっかけは、いわば偶然的なものでした。九〇年代のはじめ、私は名古屋市の郊外に住んでいましたが、たまたま新聞紙上で、この本の共編者である藤井さんらが企画した「〈笹島〉体験プログラム」の記事を目にしました。それは、名古屋の日雇労働者で野宿を余儀なくされている人たちの生活や問題状況を見学・体験し一緒に考えてみませんか、というプログラムの案内でした。おそらく、それまでまったく無縁であった日雇や野宿といった世界に少しでも触れることで、何か刺激的なものが得られるかもしれないという期待もあって、このプログラムに参加したわけです。フィリピンやタイで何度かスラムを見てはいましたが、名古屋においてほとんど中高年の男性ばかりが一杯の雑炊を求めて並んでいる光景には、かなりの驚きがありました。また、炊き出しの場所は普段時々利用する地下鉄名古屋駅構内でした。この炊き出しの場所も野宿している人たちが寝泊りしている場所も、自分の生活空間からそれほど遠くないところで、こんな「近い」ところにこのような現実があったのか、と驚いたことも覚えています。以来、支援活動にボランティアとして関わりながら、ホームレス問題について考えるようになったわけです。

ホームレス問題は、ごく身近に存在するものでありながら、これまで多くの人の視界の外に置かれてきました。むしろ、身近な問題であり、向き合い方が難しい問題であるからこそ、避けられてきたという方が現実に近いのかもしれません。もっとも、九〇年代のはじめに比べれば、ホームレスに関する関心が大きく高まっていることは間違いありません。政府・自治体レベルでの対策は急展開していますし、マスメディアでもホームレスを取り上げることはめずらしくなくなりました。しかし、ホームレス問題の理解が社会的関心の高まりに比例するかたちで進んでいるとは思えませんし、ホームレス問題を通じて日本社会の仕組みや私たち自身の問題性を自覚的に問おうとする姿勢もまだまだ足りないと感じます。

私は数年間、週二～三度支援活動に関わりながら、いろいろなホームレスに人々や日雇労働者と出会ったわけですが、それらの体験は、この社会の差別性とその一員である自分自身の問題性と、支援

朝の寄せ場笹島で、支援者が健診を実施（1982年8月）

という行為の難しさを強く感じさせてくれたという意味で、非常に貴重なものでした。支援活動を通して、ホームレス問題のような「近い」貧困問題に向き合いながら、自己の考え方や価値観の相対化を図りつつ、社会や私たち一人ひとりのあり方を問い続けていくことが重要であるとの問題意識が強まりました。そして、貧困に直面している人々に何をしたら良いのか、何ができるのかを考えるためには、貧困問題の背景にある社会の問題性をトータルにとらえる視点をもつとともに、自分自身の差別意識や加害者性を絶えず内省していくことが不可欠であると強く感じてきました。

この章では、おもに支援の活動を振り返りながら、ホームレスと「私たち」の関係性について考えてきたことをみなさんに問題提起したいと考えます。

問題意識の原点

ホームレスに対する支援活動に参加して、まず感じたのは「楽しさ」の感覚であったように思えます。野宿を余儀なくされるほど生活に困窮し、行旅病死してしまう人もいるなど、きわめて厳しい生活状況に直面しているホームレスは少なくありません。そういう深刻な状況に直面している人々を前にして、支援が「楽しいとは何事か」といわれるかもしれませんが、そう感じたのは事実です。わずかだけれども人の役に立つ活動をしていることを直接感じることができたこと、ほとんどの市民が関心をもたず何もしない状況下で何か特別な活動をしているというある種の自負、支援の世界で出会った人たちにユニークで魅力的な人が多かったこと、こうしたことが絡み合いながら、「楽しさ」を感じていたように思います。「楽しい」という感覚のもとでは、「かれら」との関係性を問題視することも基本的にはありませんでした。

「かれら」との関係性を問題視する意識が強くなったのは、支援活動に「疲れ」を感じたことが大きな一因でした。なぜ「楽しく」感じ、そして「疲れ」たのか。

ホームレスに対して、いわゆる市民社会というものが、差別や排除といった言葉をたびたび使わざるをえないような冷たく陰湿で攻撃的な要素をもっていることは否定できません。この背景には、解放的な自己の生を追及しえていない人々が存在することが大きく関係していると考えられます。差別や排除という意識や行為がもつ大きな機能は、社会的「敗者」との関わりを通して、自己の生の現状肯定化を図ることです。それは、一般的には、市民社会のなかで絶えず感ずるような我慢や鬱積を、より弱い他者に攻撃的なかたちで向けるということを意味しています。そして時には、排除という露骨な行為を通して、自分の「市民性」を確認したいという強い衝動が生まれるのかもしれません。若者による「浮浪者」への襲撃など、暴力による排除はその究極の行為といえるでしょう。

支援活動に関わることによって、市民社会の差別性や加害者性をよりリアルに感じることになりました。しかし同時に、そうした差別的な社会の一員である自分自身の問題性にも向き合うことを迫られました。時に社会的「敗者」との関わりを通して「市民性」を確認し現状に満足して「楽しんでいる自分」がいました。時に支援という行為に関わることで差別的な社会の一員であることから免罪されているように感じる自分がいました。そして、支援に継続的に関わるなかで、感謝されることに「楽しさ」を感じつつも、行っている行為が果たしてホームレスを取り巻く問題状況の改善につながっているのか、支援にも差別的な論理が含まれている場合があるのではないか、といった疑問にしばしば出くわすことになりました。

当然のことなのでしょうが、支援の意味は、何よりも支援される側の視点から絶えず問われなければなりません。支援活動の意味を、絶えず原点に立ち戻って批判的に議論していくことが必要です。そしてそのためには、社会の問題だけでなく、自分の差別意識や加害者性についての内省や自覚が不可欠なのでしょう。支援活動への関わりを通して感じざるをえなかったこと、それは、支援活動が時にもつ安易な「楽しさ」であり、難しさでした。そして、支援の難しさが少しみえはじめ、現状の深刻さと支援活動における自分の非力さを痛感したとき、ある種のいらだちと「疲れ」に似た感情が前面に出てきたように思われるのです。

以下、支援の社会的意味や難しさについて考えます。ここでの主眼は、被支援者との関係性に留意しつつ、支援のあり方や問題性を論理的なレベルで検討することです。ですから、支援活動の内容そのものを検討しようとするものではありません。この理由は、支援活動への参加を通じて感じざるをえなかった自分自身の差別意識や加害者性という問題を、まず論理的に位置づけ内省しておきたいというのが、ここでの問題関心としては大きいからです。

なお、私が関わった支援活動としては、「医療相談」「福祉事務所への付き添い」「病院・施設訪問」「炊き出し」「夜回り」があります。関わった当時の活動内容について、簡単に触れておきましょう。

炊き出しは、名古屋駅周辺と栄の二カ所で週に二回、夜に行われていました。医療相談は、炊き出しの時と毎日曜日の計週三回行われており、おもに健康面での相談を受けます。応急処置を行いながら、ケガや病気で受診が必要と思われる場合には、福祉事務所への相談を勧めます。相談者の多くは健康保険に未加入なことや財政的な理由により自力で病院に行けない状態にあります。付き添いが必要だと感じられる背景には、時に福祉事務所が相談者に対してまともに相談に応じないなど差別的な態度をみせることや、相談者の多くは生活保護の制度についてあまりよく知らないことなどがあります。病院・施設訪問は、福祉事務所を通して入院や施設に入所した人たちを定期的に訪問し、そこでの状況や問題点を聞いたり、励ましたりすることがおもな目的です。

求職活動も含め、退院、退所後の生活についての相談に応じる場合もあります。夜回りは、週一回深夜、ホームレスが野宿している現場を見回り、彼らが直面している諸問題を把握するほか、お茶（寒い時にはカイロや毛布）の配給、炊き出しや医療相談についての情報提供をおもな目的としています。たびたびホームレスがシノギ（路上強盗）に襲われるという状況があり、夜回りの必要性を強くする一因となっていました。

支援が目指すもの？

私たちが支援の目的や方法を考える場合、福祉的な対応との対比で、その独自な意義を論じる場合が少なくありません。ここで、福祉的な対応とは、物質的な援助は行うけれども（それが十分か否かはここでの主題ではありません）「支援する主体」と「支援される受け手」の序列的な関係を前提にしたままで変えることはなく、むしろその強化につながってしまうような対応関係を象徴的に意味しています。日本最大の寄せ場・釜ヶ崎で支援に携わっている人たちがまとめた『釜ヶ崎の風』（釜ヶ崎キリスト教協友会編）では、支援のあり方について非常に重要なことが凝縮されて述べられています。

目指すべき支援が、福祉行政の不充分さを補うだけでなく、それとは異なる、あるいは、それを越える独自の方法、目的をもたなければならない点については、次のように表現されています。「哀れみと同情をベースにした福祉的な対応」ではなく、「弱者と呼ばれる人々の人権と秘められたパワーに対する尊敬を土台にした社会正義の面からの対応」が必要であると。また、これと関連する福祉的な対応の問題性は、「福祉的な活動だけが先走って活発になればなるほど、与える側と受ける側というおかしな位置関係ができ上がってしまう。正義の感覚を忘れた善悪？は、人間の《立ち上がる力》を萎えさせ、仲間同士の連帯を分断し、弱い立場の人を、本当に『弱い人』にしてしまうだろう」

（一四四ページ）ととらえられています。

支援活動に従事する人間がもつべき認識としては、活動する人間自身が、活動を通して成長していくことであると述べられています。「援助すると同時に、そのかかわりの中で私たちも成長していくものでなければ意味がない」。したがって、援助される側の主体性を増大させると同時に、援助する側の成長も可能とするような運動の必要性が強調されています。そして、支援が、ともすると対症療法的なものにとどまり、根本的な解決を目指す闘いになかなか発展しにくいという問題が十分認識されるなかで、最終的な目的が述べられています。それは、「真の連帯」（貧しく抑圧されている人々が築きあげようとする連帯に参与することを私たちの目標としつつ）に基づき、抑圧と正義に反する闘いに参加していくことです。そして、この真の連帯に行くまでのプロセスが定式化されている点も興味深いものがあります。それは、苦しみの共感、共感から救済活動を経て、連帯へと進むものです。この連帯はまた、「貧しい人々の力を理解し、貧しい人々から学ぶ姿勢」「貧しい人々に対する幻滅と当て外れという危機」からなるロマンシズムの連帯を経て、最終的に、真の連帯へと行き着くのです（二三九〜二六六ページ）。

目指すべき支援とは、支援される受け手の主体性を増大させるとともに、支援する側の人間を成長させ、そして両者の連帯に基づいて、社会の矛盾や不正の構造を変えていく活動です。支援される受け手の主体性は、自立という言葉で語ることができます。自立とは、被支援者が窮状や直面している諸問題を自分自身で変えていこうとする姿勢と能力が拡大していくことを意味します。支援する、支援されるという関係を媒介としながらも、被支援者の自立をいかにして促すことができるのか、この問題は支援のあり方をめぐる議論で中心的な論点をなすものです。支援する者の成長は、私たち自身の差別意識や加害者性の対象化、自覚化、内省を出発点とするでしょう。そしてそれは、被支援者との出会いや交流を通じて、また社会の矛盾や不正の構造を変えていくための活動に参加することを通して、みずからの価値観を相対化していき、自分を変えていくことを意味しているのです。

以上のような問題意識を視野に入れつつ、支援のあり方を具体的に検討することが問われると思います。私自身の支援活動との関わりを思い起こすと、前記のような論点はある程度意識していたと思いますが、言うは易し、実行は難しいということを感じてきたとともに、時に、ホームレスの自立ということをほとんど意識にも留めないなかで自己満足に浸っている自分を見出したり、支援という行為もホームレスに対する差別意識と無縁ではなく、あるいはまた支援がそうした心的作用を強化する場合すらあるのではないかという疑問を感じることがあったことを否定できません。ここでは、エスニシティを媒介とした差別する側とされる側の関係性についての花崎皋平さんの思想的・哲学的考察(『アイデンティティと共生の哲学』)にも依拠しつつ、ホームレスへの支援を通して自分自身意識せざるをえなかった問題や心的変化をおもな題材にして、支援の問題性をいくつかの側面から考えてみます。

支援の「楽しさ」

　支援活動への参加を通してまず感じたのは、既述したように「楽しさ」の感覚であったように思えます。この「楽しさ」は何に基づくものであったのか、あらためて考えてみましょう。それは、閉塞的な世界で成立しうる自己満足に由来する「楽しさ」が大きな部分を占めていたと考えられます。たとえば、ホームレスの世界の一端を垣間見て「おっちゃんたちは思っていたよりもやさしかった」と感じ、それまで未知であったものを理解したような気になる「楽しさ」、ごく小さな親切を行って相手から感謝される「楽しさ」など。総じていえば、それらは、支援されるホームレスと支援者としての自分という序列的な関係を前提にして成り立つもので、支援者の立場にいられる自分という存在を確認する心的作用に付随して生じる感情ともいえるでしょう。この種の安易な「楽しさ」を成立させる支援の世界とは、支援されるホームレスの自立とか、自分自身の差別意識や加害者性、そして社会の不正といった諸問題を認識せず視野の外に置いてしまう閉塞的な世界です。これは、花崎さんがアヘンとしてのボランティアと厳しく表現していたものと性格を共有します。「現代世界をトータルに見ることをやめて、矛盾がしわよせされている末端の部分において、とりあえずボランティアでもやって、自分も心地よくなり、相手にも感謝され、小さな満足感を得てますます現状肯定に埋没する……そういう一種の思想的、行動的引退としての、あるいは良心の痛みを和らげるアヘンとしての、ボランティアもある」（二八九ページ、傍点は花崎）。

　支援に関わることの「楽しさ」は、社会的「敗者」との関わりを通して「市民性」を獲得ないし再確認したいという心的作用と連動するもので、こうした「楽しさ」は、支援という活動を支える基盤ともなりうるということです。この場合の支援を通じた「楽しさ」は、結局のところ、支援する人間であるとの自己規定に基づいた、支援される者に対する優越感や満足感に由来するたぐいのものです。支援は、支援者の好奇心を満足させ、優越感を助長する側面をもつ場合があります。そして、優越感が、支援する・されるという序列的・固定的な関係を媒介とする以上、それは、顕在的か潜在的かはともかく、支援者の被支援者に対する軽蔑心さえをも助長する危険性をもつのです。

「市民」に対する意識の問題

支援の関わりを通じて感じやすい優越感は、被支援者に対するものに限定されるわけではありません。自分の場合、一般の「市民」ができないことをしているという意識をもつことで、一般の「市民」に対する優越感もあったように思えます。

ホームレスの視点から社会を見ると、社会の矛盾や不正の構造がよくみえてくるようになるのは確かです。社会からの排除や攻撃がホームレスを追い詰めているのに、なぜ一般の「市民」は無関心を装い何もしようとしないのか、そして差別意識をもち続けるのか。この種の不満や怒りが、支援活動を支える強い原動力のひとつになっていることもまた確かでしょう。しかし、支援に関わるということが、次のような意識を醸成しやすいという点にも留意が必要です。それはつまり、支援している自分は一般の「市民」とは違うのだと感じる意識、ホームレスを追い詰めている市民社会の加害者性か

越冬活動では毎年元旦に公園でモチつき

ら自分は免れているのだという意識です。何もしない一般の「市民」は自分より劣っているようにみえた、というよりむしろ、そう思いたいという意識があったといったほうが正確かもしれません。これは、ホームレスとの関わりを社会的な威信のために利用しようとする心的作用とも関わるものでしょう。こうした欲求をそれなりに満足させるもっとも安易な方法は、非難されるべき諸点をみつけ、それを根拠に、自分とは違う一定の「市民」像を作り上げることでした。

私にとって、この問題を意識せざるをえなかった象徴的な体験は、炊き出しの現場におけるものでした。炊き出しの現場は、多くの通行人が通る地下鉄名古屋駅構内の通路でした。数人の地下鉄職員が通行人の妨げにならないように見守るなかで、炊き出しは行われていました。私はこの炊き出しの現場にいる間、たびたび通行人の視線や態度を観察していました。暴言を吐いたり、からかいの態度を見せたり、蔑んだ目で見るような通行人は少なくありません。内省したいのは、こうした現実を根拠にして、しょせん一般の「市民」は差別的なあの程度の人間であると、一般化しようとする心的作用があったことです。自然な対応とも思える、驚く、ぎょっとする、覗き込むなどの態度や行為も、無知で愚かな「市民」像を固定化するのに一役買う場合がありました。つまり、いろいろな材料を根拠にして、「市民」を異人視し、異人としての「市民」を捏造しようとする心的作用があったといえます。逆にいえば、支援にごく断片的に関わっている程度で、自分を「良識ある市民」と驕っていたのでしょう。自分自身、雑炊を食べている姿を哀れみや蔑んだ目で見ている場合があったことも否定できません。にもかかわらず、たびたびホームレスと「市民」が言い争う場面に出会った時には、事の真意を確認するまでもなく、ホームレスの側に立ちたいという思いに駆られるのが常態でした。お互い冷静に話し合えば、ホームレスが置かれている状況に対する「市民社会」の理解を高めることに通じたはずなのに、「市民」の差別的な言動に対する私たち支援する側の過剰ともいえる反応が、無用な対立やトラブルを強めてしまった、と感じたこともあります。

「市民社会」の加害者性を問題視して闘っていく姿勢は重要です。しかし、支援しているということ自体は、決して自分自身の差別意識や「市民社会」の一員であるという加害者性を免罪させるものではないし、自己の優越感との関連で生起しやすい「市民社会」への非難は、自己内省へと立ち返らせる内的契機をもちません。差別や加害者性というイメージに基づく「市民社会」に対する過剰な敵対意識が醸成されることにもなりかねません。この種の意識をともなう支援が、私たち（ホームレスと支援者）対「市民社会」という対立図式を強め、社会の状況をホームレスにとってより住みにくくさせてしまうという場合もあることに自覚的でなければならないと思います。

被支援者の「美化」と「主人化」

花崎さんは、「差別に鈍感ということは、相手について知らないことではない。自分を知らないということが問題の核心である」と述べています。花崎さん自身、アイヌに対するある差別発言をきっかけに差別問題についての無知を痛感したことが、差別問題への取り組みを促す転機になった経緯をもっています。私たちの多くは、ホームレスに対する自分自身の差別意識や加害者性に無知であり、知ろうともしないし、鈍感です。たとえ、私たちの属している社会のホームレスに対する排除や加害者性の一端をみたとしても、個人としては差別も加害もしていないと責任や内省も感じることがないのが普通かもしれません。この点、支援に関わることは、差別意識や加害者性を自覚化させる主要な契機となります。そして、この自覚化は、個人としての差別意識を抱えながら差別する集団の一員であるという自分とホームレスとの関係を、序列的な上下関係から、平等的で共生的な関係にいかに変えていけるかという実践的な課題への問題意識に通じていきます。「非対称の関係において加害の側に立つ者として、過去、現在の加害の罪、他者に受苦を強いている存在のありかたにどう対処したらよいか。その罪悪感は解消可能か。可能でないとすればどうなるか」（一七七〜一七八ページ）がこの問題意識の核心をなすといえるでしょう。

花崎さんは、こうした問題意識の重要性を強調しつつ、被差別者の人権擁護や生活向上に連帯する活動の足元に生じやすい問題性を鋭く指摘しています。それは、「自己の贖罪意識のうらがえしとしての被差別者の美化（被造物神化の一種として）」であり、「被差別者の主人化」という問題です。被差別者の「美化」「主人化」とは、被差別者が社会から差別され抑圧されてきた事実を重視するあまり、またそうした社会の一員であることの自己の責任を罪悪視するあまり、被差別者を祭りあげ、被差別者の贖罪のために無条件的に奉仕しようとする心的作用を指します。

支援活動への参加を通して、ホームレスが社会の矛盾や不正の犠牲になっている現実と野宿生活の厳しさを知りはじめ、同時に、自己の差別意識や加害者性を自覚化していくことが、「かわいそう」なホームレスに対して「申しわけない」という思いに通じていく場合があります。私自身たびたび直面し感じざるをえなかったのは、ホームレスに対して個人的な意見をぶつけることがなかなかできなかったことです。勤労意欲に乏しく、社会の状況を変えていくことにはあまりにも消極的で、ただ与えられるものを受け取っているようにみえるホームレスとの出会いがありました。自立や共生や連帯といった問題にほとんど関心すらもっていないようにみえるホームレスに幻滅を感じたこともありました。そうした場合でさえ、かれらに意見をぶつけることができなかったことには、社会から差別され抑圧されてきた人々に対して、その社会の加害の側に立ってきた自分あるいは支援の立場にいられる自分が意見を言うことへの躊躇と畏れが関係していたように思います。個人的な意見をぶつけることが、自分の差別意識や加害者性の問題に立ち戻ってくることへの危惧も関係していたでしょう。

いずれにせよ、加害の側にいること、差別する集団の一員であることの自覚化は重要ですが、その面が過大に意識されてしまうと、被害者、被差別者としてホームレスを祭りあげ、贖罪のための行為が優先されてしまうことにもなってしまいます。そして、この種の行為は、被支援者の自立を助長するどころか、被支援者を堕落させる内在性を有します。被支援者を「美化」し「主人化」することは、「無意識に自分を義人化する偽善をうみだし、まつりあげた相手をも堕落させるおそれがある。すなわち、恨みやつらみを人間的共感の広さ、深さへと転換し、普遍的な解放へ向かって自己変革を行うことを、被差別者にもとめるという対等性にもとづく尊敬をはらわないことで、現象的には持ち上げ、真実においては自分本位に利用するのである」(九〇ページ)。

ホームレスとの関係性を内省し問い直していく場合、それぞれ差別する側とされる側に属しているという社会的現実の規定性や制約性を直視しつつ、しかし同時にすべての人間がそれらの規定性や制約性から独立した自由な側面をもつ存在であることに尊敬を払い、個人的な出会いのなかでお互いの意見や本音をぶつけあいながら、ともに考えていく姿勢が問われるといえるでしょう。誤解を恐れずにいえば、「ホームレスは社会の犠牲者なのだから非難されるべきゆえんはない」との一様な「善良なホームレス」的な思い込みも、「差別的な社会の変革という課題に十分取り組んでもいないものはホームレスに意見を言う資格などない」的な発想も、人間的共感の広がりや深まりを閉ざしてしまい、ホームレスと私たちの序列的な関係の温存に通じてしまう恐れがあることに留意が必要なのです。

「〈笹島〉体験プログラム」へ参加したことをきっかけに少しでも支援活動に関わろうと思ったことの背景には、寄せ場や野宿の問題それ自体に対してよりも、むしろ支援に携わっている人たちが何を考え、何を目指しているかについて強い関心をもったことが大きかったように思います。支援の世界はそれまで自分の見てきた世界とは異質の価値観や原理によって構成されているようにみえた魅力的なものでした。また、それまで、社会の底辺的な位置にいる人たちに対する自分自身の差別意識や加害者性といった問題を考えることはほとんどありませんでした。体験プログラムの反省会で、ある参加者が「支援者と炊き出しに並んでいる人（ホームレス）はずいぶん仲の良い関係のようにみえたが、そんなことでいいのだろうか」というような発言をしましたが、私は正直いってこの発言の趣旨がよく理解できませんでした。

支援を通してのホームレスとの出会いは、一方で、私に自分の差別意識や加害者性の自覚や内省を迫るものでした。しかしそれは他方で、支援によって得られる自己満足的な感覚がそうした問題意識を薄れさせる側面をもつこと、そして支援という行為自体にも加害者性が存在する場合があることを時に感じさせるものでした。私は、さまざまな社会的局面において行われている支援活動やボランティア行為のおおいなる貢献性と可能性について、否定するものではまったくありません。しかし、そうした活動や行為がもつかもしれない問題性に自覚的であるべきだと考えています。

本章は、支援の社会的な意味と問題性をホームレスとの関係を中心に考えてみたものです。もちろん、私たち一人ひとりが問われているより普遍的な課題は、差別的な社会の一員として、底辺的な立場に追いやられているさまざまな人々との関係をどのようにとらえなおし、どのような関係を作り上げていくかということです。

注　本章の写真は、本文の内容とは関係ありません。

第8章　急展開するホームレス「対策」

今まで知らぬふりをしていた政府が、一九九九年「ホームレス問題」に関して「当面の対応策」を出し、これを受けて自治体が新たな施策を取りはじめました。名古屋でも二〇〇一年以降急展開の状況が生まれ、さらには国会でも二〇〇二年七月に「ホームレスの自立の支援等に関する特別措置法」が制定されました。

この章では、その経過や内容をやや詳しくみていきます。それは、多くの人が生存権を含む人権(コラムを参照)を脅かされて野宿を余儀なくされているという社会問題に、行政・議会などがどのような問題意識をもって動いているのか、そこにはどのような問題があるのかを、一緒に考えていきたいからです。名古屋の事例も決して名古屋のみの特殊なことではなく、各地の施策のあり方を考えるうえでも参考になると思います。

コラム「生存権と人権」

（基本的）人権は、一般的には①個人としての尊重、身体の自由、思想良心の自由、表現の自由などの自由や平等権など市民的・政治的自由を中心とする自由権と、②社会保障についての権利、労働の権利や団結権など経済的・社会的・文化的権利である社会権とがあるとされています。生存権は、社会権のひとつで、日本国憲法では第二五条［生存権、国の社会的使命］で、一、すべて国民は、健康で文化的な最低限度の生活を営む権利を有する。二、国は、すべての生活部面について、社会福祉、社会保障および公衆衛生の向上および増進に努めなければならない」と規定しています。野宿という状況は、生存権保障的状況とはいえないわけですが、野宿者はさまざまな差別を受け市民的自由を奪われているので、そのようなことを含める場合は人権という大きな概念をここでは使っています。

政府のホームレス援護対策の動向

名古屋市は、二〇〇一年八月一日に名古屋市ホームレス援護施策推進本部（本部長松原武久市長）を発足させ、シェルターや自立支援センターの設置を検討していることを明らかにしました。このシェルターや自立支援センターは、政府が一九九九年五月に発表した「ホームレス問題に対する当面の対応策」（以下「当面の対応策」と言う）などに沿った施策です。そこで、まず政府の動向を簡単にみておきます。

政府は、この「当面の対応策」を出すまでは、ホームレスに対する施策は何も打ち出してきませんでした。それどころか、一九八七年が「家のない人々（ホームレス）のために住居を供給する」ことを目的とした、国連の定めた国際居住年であったにもかかわらず、政府はその課題を発展途上国の問題とし、日本でのホームレスの存在をいっさい無視したままでした。

「平成大不況」が深刻化するなかで一九九八年一〇月、自民党議員の政務次官六人と国会議員三人は、連名で内閣官房副長官に対して、ホームレス問題は一市町村の自治体の手に負えることではなく、また総合的かつ全国的な緊急措置が必要であり、緊急対策として予算にも反映できるように取りはからい願いたいとした要望書を提出しました。その要望書では、ホームレス（浮浪者）が急増し、駅前、橋脚下、公園内、河川敷などが彼らの占拠するところとなっており、最近は皇居前広場にまで多数のホームレスが散見され、定住化が長くなれば「傍若無人、人の迷惑顧みず」の生活で周辺に迷惑をかけている、「このまま放置すれば新しい社会構造を生み出しかねない」という治安的観点の問題意識が貫ぬかれています。

こうした自民党議員の動きや、同年一二月五日に小渕前首相が大阪市を視察した際に、大阪市長がホームレス対策の充実を求めたことなどもあり、政府は九九年二月に中央五省庁などと東京都、新宿区、横浜市、川崎市、名古屋市、大阪市の六自治体からなる「ホームレス問題連絡会議」を設置し、五月二五日に「当面の対応策」を決定したのです。

「ホームレス問題に対する当面の対応策」とは

この「当面の対応策」は、「ホームレスも自立でき、地域住民も良好な環境の中で暮らせる社会とするために、国、地方公共団体が適切な役割分担の下、一体となって取り組むことが必要」という趣旨で、ホームレスの厳密な定義は困難としつつ、その状態に着目して、失業、家庭崩壊、社会生活からの逃避などさまざまな要因により、特定の住居をもたずに、道路、公園、河川敷、駅舎などで野宿生活を送っている人々をホームレスとしています。そこでは、ホームレスにいたる大きな要因は失業であるが、社会生活への不適応、借金による生活破たん、アルコール依存症などの個人的要因によるものも増加し、これら社会的・経済的背景や個人的要因が複雑に絡み合っているとしています。「ホームレス問題の基本的視点」としては、ホームレスみずからの意志による自立した生活への支援を基本とし、老齢や健康上の理由などにより自立能力に乏しい人々に対しては適切な保護が必要であるとして、その対策としては、ホームレスを三つの類型に分け、その類型ごとの施策を示しています。

すなわち、①勤労意欲はあるが仕事がなく失業状態にある者に対しては、自立支援センターに入所（六カ月以内）させ、公共職業安定所と連携して職業相談・斡旋などを行い、就労による自立を支援するとしています。②アルコール依存症の者、身体的・精神的になんらかの疾患を有する者、高齢者、身体障害者など、医療・福祉などの援護が必要な者に対しては、生活保護の適用や病院への入院、養護老人ホームなど社会福祉施設への入所を行い、福祉の援護による自立を図る、としています。③社会的束縛を嫌う者など社会生活を拒否する者に対しては、福祉事務所の巡回相談などにより社会的適

ホームレス対策のフローチャート（「ホームレス問題に対する当面の対応策について」の別紙より）

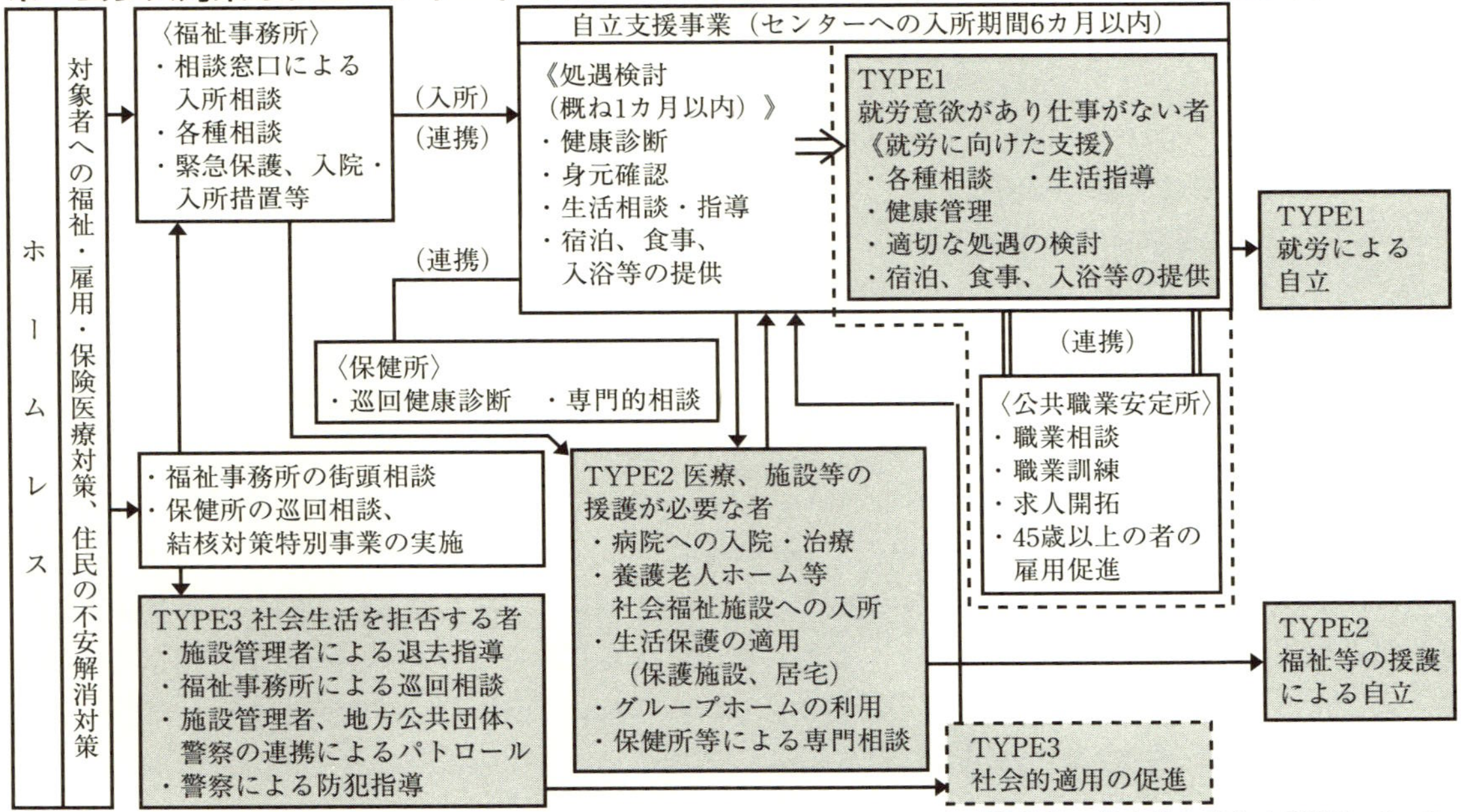

（注）このフローチャートは、ホームレスのタイプ別施策の基本的な流れを整理している。

応のための援助を行うとしていますが、具体的な施策は書かれておらず、むしろ「公共施設の不法占拠への対応」として、居住場所の確保などを勘案しつつ、公共施設からの退去指導を実施するとしています。

「当面の対応策」の基本的な問題点

ここで、この対応策の基本的な問題点を指摘しておきます。

第一に、行政が一方的にホームレスを三つに類型化することや、ホームレスをそのどれかにあてはめようとすること自体が問題です。三つに分ける根拠も示されていません。特に、行政が一方的に「社会生活を拒否する者」と決めつけることは危険です。説明として、「社会的束縛を嫌う者、諸般の事情から身元を明らかにしない者」をあげていますが、私たちの経験では、身元を明らかにしない人は少なく、福祉事務所に身元を明らかにして生活保護を申請したり、相談に行く人がほとんどです（しかし、生活保護はなかなか受けられません）。サラ金からの借金がある人でも、私たちのところに住民票を移して求職活動をしたり、年金手続をしたりしています。問題は信頼関係です。行政と信頼関係があれば身元を明らかにするのであり、行政・社会の側がホームレスの人格・尊厳を認めない結果、ホームレスが行政・社会に不信をもつことが多いのです。また「社会的に束縛を嫌う者」といいますが、たとえば生活保護施設といってももっともよく利用されている更生施設植田寮を例にとると、一五畳くらいの部屋に六人もが二四時間一緒に生活するような集団生活であり、人間関係が難しく、ストレスも非常にたまります。アパート生活なら可能である人でもそういう生活を苦痛に感じて退所することになっても不思議ではありません。そういう人を「社会生活を拒否する者」ととらえがちですが、そのような見方は間違っています。

第二に、「社会生活を拒否する者」に対しては退去指導をするとしていますが、それは事実上排除を意味します。こうした施策は根本的に間違っています。問題は、ホームレスの生存権が保障されていないことです（なお、当面路上に生きる権利もあることは、国際的には居住の権利として認められています。これについては後述します）。行政が、ホームレスに対しても人間としての尊厳を認め、生存権保障という立場で野宿から脱するための複数の選択肢を作り、ホームレス自身がその選択肢を自主的に選べるようにすることが必要です。今までホームレスを「ゴミ」のように排除し、冷たい視線で見たり無視してきた行政・社会が、そうでない態度を示し、信頼関係を作る努力をする必要があります。個々の状況を踏まえ、時には時間をかけて解決すべきことです。

第三に、いちばん重要な就労対策がないことです。すなわち一般労働市場に任せており（民間活力の活用）、自立支援施設に入所して求職活動をしても、各種資格がなく、年令も若くない野宿状況にあった人が、雇用される可能性はきわめて低いのですから、行政が就労の場を作ることが必要です。

第四に、生活保護を違法な限定的な運用のままでやろうとしています。働けない人は生活保護など福祉援護、働ける人は自立支援施設へというやり方は、失業して生活に困窮している人の生活保護を否定しています。失業によって野宿を強いられている人がいちばん多いのであり、林訴訟の判決による法解釈のように、求職活動をしても現実に就労の場が得られない人で、希望する人には生活保護を適用して生活を保障しつつ、求職活動をバックアップすべきです。

第五に、住宅の対策がないことです。生活保護施設（コラムを参照）としては、住居のない要保護者の世帯に対して住宅扶助を行うことを目的とする施設である宿所提供施設（一九九六年度に全国でわずか一四カ所しかない）は、失業によって野宿を強いられている単身者が激増している現状を踏まえるならば、単身世帯の受け入れを積極的に行い、さらに新設および増設を最重視すべきですが、整備拡充がうたわれておらず、更生施設などの整備拡充がいわれているだけです。

また公営住宅法は、憲法第二五条の生存権・国の社会的使命を住宅面から具体化しようとするものといえますが、野宿を強いられている人々が全国で数万人確認されている状況は、明らかに低額所得者のための住宅が払底している状態であり、ホームレスに公営住宅を提供できるようにすべきです。民間の賃貸住宅を公営住宅として借り上げるなどして、ホームレスに提供することも考えられます。

コラム「生活保護施設」

生活保護法によって定められている保護施設には次のものがある。

①救護施設：身体上又は精神上著しい欠陥があるために独立して日常生活の用を弁ずることのできない要保護者を収容して、生活扶助を行うことを目的とする施設。名古屋にはあるの

は植田寮（定員一七〇人。以下同じ）と厚生院（八〇人）。いつもいっぱいという状況。
②更生施設：身体上又は精神上の理由により養護および補導を必要とする要保護者を収容して、生活扶助を行うことを目的とする施設。植田寮（一五〇人。男性のみを対象）。ここもいつもほぼいっぱい。
③医療保護施設：医療を必要とする要保護者に対して、医療の給付を行うことを目的とする施設。厚生院（二四四人）と聖霊病院（三〇〇人）。しかし厚生院は、特別養護老人ホーム入所前の検査などに使われて、本来の医療保護施設としてあまり使われておらず、聖霊病院も医療保護施設として事実上機能していない。
④授産施設：身体上もしくは精神上の理由又は世帯の事情により就業能力の限られている要保護者に対して、就労又は技能の修得のために必要な機会および便宜を与えて、その自立を助長することを目的とする施設。厚生会館クリーニングセンター（五五人。ただし母子家庭対象の通所施設）があるが、ホームレスは利用できない。
⑤宿所提供施設：住居のない要保護者の世帯に対して、住宅扶助を行うことを目的とする施設。熱田荘：建前は、四五世帯、うち単身世帯枠は一五世帯となっているが、実際は三六世帯で、うち単身世帯枠は五世帯。九世帯分は、法外援護事業の一時保護所に使われている。

その後の政府・各自治体の動き

政府は全国の自治体から情報を集め、一九九九年三月の集計では、全国の主要都市でのホームレスが一万六四二七人であったのが、半年後には二万四五一人と、二六%増えたと発表しました。おもな都市をみてみますと、大阪市（前回調査）八六六〇人、東京都二三区五八〇〇人、名古屋市一〇一九人、川崎市九〇一人、横浜市七九四人、神戸市三三五人、京都市三〇〇人となりますが、支援団体では実際はもっと多いとみていますし、その後さらに増えています（序章参照）。

厚生省はこうした状況を踏まえ、「当面の対応策」に基づいて、二〇〇〇年度の予算で「ホームレス自立支援事業」として、全国で八カ所（一三〇〇人）の実施予定で予算八億九二〇〇万円を組みました。この自立支援センターの実施主体は市町村で、政府は建設費と運営費の二分の一を補助します。二〇〇〇年度に自立支援センターを実際に設置したのは六カ所で、東京都では台東寮（一〇四人、一一月開設）、新宿寮（五二人、一一月開設）、大阪市では自立支援センター大淀（一〇〇人、一〇月開設）、自立支援センター西成（八〇人、一一月開設）、自立支援センター淀川（一〇〇人、一二月開設）、横浜市では「屋外生活者自立支援事業」として「まつかげ宿泊所」（一七四人、五月開設）があります。二〇〇一年度の予算では、全国で一一カ所（一二〇〇人）に拡大するとして、七億九五〇〇万円を計上しましたが、東京都では豊島寮（八〇人、二〇〇一年四月）、墨田寮（一一〇人、二〇〇二年二月）で開設されただけで、他都市では開設が遅れています。

また、厚生労働省は自立支援センターとは別に緊急一時宿泊施設（シェルター）設置の方針を二〇

○○年九月に固め、二分の一の補助金を出すとしました。こうして、大阪市では「あいりん臨時夜間緊急避難所」（六○○人、二○○○年四月）、長居仮設一時避難所（三五○人、同年一二月）を設置し、東京都でも二○○一年一一月に大田区に大田寮（三○○人）を開設しました。

ホームレス援護施策に関する名古屋市当局の動き

名古屋市民生局は一九七七年一二月より、年末年始対策を中心として「住所不定者対策」を始めました。名古屋市当局のホームレス援護施策は、年末年始の無料宿泊所の規模を大きくすることはあっても、これまでこの「住所不定者対策」の枠組みを変えることはありませんでした。しかし、「平成大不況」以降における福祉事務所での相談者の急増や、林訴訟以降のホームレスや支援者による生活保障を求める運動などもあって、生活保護施設の受け入れ態勢は決定的に不足し、現行の緊急宿泊施設（法外援護）の枠では検査中の人や入院・入所待ちの人などを受け入れることが困難になり、二○○一年三月から「一時保護事業」を始めました。これは、検診などによっても稼働能力の有無や病状が判明しない人など、一時保護を必要とする住居のない人を対象とし、民間の簡易宿泊所などの一部を借り上げて実施するもので、利用期間は一週間（最大二週間）です。社会福祉法人に運営管理を委託し、定員は六○人の予定でしたが当面は四○人となりました。なおこの一時保護所は、第6章で触れたように笹島診療所が支援した不服審査請求の取り組みにより、二○○一年八月からホームレスが就職した場合にもそこから通勤できるようになりました（ただし、現金支給はありません）。

二〇〇一年三月の定例市議会で、自民党議員がホームレスが公園を占拠している状況は市民生活を脅かすものであり、大阪長居公園ではシェルターに約二〇〇人収容した結果、四五八あったテントが四一二減ったとし、市当局にシェルター設置を求めました。しかしこれはまったくの事実誤認です。というのは、シェルターに入所ではなく生活保護が適用されて入院・施設入所した人が約二〇〇人（その後アパートに入った人は一八〇人以上）といちばん多く、他地域に移った人が約一五〇人です。シェルターに入所したのは二〇〇一年六月二六日現在、一七六人ですが、就労による自活ができたのはわずか四人で、生活保護による入院・入所が一八人、自主退所が一一人、自立支援センター入所が一三人、帰郷が二人、入所中が一二八人です。何よりも生活保護の役割が大きく、また他地域に追い出された人も多いのですから、シェルター設置は成功とはとてもいえません。自立支援センターからの就職も進まず、シェルターから自立支援センターへ、そして「就労自立」へという構想は展望が開かれていません。

こういう事情であるにもかかわらず、松原市長はこの質問に対して、「一定の効果がある。シェルターの設置を精力的に検討する」と答え、これを契機に市当局のホームレス施策の検討は、急速に進みます。不幸にもここでもホームレスの生存権保障という観点からではなく、「公園利用の適正化」という観点から施策の検討が始まったといえます。

施策推進本部の設置

二〇〇一年六月下旬以降、名古屋市当局がシェルターや自立支援センターの設置の意向を固めたなどの報道がされはじめ、ホームレスの実情とニーズ調査を行うために、市当局は愛知県立大学藤田博仁講師に調査を委嘱します。そして名古屋市は八月一日付で、「名古屋市ホームレス援護施策推進本部」(以下「施策推進本部」という)を発足させます。

施策推進本部は、「住居のない者(ホームレス)に関する援護施策を総合的かつ円滑に推進するため」に設置されたもので、本部長は松原武久市長で、本部員にはすべての局長が名を連ねており、かたちとしてはまさに「全庁態勢」をとっています。七月一六日の市長による記者会見によると、援護施策を担当する健康福祉局生活福祉部と公園管理を担当する緑政土木局緑地部に、おのおの担当主幹(課長クラス)と主査(係長クラス)を配置しました。これらの人が事務局の中心を(したがって実務上は施策推進本部の中心を)担うようです。市当局によると、六月現在で市内のホームレスは一三一八人(このうち若宮大通公園二四〇人、白川公園一九二人)であり、昨年同期より一一四人増え、四年前に比べるとほぼ二倍になります。市長は、これを「放置できない大きな社会問題」と受け止め、「市民の憩いの空間である公園が占拠されている現状と、ホームレスの方々が健康や日々の生活に困窮している実態を考え、一刻の猶予もできない問題」ととらえています。そして当面は実情調査と嘱託職員による定期的な巡回相談を着手し、緊急一時宿泊施設(シェルター)や就労支援を行う自立支援センターのあり方について、具体的な検討を進めるとしました。

ホームレスの実情調査結果

ホームレスの実情調査は、七月に調査母体である基礎生活保障問題研究会（藤田博仁代表）が作られ、調査は九月三日から七日まで行われました。調査は、前述した野宿者数一三一八人の約二割を調査の目標数（二六一人）とし、名古屋市全域をカバーすることに主眼をおいて、六つに分けたエリアごとに約二割の人の聞き取りを行っています。

その中間報告が、『二〇〇一年名古屋市「ホームレス」聞取り調査中間報告』として、一二月に出されましたので、ここで簡単にその内容を紹介しておきます。

①五〇歳―六〇歳代の単身男性が中心で、高年齢層が多い。

平均年令は五七・六歳で、六〇歳以上四三・八％、五〇歳以上八六・四％という割合で、高年齢層が多いことがわかります。

②しだいに不安定な仕事・住居になり、さらに失職などで収入が減り野宿へ。

安定した住居に住んでいた人は、もっとも長い職業（最長職）時には五六・八％だったのですが、野宿直前の職業（直前職）時には三九・一％に減少し、不安定な住居（飯場・ドヤなど）の人は九・七％から三七・五％に増加。住み込み・会社の寮など準安定住居は三一・五％から二〇・七％へと減少しています。仕事自体も、最長職では建設業と製造業がおのおの約三割あったのが、直前職では建設業が六七％と特化し、最長職では常雇が七一％、日雇が三・九％だったのが、直前職ではおのおの二二％と五一％となり、不安定な職種に逆転しています。

野宿になった理由は、家賃・ドヤ代などが払えなくなった人が三七・五％、失職により社宅・寮・飯場などを出ざるをえなくなった人三九・〇％です。両方とも失職という状況が重なっていると思われますが、失職の理由は倒産、解雇、仕事の減少、病気やケガ、高齢により仕事ができなくなった、労働条件悪化、という非自発的失職と思われる理由の人が六割になります。

③野宿生活の期間が長期化している人が多くいる。

野宿生活が一年未満の人は一九・三％、一年〜三年未満の人が二七・四％で、三年以上の野宿期間の人は五三・二％と過半数を占め、野宿生活が長期化しています。体調が気になると答えた人は約五割もいます。

④廃品回収や日雇仕事など不安定な仕事が多く、収入も少額である。

現金収入となる仕事についている人は七割以上ですが、そのうち廃品回収と日雇仕事が九五％です。収入は月一万円未満の人が三割、月二万円未満の人が約五割です。

⑤食事は一日二回以下が約七割。半数は小屋やテントを持たない。

食事の回数は一日二回以下の人が六八・六％で、支援団体の炊き出し、商店からの廃棄食品、仲間や知人からなど、自前で確保できない人が多い結果でした。

小屋やテントを持っている人は五〇・六％、その日ごとに寝場所を変え、ダンボールや敷物あるいは何もなしで寝ている人は四六・七％です。ホームレスというと、若宮大通公園や白川公園でのテント小屋の人を思い浮かべる人が多いのですが、実際は半数の人が毎日寝場所の確保に汲々とし、寒くてもダンボールや毛布で寝ている人が半数もいるのです。

⑥野宿になる前から愛知県で働いていた人が多い。

約二三％の人は一四歳頃の住居が愛知県にあり、約五二％の人が最長職時の住居はすでに愛知県にあり、約七五％の人が野宿直前職の住居は愛知県です。こうした事実は、他都市の調査でも同様であり、高度経済成長期などに大都市が労働力を必要としていたという経過と関係していると思われます。

⑦大半は、野宿からの脱出を希望し、行政からの援助を求めている。

約九割の人が野宿から抜け出したいと考え、約七五％の人がそのために行政から支援を受けたいと考えていて、特に仕事関連と住宅関連の支援を求めています。

シェルターや自立支援事業に向けた動き

笹島日雇労働組合、笹島診療所、炊き出しや夜回りなどの活動を行っている団体からなる笹島連絡会は、恒常的な話し合いを拒否している名古屋市当局に、二〇〇一年三月以降あらためて恒常的な話し合いを求めてきましたが、名古屋市職員の労働組合である自治労名古屋の仲介もあり、八月三〇日から話し合いに向けて施策推進本部事務局と笹島連絡会との予備折衝が始まり、一〇月一七日から二～三カ月に一度の話し合いが始まりました。

その間に市当局は、白川公園（中区）に緊急一時宿泊施設（シェルター）を年度内に設置することを決め、一〇月二日に周辺住民説明会を開催しました。その後、施策推進本部は、一〇月二日の周辺住民説明会において反対意見が多かったと判断し、引き続き町内単位の説明会を開くなど住民の合意に時間をかけるとし、年度内開所予定を延期し、二〇〇二年中の開所を目指す、としました。

住民説明会資料やその後の資料によると、シェルターは、「公園等で野宿生活を余儀なくされているホームレスの健康回復および自立に向けての動機づけを行うとともに、公園の適正利用を図る」とし、入所人員は約一五〇人、入所対象者は白川公園およびその周辺公園のホームレス、入所期間は六カ月（最長一年間）、おもな事業内容は、宿所提供、食事提供（一日一食）、生活相談、健康相談、軽易な仕事の提供で、設置場所は当初は白川公園南側駐車場（約二六〇〇㎡）、設置期間は五年間となっていました。「シェルターの開設後は、テント・小屋を撤去し、二四時間警備を実施し、公園の管理を行います」となっています。

一方、野宿当事者（や支援団体）は、当事者説明会を要求し、一〇月二〇日に行われましたが、多くの人が指摘したのは「もっとも緊急に支援を必要としている人はテントも小屋も持てない人であるのに、なぜ白川公園および若宮大通公園のテント層に限定するのか」ということでした。この説明会は、当事者の要求で二〇〇二年七月二二日まで四回開かれています。

二〇〇二年一月末に白川公園周辺の町内会の有志は、「地域の公益に重大な影響を及ぼすことになりかねない」としてシェルター設置場所を白川公園以外の場所に建設するように求める要望書を、中区選出の市議と県議の四人も白川公園に隣接する若宮大通公園駐車場にすべきだという要望書を、おのおの名古屋市に提出しました。結局三月に市当局は、シェルターの設置場所を若宮大通公園に変更することを決定し、二〇〇二年八月一日から工事を始め、一〇月二四日に開設しました。

自立支援事業については、その中身は二〇〇二年になってからしだいに明らかになりました。資料によると、「就労する意欲および能力のあるホームレスに対し、職業相談・斡旋等を行うことにより、就労による自立を支援する」ことを目的とし、シェルター入所者や福祉事務所で就労する意欲と能力があると判断される人が対象です。設置場所は宿所提供施設熱田荘（熱田区）の敷地内で、定員は約一〇〇名、利用期間は原則六カ月以内、おもな事業は宿所提供、食事提供（一日三食）、健康相談、生活相談、職業相談・斡旋、軽易な仕事の提供、となっています。

名古屋市の自立支援施策の基本理念・目的に関する問題点

ホームレス施策は大きな施策であるにもかかわらず、今のところまとまったパンフレットはありません。住民や野宿当事者への説明会の資料、市議会資料など、そのつど作られた資料しかなく、施策の名称すら「ホームレス援護施策」であったり、「ホームレス自立支援施策」としたりしている現状です。ここでは入手した資料から施策のおもな流れや基本問題に関わることを検討し、問題点を指摘しておきたいと思います。

1　理念・目的の不明確さ――まず施策ありき

ホームレスの援護施策・自立支援施策における基本理念や目的が、不明確です。松原市長は、二〇〇一年三月九日の市議会で、「野宿生活をしている人々の問題に対する本市の基本姿勢」として、さきに策定した新世紀計画二〇一〇のまちづくりの基本理念に人間性の尊重を掲げており、野宿生活をしている人々に対してもこの理念に基づいて自立と生活の安定を図るため、相談援護態勢を図るとともに、労働、住宅、保健福祉などに関して関係機関との協力体制の充実に取り組んでいきたい、と答えていますが、実際の施策資料ではいっさいそのようなことは書かれていません。「人間性の尊重」が基本理念であるならば、その理念を明記し、それに沿って施策を展開することが必要です。

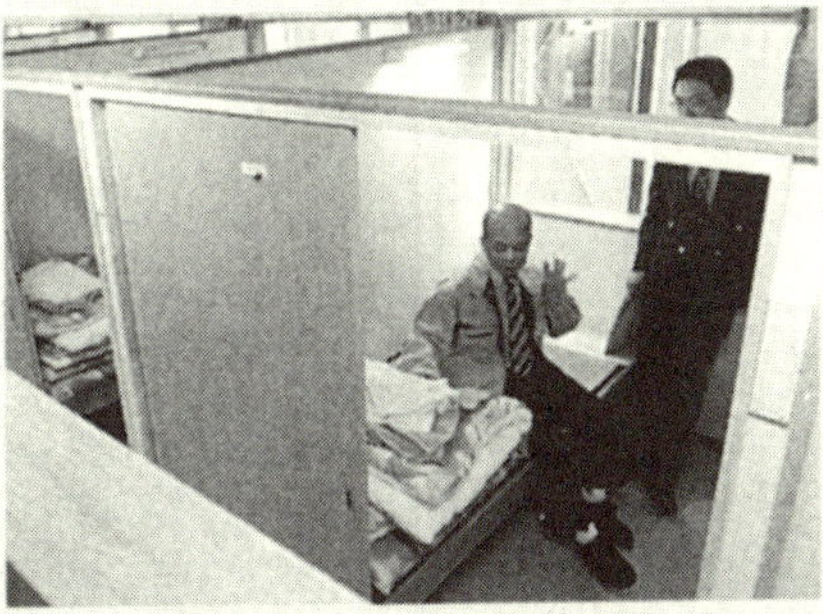

ホームレスシェルター　個室は3㎡

入所あすから受け入れ

若宮大通公園
駐車場で公開

名古屋市が若宮大通公園（中区）の駐車場に建設していたホームレスの緊急一時宿泊施設（シェルター）が完成し、関係者らに22日公開された＝写真。定員は約150人。24日から希望者を受

ホームレスの人たちのシェルターが公開された＝22日午後3時、名古屋市中区大須2丁目で

『朝日新聞』2002年10月27日

住民説明会資料では、「自立支援施策の必要性」として、〈ホームレスに対する誤解と実態〉の項で「東京都の調査では、『解雇、倒産、病気等、やむを得ない理由で失業した方が多く、また、野宿生活の長期化で心身は疲弊しているが、就労自立を希望している方が多いこと』等が報告されています」とし、次の〈自立を支援すること〉という項で

「様々な事情で野宿生活をすることになったホームレスの方が自立するためには、心身の健康状態、年令、能力など、各々の状況に応じた自立のためのプログラムを用意し、支援する必要があると考えています。国においても連絡会議を開催し、各種の施策を推進することとしております。名古屋市では、……全庁的に施策を進めていきます」としています。ここでは、「自立支援施策の必要性」が述べられており、これが目的ということでしょうか。

とすると、施策の根本的な目的である「自立」とは何かということが問題になります。野宿当事者からの質問に対する回答で、推進本部は「自己の能力や社会保障制度等（施設入所も含む）を利用して、ホームレスの状態から脱却し、地域社会で生活するという意味」と述べています。

こうした施策の理念や目的に関わることは、本来は誰に対しても明確に説明できるようにすべきでしょう。なぜならそうした理念や目的の妥当性を議論することが大切ですし、具体的な施策の当否を検証する際の基準にもなるからです。しかし、理念・目的が明示されないままに、施策が進められようとしています。

なお、二〇〇一年九月の調査についての笹島連絡会からの質問に対して施策推進本部事務局は、「援護施策を推進していくうえで、まず実情の把握が必要であるとの判断から調査を実施することとした。住居のない方に関する援護施策を推進していくうえでの基礎資料を得る目的だ。万博ためのものではなく、住居のない方の自立を支援し、野宿をしなくてもよい状態を作ることを目指すためのもの」と答えていますが、この調査の計画と並行してシェルターが計画され、調査結果が出ていないのにシェルターの概要が作られ、本報告書が出ていないのに、シェルターと自立支援事業を開設するというのも、この回答と矛盾しています。理念がないままに「まず施策ありき」という姿勢は、きわめて問題であり、残念なことです。

2　排除の論理をとらないということが、具体化されていない

松原市長は、推進本部発足を前にした記者会見で、市のホームレス問題の現状についての認識を聞かれて、「都市公園を市民が自由かつ安全に利用できる機能が保たれていないというのが基本。ただ、ホームレスの人たちが好んで今の生活を送っているとは思わない。『排除の論理』をとるつもりはない。何とか自立してもらうことと、公園が正常な状態で市民に利用してもらえるようになることが目的だ」と述べています（『中日新聞』二〇〇一年八月一日）。推進本部事務局も、「施策と公園の適正利用とは、『コインの裏表』」と述べました。そして、「シェルターに入りたくないので、何度も説得に来てほしくない」という当事者の要求に対して、「粘り強く説得・説明する」と返答しています。

いったい、「排除の論理はとらない」というのはどういうことでしょうか。過去に行った都市公園法や代執行法などを使った強制排除はやらないということだけでは不十分です。なぜならば、権力をもった行政職員が、ホームレス一個人を「説明・説得」という名のもとに何度も訪れて話をすれば、そこにいられなくなることは目に見えています。これは事実上の追い出しです。ソフトに、みんなに見えないかたちで、個別に追い出していることになるのです。

私は、ここでいう「排除の論理」の対になる言葉は「自己決定」ではないかと思います。他から強制されるのではなく、みずからが自主的に複数の選択肢から決定していくことです。したがって、排除の論理をとらないということは、野宿をせざるをえないという状況をなくし、今後の生活・人生として行政が生活保障など幾通りもの選択肢を示し、ホームレス自身が野宿以外の魅力的な道を自主的に選択できるようにする、ということではないでしょうか。「説得、説明という名の強制もしない。いくつもの選択肢を示すから、あくまでも自主的に選択してくれ」と明示すべきなのです。

七月二二日の第四回当事者説明会で、私たちが「排除の論理をとるのか、とらないのか」と迫ったところ、緑政土木局課長は、「説得ということではなく、選択肢を示し、本人の決定を待つ」と、野宿の仲間百数十人やマスコミ記者のいる前で明言しました。いみじくも私が言おうとしていたことを課長が答えたのです。これは大変重要なことです。

このことを市当局はチラシ・パンフレットに明示し、かつそのことを実際に守るべきです。しかし、現在も「説明」や「説得」という名のもとに、選択肢が示されないままシェルターへの入所が執拗に勧められています。

自立支援施策のおもな流れや具体的な施策の問題点

1　自立支援施策のおもな流れ

ホームレス自立支援施策の主な流れ（名古屋市当局資料より）

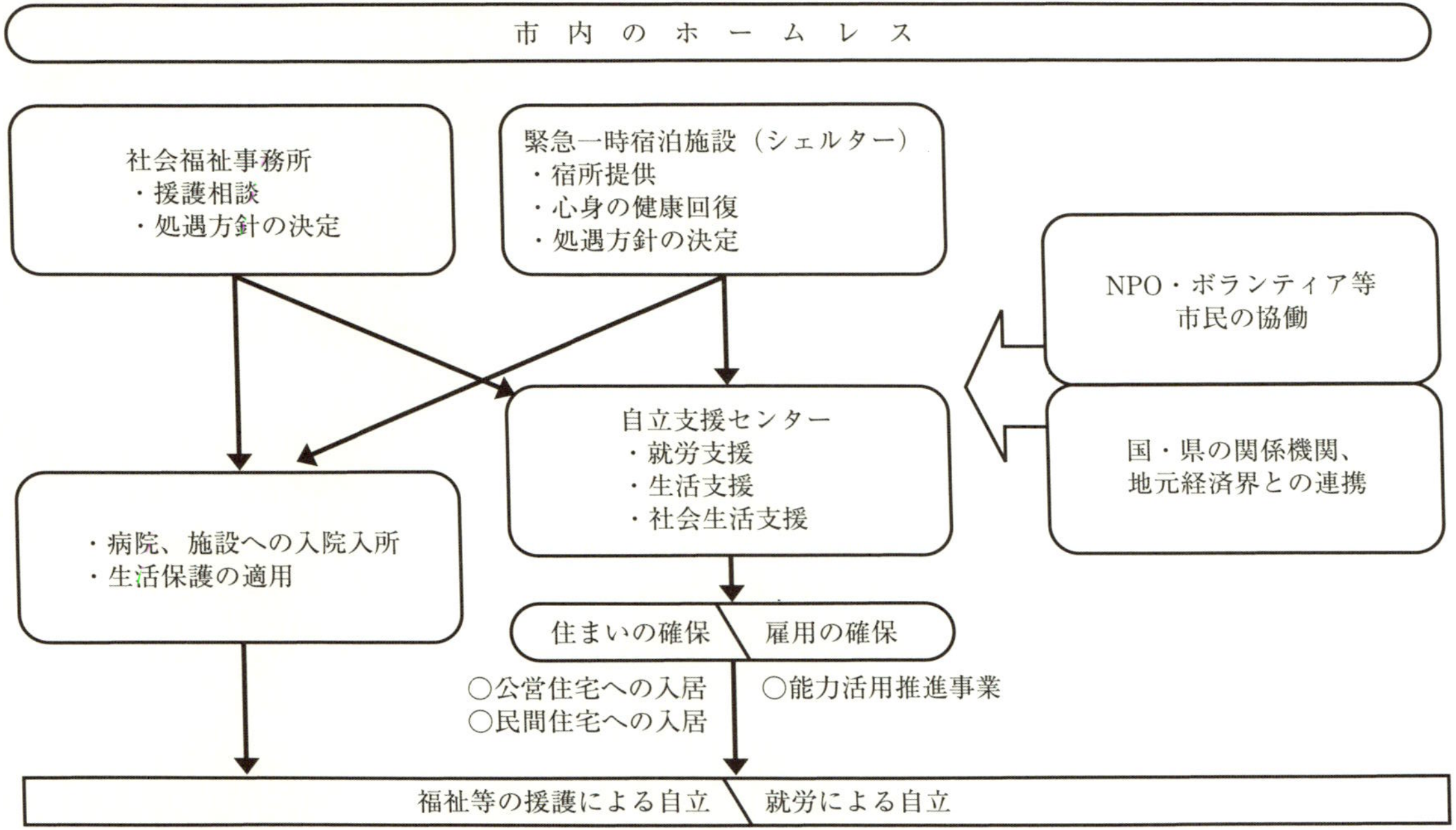

ここで、自立支援施策のおもな流れを概観し、各施策の位置づけや施策が何を目指そうとしているのかをみます。

まず「ホームレス自立支援施策の主な流れ」では、シェルターへの入所は福祉事務所ではなく直接シェルターに入所申込みをします。シェルターは、緊急宿所提供、心身の健康回復をしながら「処遇方針の決定」をする場として位置づけられ、その後は病院・施設への入院・入所（生活保護の適用）か、就労意欲と能力がある人は自立支援センターに行くことになります。

福祉事務所では、援護相談を受け、やはり「処遇方針の決定」の場となり、その後は同様に病院・施設への入院・入所（生活保護の適用）か、就労意欲と能力がある人は自立支援センターに行くことになります。

自立支援センターでは、生活支援などをしながら就労支援を行います。そして基本的には就労の場と住居も確保して、就労による自立を目指してもらう、というわけです（これができない人がどうなるか、一部「福祉等の援護による自立」もあるのでしょうが、どういう人がそうなるか、などは現在不明です）。

生活保護で入院・入所した人は、その後福祉などの援護による自立となるでしょうか。その後就労の場が見つかり生活できるだけの賃金が得られれば、「就労による自立」となる、というわけです。

2 「自立支援施策の主な流れ」の前提条件

以上の流れにより「自立」が可能になるには、いくつかの前提が必要となります。

緊急一時宿泊施設（シェルター）と自立支援事業の概要（名古屋市資料を一部改変）

区　分	緊急一時宿泊施設 （シェルター）	自立支援事業
目　的	公園等で野宿生活を余儀なくされているホームレスの健康回復及び自立に向けての動機づけを行うとともに、公園の適正利用を図る。	就労する意欲及び能力のあるホームレスに対し、職業相談・斡旋等を行うことにより、就労による自立を支援する。
対象者	白川公園及びその周辺公園のホームレス	シェルターの入所者及び社会福祉事務所へ相談に来所したホームレスのうち、就労する意欲及び能力を有すると判断される人
設置予定場所	若宮大通公園白川前駐車場	宿泊提供施設「熱田荘」敷地内
定　員	約150人	92名
利用期間	原則6カ月間以内 （最長1年間）	原則6カ月間以内 （最長7カ月）
主な事業内容	(1) 宿所提供 (2) 食事提供（1日1食） (3) 健康相談、生活相談 (4) 軽易な仕事の提供	(1) 宿所提供 (2) 食事提供（1日3食） (3) 健康相談、生活相談 (4) 職業相談・斡旋 (5) 軽易な仕事の提供
主な設備	居室、相談室、医務室　等	
運　営	民間社会福祉法人	
職員体制	所長　1人 係長　1人 生活指導員　6人 医師　1人（非常勤） 看護師　1人（非常勤） 警備員　2人（昼夜とも）	所長　1人 係長　1人 生活指導員　5人 能力活用推進員　1人 生活相談員　2人 医師　1人（非常勤） 看護師　1人（非常勤） 職業相談員　2〜3人（国派遣） 警備員　1人（夜間）
居　室	1棟18人 約1.8m×約2m/人　2階建	1部屋2段ベッド6つ $3m^2$〜$3.3m^2$/人
面会室	あり	なし
設定期間	5年	現在のところ期間限定なし

①まず就労による自立ですが、厳しい雇用状況のなかで比較的高齢の人たちが、しかも「ホームレス」ということがわかると不採用・解雇となっている現実のなかでは、民間労働市場に任せていては、いくら本人が努力をしても多くの人には就職（しかも生活ができるだけの収入がある仕事）は、かなり困難です。したがって行政による特別就労対策・失業対策が必要です。しかし、私たちが何度質問をしても「安定した雇用確保が必要」との返答が返ってくるだけで、具体的な施策はまったくみえてきません。労働行政を担当する愛知県当局や政府の出先機関である愛知労働局もなんら具体策を示していません。

実効ある就労・雇用対策を行うことが、まずキーポイントです。

②野宿からの脱却を目標にするのであれば、最終的には住宅確保が必要です。現在でも保証人がいないということや一人で探してもなかなか見つからないという状況があります。保証人問題では、私たちがなるべく保証人になっていますが、現状では死亡時など万一の場合に家財道具の片づけ（や未払い家賃の支払い）を保証人が行わざるをえません。すでに二百数十人の保証人なり、ますます保証人を求める人は増えているなか、民間団体では明らかに限界があります。当局の資料では、「公営住宅における優先入居枠の検討」と書かれていますが、質問に対して「入居時の保証人問題も解決する必要がある」などと答えるだけで、具体的な回答がありません。

就労の場や住居の確保に対する実効ある施策を打ち出し、これらを実現することが必要です。期限付きのシェルターや自立支援センターに入所しても、その後の就労や住居の展望がなければ、当事者にとってはまったく意味がありません。

③福祉などの援護による自立にしても、違法な生活保護行政の改善が必要です。しかし、その課題に対する施策が明らかにされていません。福祉事務所は、稼働能力があると生活保護が受けられないかのような対応を相変わらずしていますし、過去に無断退院などをしたからという理由で生活保護申請を認めようとはしないなど、窓口での事実上の「追い返し」が見受けられます。また、生活保護を受けている人が退院・退所後最低生活を営めるだけの収入がない場合は、生活保護を継続することが生活保護法の原則ですが、「若いから」「働けるようになったから」という理由で保護を廃止され、再び野宿を強いられることがしばしば起こっています。この背景には、居宅保護に消極的であるということ（野宿から居宅保護という道を認めていないことも大きい問題）、生活保護施設も基本的にいっぱいであること、施設から居宅に移るのも一部の人に限られ、半年も一年も待たされていること、福祉事務所の職員が不足して居宅保護が進まないこと、などの現状があります（入院者は、あちこちの病院をぐるぐるたらい回しにされています）。

以上のような現状や違法な運用を改善しないままに新たな施策をしても、多くの人は結局は再び野宿にならざるをえません。

④シェルターの利用期間は原則六カ月（最長一年間）、自立支援センターの利用期間は原則六カ月です。シェルターの宿泊棟は二階建てプレハブで九棟あります。一棟一八人で、間仕切りで一人の生活空間は一・八m×二mで、ベッドが置いてあります。自立支援センターにいたっては、「居室」が八

就職先探すホームレス

大部屋で集団生活

支援センター　熱田に28日開所

路上生活者（ホームレス）が集団生活を送りながら就職先を探す施設として二十八日にオープンする「自立支援センターあつた」（熱田区神宮四）が二十一日、報道陣に公開された。

センターは、市の低所得者向け宿泊施設「熱田荘」の敷地内にある。定員は男性のみ九十二人で、二階建て延べ約八百平方㍍のプレハブ棟で生活する。同様の施設は東京、大阪などに続き、全国で九カ所目になる。運営費は、年間約一億二千九百万円。

一階の食堂は約六十六平方㍍で、電子レンジも一台、備えた。一日三回、弁当を支給する。娯楽室は二十畳で、テレビや新聞、雑誌を置く。浴室は十人が同時に使え、週に三回、利用できる。居室は二階で、八人または十二人の大部屋。就職の面接用に貸すスーツを保存するリネン室もある。門限は午後十時、飲酒禁止。別棟として、プレハブ平屋約五十平方㍍の医務室もあり週三回、医師や看護師が訪問する。

市が委託した社会福祉法人「芳龍福祉会」が運営。公共職業安定所が派遣する二人を含む計十人の職員が求人情報を紹介したり、自立後のアパートを探す。

入所対象は、原則六十五歳未満の市内のホームレス。現在、十数人が応募している。各区の福祉事務所で受け付け、面接などで就職意欲を確かめて、入所者を決める。中区の若宮大通公園白川前駐車場に先月、開設された緊急一時宿泊施設（シェルター）の入所者も、健康が回復すれば、転居が可能になる。入所期間は最大で半年。期間内なら、就職後も生活を続け、自立へ向け貯金でき

ホームレスが集団生活を送る自立支援センターあつた＝いずれも名古屋市熱田区神宮4で

２段ベッドが置かれ、広々とした居室

『中日新聞』2002年11月22日

室で、一室に二段ベッドを六つ置くとし、間仕切りはありません。一人あたり三m²くらいしかありません。狭い空間に多人数が生活すれば（しかも二段ベッド）、プライバシーの確保は困難であり、人間関係が難しく、ストレスが非常にたまることが予想されます。しかもここを生活の場として就労し、アパートの入居費用を貯めよというわけです。就労して疲れたあと、どこでくつろげばいいのでしょうか。

こうした居住環境がよくないところで、長期にわたって生活しなければならないというのは、相当苦痛です。いたたまれなくなって退所する人が出ても不思議ではありません。しかも、一度退所すると再入所が認められないのです。きわめて厳しい条件です。

⑤二〇〇二年七月に市当局は、市内ホーム

レスの数（目視調査）として、一七三八人と発表しました。一年間で五百人以上増えています。施策では、すべてのホームレスは福祉事務所に相談に行くか、シェルターに入所することが前提とされています。ところで、現在計画されているシェルターは、白川公園とその周辺公園（おもに若宮大通公園の西側部分）に起居するホームレスのみを対象としており、しかもその定員は一五〇人です。施策によると他の一五〇〇人以上は、福祉事務所で相談し、自立支援施設に入所するか、病院・施設に入院・入所するかということになります。もちろん一七三八人が一度に、あるいは全員がシェルターや福祉事務所に行くとは思いませんが、自立支援施設の定員は九二人であり、入院・入所も、③で述べたようにその後の受け入れ施策がきわめて不十分な現状では、ほとんどの人は相談に行っても受け入れられないことになります。

⑥シェルター入所対象者を白川公園、若宮大通公園西側に起居している人に限定し、その他の地域でテントや小屋がもてず、より緊急に援護が必要な多くの人はシェルターに入れないのです。しかも、二〇〇二年一〇月二四日のシェルター開設日から問題になっていることは、シェルター入所対象者であるのに、テント・小屋をもたないで白川公園などで起居している人が入所希望しても、市当局は入所させないとしていることです。「テント・小屋の撤去のためのシェルター」ということが、きわめて露骨なかたちで現れているわけです。

これが、ホームレス支援施策といえるでしょうか。

⑦お金の使い方にも問題を感じざるをえません。二〇〇二年の予算では、シェルター関係では、設

置費用が約四〇〇〇万円、入所誘導など警備が約三五〇〇万円、小屋・テント撤去、清掃が約七五〇〇万円、公園利用相談員の配置が約二三〇〇万円、運営費用が約八三〇〇万円です。なんと、入所を説得したり、小屋・テント撤去や監視の警備には六〇〇〇万円も使うのです。シェルター運営費や自立支援センターの建設・運営を含めたいっさいの事業費が約七五〇〇万円なのに比べて、公園からのテント・小屋の撤去すなわちホームレスの追い出しにかける費用の大きさに、驚くばかりです。ホームレスに共感されない施策のために、これだけの無駄使いをするわけで、ホームレスが共感する施策のためにこの費用を使えば、それだけ野宿をしなくてもすむようになるのですが……。

愛知県当局の従来の態度

〈笹島〉問題に関心をもつ研究者などから構成する「〈笹島〉問題を考える会」は、一九九八年八月に政策提言をまとめ、名古屋市および愛知県に提出し、話し合いを申し入れました。名古屋市は話し合いを拒否しましたが、愛知県とは、同年一〇月から話し合いが実現しました。県との話し合いでは、一時ホームレスの就労問題を中心とした聞き取り調査を行うことも検討しましたが、一九九九年二月から政府レベルでの「ホームレス問題連絡会議」の動きがあり、愛知県当局は、愛知県のみが「突出」して調査を行うことはできないとしたので、「考える会」は独自で一九九九年八月に一九九人の聞き取りを行いました。こうした結果も踏まえて、考える会は県に就労対策の必要性を訴えましたが、「名古屋市が自立支援センターの設置をした際に県として職業紹介など協力を検討する」というだけでした。

従来、名古屋市の福祉行政は名古屋市当局が担当、労働行政は政府および愛知県当局が担当という役割分担（いわゆる縦割り行政）がありましたが、地方分権法によって二〇〇〇年四月から、基本的には労働行政は政府（愛知県内の出先機関は愛知労働局）となり、ますます愛知県はホームレス施策について知らぬ顔をしていました。しかし、政令指定都市である名古屋市を除く県下の市町村の福祉行政は、愛知県の担当です。私たちは、名古屋市以外の都市でもホームレスが増えていることを指摘し、生活保護行政の改善などを要望していましたが、愛知県はなんら動こうとしませんでした。そうしたなかで、二〇〇〇年七月に豊田市職員がホームレスを公園に置き去りにして、ホームレスが数日後に亡くなるという痛ましい事件が起こりました。救急車で病院に運ばれ、点滴を受けたホームレスAさん（五七歳）に対して、豊田署が署内で一泊させたあと市役所に連れていったところ、生活福祉課の職員は「弟さんのいる九州に帰ったらどうか」と言いました。「帰れない。豊田にいたい」というAさんを、職員は公園に連れていって、置き去りにし、Aさんは三日後になくなったのです。衰弱して所持金もないAさんを、入院の必要がなかったという理由で、Aさんに生活保護を適用することもなく、死亡させてしまったのです。豊田市の場合は、入院すれば生活保護で対応し、受診だけの場合は生活保護の医療扶助適用ではなく、「緊急援護」として法外援護で行っています。これらの問題を豊田市と愛知県当局に指摘しましたが、指導すべき愛知県は「適切に対応している」というのみでした。

愛知県当局の新しい動き

愛知県は、二〇〇一年九月に各市町村に野宿者数を自主的に報告するように要請しましたが、名古屋市以外で一〇人以上が目視で確認された市の結果は、豊橋市：一七七人、一宮市：二七人、春日井市：二六人、岡崎市：二五人、安城市：一五人、刈谷市：一四人、豊田市：一一人、日進市：一一人、東海市：一〇人となります。実際はもっと多いでしょうし、現在はさらに増えていると思われます。

名古屋市当局の動きを受けてと思われますが、愛知県当局は二〇〇一年一〇月二九日に「愛知県ホームレス問題連絡調整会議」（座長・松島副知事）を設置しました。その「設置要領」によると、目的は、「愛知県内のホームレス問題について、関係部局および関係機関が連携を図り、総合的、横断的に取り組む」ことであり、①ホームレス問題に関する情報収集および情報交換、②市町村が実施するホームレス対策事業に関わる連絡調整および県の支援策の検討、③その他ホームレス問題に関わる対応策の検討、を所掌するとしています。調整会議メンバーは、各部長クラス（警察本部長を含む）からなり、その下に課長クラスからなる幹事会を置いています。また、これとは別に会議関係課の職員が集まって検討・協議を行うワーキング・グループ会議が随時行われているとのことです。しかし、調整会議は二〇〇一年一一月五日に一度開いただけで、幹事会も二〇〇二年二月に一度開かれただけです（二〇〇二年七月現在）。そして今のところ、連絡調整会議としてホームレス施策はまだ何もまとめていない状況です。

なお、二〇〇二年二月の愛知県議会で議員からの質問に答えて、産業労働部理事は、名古屋市が実施する自立支援事業に対して、国が職業相談あるいは職業紹介を受け、この職業相談の結果必要があれば、ホームレスに対する職業訓練あるいは職業講習などを県が実施することになる、雇用については県・市町村が行う緊急地域雇用創出特別交付金事業の情報を提供する、と答えています。職業相談や職業紹介は、日常的に職業安定所で行っているものであり、私たちの求職支援活動の実績をみてもこれで安定した職場に就職できる人はわずかであり、職業訓練なども半年以上の期間が必要であり、半年を期限とする自立支援センターでは、適用できないと、県当局は私たちには答えています。緊急地域雇用創出特別交付金事業についても、ホームレスのみを対象としたものではなく一般的な求人であり、かつ六カ月以内という期間限定なので、安定した就労の場ではありません。

県当局に右記の調整会議が設置されたこと自体は好ましいことですが、政府の出先機関である愛知労働局も含め、ホームレスに対していちばん重要な公的な就労の場の創出・確保、実効ある就労対策、名古屋市以外の県下の都市におけるホームレス施策、県下の違法な生活保護行政の改善などの検討がなされておらず、本当に実効ある施策を打ち出すのかおおいに懸念されます。

以上のように、全国的なホームレスの急増という事態を受けて、国政レベルでの動きがあり、それに沿うかたちで名古屋市などの自治体が「ホームレス援護施策」を始めて急展開するのですが、人権問題として施策展開をするのではなく、むしろ、「公共施設の利用の適正化」や「住民の安全」などという治安対策的な観点から具体的な動きが出ていることが指摘できます。「社会問題」といっても、どういう社会問題なのかが問題です。そこには野宿という過酷な状況を野宿者個人の責任に帰すのか、それとも社会問題として野宿をしなくてもよい状況を作ろうとするのか、という違いがみられるように思うのです。

また、いちばん重要な就労対策や住宅・入居支援施策に関しては、ほとんど具体的な施策が打ち出されておらず、その点に関する行政の動きがきわめて鈍いことも指摘できます。

終章では、ホームレスに関する初めての法律制定という最近の動きも踏まえながら、こうしたことを、もう少し突き詰めて考えていきたいと思います。

追記

脱稿後、開所されたシェルターや自立支援センターなどの状況が判明したので、参考に紹介します。両施設とも名古屋市が民間社会福祉法人に運営を委託しています。

なお、通院や入院など生活保護に関わることは、社会福祉事務所を通して行われており、シェルター側が決定しているのではありません。

1　白川公園前シェルター（二〇〇二年一〇月二四日開設。定員一五〇人）

以下の数値は、二〇〇三年一月三一日現在のものです。

（1）入所・退所状況：入所者七三人（うち女性は三人で、いずれも男女のペアーの人）、退所者一〇人

（男性のみ）、在所者六三人（うち入院一〇人）。なお、入院しても退所扱いにせず、今までのところ全員退院後はシェルターに戻っています。

（2）入所者の年令：平均年令五四歳。三〇歳代六人、四〇歳代一六人、五〇歳代三二人、六〇歳以上一九人。

（3）退所者の進路：自立支援センター入所五人、市営簡易宿泊所笹島寮入所一人、民間アパート入居二人、自主退所二人。アパート入居者二人はいずれも六六歳で、運営を委託されている法人が民間から集めた寄付金により入居。入居後は生活保護申請の予定とのこと。また一人の笹島寮入所者にはシェルター内の仕事を斡旋し、アパート入居費用を貯めてもらうという法人の方針です。

（4）大きな問題点：筆者の意見

①公式には入所申込みはシェルターとしていたにもかかわらず、入所の可否は公園管理をしている名古屋市緑政土木局の職員が決めており、現在入所対象者を白川公園でテント・小屋のある人のみに限定し、本来対象となっているテント・小屋を持てないで白川公園で寝ている人を除外しているのは、非常に問題です。

②入院をした人（生活保護の適用）も、今のところ退院後は全員シェルターに戻されて保護が廃止になっており、なぜシェルター入所者が一律に違法と思われる処遇を受けるのか問題です。

③現行の運用でも六六歳は稼働年令層ではなく要保護性があるとしているのに、名古屋市はなぜ生活保護によるアパート入居を認めないのか疑問です。

④簡易宿泊所入所者も、はたして就労自立ができるか不安でしょう。なぜ福祉事務所がアパート入居を認めて、そこから就労ができるようにしないのか、病気になったらどうするのか問題があります（今のところ名古屋市は、笹島寮入寮者などには生活扶助を含む生活保護適用を行っていません）。

⑤二五五ページの「ホームレス自立支援施策の主な流れ」では、シェルターから自立支援センターに行く以外は、「病院、施設への入所。生活保護の適用」となり、それから「福祉等の援護による自立」という流れになっているのに、②③④からすると、シェルター入所者は「福祉等の援護による自立」を拒否されていると理解せざるをえません。前述したように法的に問題であるとともに、発表してきた施策方針とも大きく異なるものであり、施策に対する信頼性が損なわれます。

運営を委託されている法人は、独自の努力によってこうした問題点のカバーをしようとしているようですが、こうした現状は名古屋市当局の無責任さを表していると思えます。

2　自立支援センターあつた（二〇〇二年一一月二八日開設。定員九二人）

以下の数値は、二〇〇三年一月二九日現在のものです。

（1）入所・退所状況：入所者六六人。退所者九人（うち、住み込み就職二人、自主退所七人）。在所者五七人。

（2）入所者平均年令五一歳。三〇歳代五人、四〇歳代一二人、五〇歳代三一人、六〇歳以上九人。

（3）入所経由：各区福祉事務所より五三人（熱田区、中村区、中区が多い）、シェルターより四人。

（4）入所待機者：一時保護所や野宿しながら待機している人は四六人。

（5）就職決定状況：常用で就労している人一九人（警備業八人、製造業五人、運送業三人、建設業一人、その他二人）。収入は、一三万五〇〇〇円〜二〇万円（平均一七万円）。

（6）問題点：筆者の意見

①白川公園以外にも熱田区、中村区、中区では、市職員による巡回が行われており、入所者の中には「ここから出ていってくれ」と言われて自立支援センターに入った人もおり、「巡回相談」の名のもとに事

実上の追い出しがなされています（熱田福祉事務所を通しての入所者が多いのは、熱田区で二〇〇二年四月にホームレス同士による殺人事件が起きて、地元対策としてその後日常的に巡回が行われたためで、センター開設と同時に入所させています）。

②笹島連絡会は市内全域のホームレスにセンターの情報を流すべきだと要求していますが、市当局は行っておらず、前述の三区で野宿している人の入所が圧倒的に多くなっています。行政の思惑によって行われる施策は問題です。

③「ホームレス自立支援施策の主な流れ」や説明会では、福祉事務所やシェルターで処遇方針の決定をして、自立支援センターに入所することになっています。ところが現実には、福祉事務所に入所申込みをしてもすぐに入所はできません。まず一時保護所に入らねばなりませんが、一時保護所が満員なので、野宿しながら一時保護所入所の待機となります。シェルターの入所と同じく、行政が公表した方針を関係者との話し合いもせずに、一方的に変更し、センターが空いているのに野宿のままで待機せねばならないという矛盾が起きています。

④六五歳以上の人は稼働年齢層ではないので入所できないとしていますが、福祉事務所はその場合生活保護法を説明し、保護を適用すべきです。また病気・障害などでセンター入所ができない人も生活保護を適用すべきです。

⑤傷病の治療のため十分求職活動ができない人、稼働能力がないのではと思われる人も入所しているようです。「処遇方針の決定」がいい加減なのか、生活保護の適用を避けているのか、「追い出し」を優先させたかったのか不明ですが、改善すべきです。

⑥就労により退所したのは二人ですが、いずれも不安定な住み込み就職であり、病気や解雇になった場合再びホームレスになるのではと心配です。家族のところに行った人や日雇が長いので日雇をすると言っ

て退所した人もいますが、自主退所が七人と多いのが気になります。施設の趣旨や処遇に現時点では合わないために退所することもあるし、再入所を認めないという方針を再検討すべきです。

⑦現在の就労業種ですが、警備員、建設業などそもそも不安定な業種であり、他の職種も含めて全体的に日給月給が多いようです。就職が決まっても不安定だとわかり退職して再就職を目指している人もいるようです。こうした問題点は、他都市の場合と同様です。こうしたことを踏まえ、入居費用を全額貯めさせるということにこだわらず、適宜福祉的援助を検討すべきです。

⑧今後アパートに入る人が出た場合ですが、市当局はまだ保証人問題に対する施策を打ち出していません。このことも、委託した法人の努力に任せてうまくいくのか疑問です。

3　簡易宿泊所での生活保護（ドヤ保護）について

名古屋市健康福祉局保護課長は、二〇〇二年一二月二〇日付で「民間簡易宿泊所における生活保護の適用について（通知）」を、各区社会福祉事務所に通知しました。

その経緯については、「最近では稼働能力を有し、その活用がなされていることから生活保護施設等に入所しなくても自立した生活が見込める人も増加してきており、それらの人のうち要保護性のある者に対して生活保護を適用する民間簡易宿泊所における生活保護の適用を認めることにした」とし、趣旨としては住居のない者のうち「更生施設等に入所を委託し、生活保護の適用をしなければならない場合において、更生施設等が満床のため入所できない場合等にその代替施策として、民間簡易宿泊所において法を適用することで自立更生を図るための一助とする」としています。そして、実施場所として、中村区の三軒の簡易宿泊所を指定しています。

私たちは、生活保護法の居宅保護原則からして、野宿の状態からアパート入居も認めるべきであり、また選択肢を増やす一つとしてドヤ保護も認めるべきだと主張してきたので、私は今回の決定もひとまず歓迎します。

ただし今回の通知でも、居宅保護の原則に反して更生施設等における保護が原則であり満床の際の代替施策としているのは、納得できません。施設収容主義を早急に脱却すべきです。また、今回指定されたのは三カ所一三人の利用人員であり、例えば連絡してもすぐには入れないところなど、いろいろ制約があります。基本的にどこの簡易宿泊所でもよいことにし、なるべく早くアパートに転居するようにすべきでしょう。

なお、一時保護所や緊急宿泊施設という法外援護に、保護を適用すべき人を入れているのは違法であるとして再審査請求が行われていますが、こうしたことも保護課が今回ドヤ保護に踏みきった要因になっているのではないか、と思われます。

終　章　私たちが問われていること〈課題〉

前章で急展開する名古屋市・愛知県の動きを紹介しつつ、そのつどいくつかの問題点を指摘しましたが、国政レベルでも二〇〇二年七月末に「ホームレスの自立の支援等に関する特別措置法」（以下、「特別措置法」という）が成立し、八月七日に公布・施行されました。これらの動きには共通する問題点や課題があると思われます。

そこでこの章ではまず、今後良くも悪くも影響を及ぼすであろうこの「特別措置法」制定について詳しくみていきます。

次にホームレスをめぐる問題をどのように考えるべきなのか、その「社会的解決」を目指すには何が必要なのかを考えます。その場合、人間観や社会のあり方についても関係するので、私の考えを提示し、みなさんと一緒に考えたいと思います。

ホームレス特別立法制定の経過

今までホームレス援護に直接関わる法律はありませんでした。したがって、各自治体は一般法としての生活保護法などを一部適用したり、大阪、東京、横浜、川崎、名古屋などでは、各自治体の予算で年末年始の対策を中心に、独自に対策（法外援護）を進めていました。そして、今までも各自治体は政府に財政的補助をするように要請してきました。二〇〇〇年のホームレス問題連絡会議では、一部自治体側は財政的援助だけでなく、ホームレスに関する特別立法を求めました。大阪市などの自治体は、就労対策や住宅施策を含めホームレスに対する総合対策における政府の責任を明確にすることだけでなく、公園などの公共施設からホームレスを退去させるには現行制度では手続きも面倒であり時間もかかることから、もっと容易に退去させることも狙ったわけです。

一方、運動体では、いちばんの問題は実効ある就労対策と住宅施策がないことであり、地方自治体にホームレス施策を任せていては施策としても財政的にも無理があるということで、釜ヶ崎反失業連絡会などは政党や労働組合に支援法の制定を働きかけていました。

民主党は二〇〇一年六月の通常国会に、「ホームレスの自立の支援等に関する臨時措置法案」を提出しました。この法案は、「自立の意思がありながらホームレスとなることを余儀なくされた者が多数存在し、健康で文化的な生活を送ることができない現状にあることにかんがみ、ホームレスの自立の支援、ホームレスとなることを余儀なくされるおそれのある者に対する生活上の支援等に関し、国などの果たすべき責務を明らかにするとともに、必要な施策を講ずることにより、ホームレスに関する問題の解決に資することを目的とする」ものです。ホームレスの自立への努力を前提に、施策の目標としては、①安定した雇用の確保、就業の確保、公営住宅の供給、民間の賃貸住宅への入居の支援などによる居住の確保、保健および医療の確保に関する施策を実施することにより、自立の意思があるホームレスを自立させること、②ホームレスとなるおそれのある者に対して支援を行うことによってホームレスとなることを防止すること、③緊急援助、生活保護法の適用、国民への啓発活動などによるホームレスの人権の擁護、地域における生活環境の改善および安全の確保などにより、ホームレスに関する問題の解決を図ること、があります。

一方自民党は、「ホームレスが多数存在し、健康で文化的な生活を送ることができないでいるとともに、その起居の場所とされた公共的施設の適正な利用が妨げられている現状にあることにかんがみ、ホームレスの自助努力を基本としつつ、ホームレスの自立の支援などに関し、国などの責務を明らかにするとともに、必要な施策を講ずることにより、ホームレスが自立した生活を営むことができるようにするとともに、併せて地域社会における良好な生活環境の確保に資することを目的とする」ホームレス問題対策特別措置法案を作成し、基本的施策として、①雇用や就業の機会の確保、②居住の場所の確保、③保健医療サービスの整備、④緊急援助、のほかに⑤公共的施設の適正な利用が妨げられていると認められるときは、施設管理者は法令の規定に基づき、ホームレスを退去させ、工作物の撤去を行うことを明記しています。自民党案には、排除の論理というか治安的観点が出されています。

自民党と民主党の衆議院厚生労働委員会理事は共同提案に向けて調整に入り、二〇〇一年一一月初

仕事と生活の保障を求める6—7月連続行動（1996年6月14日栄小公園）

句に、「ホームレスの自立の支援等に関する臨時措置法案」の案に合意しました。重要なところのみを民主党案と比較すると、目的のところで、「地域社会とのあつれきが生じつつある現状」「地域社会の理解と協力を得つつ」という言葉が挿入されています。また、ホームレスの定義が狭くされています。そして施策の目標では、四番目に「前三号に定める施策を実施した場合においてなおホームレスにより公共的施設の適正な利用が妨げられているときは、当該公共的施設を管理する者が法令の規定に基づき必要な措置をとることにより、その状況の解消を図ること」が追加されています。

いったんは、両党議員が法案を国会に提出することに合意したことにより、ホームレスに関する法律が成立する公算が大きくなったと報道されましたが（『朝日新聞』二〇〇一年一一月六日）、与党の公明党幹部から不満の声があがり、結局与党三党の政策責任者は、改めて三党で法案化作業をすることになりました（『毎日新聞』二〇〇一年一一月九日）。

与党内でもいくつかの法案が作られ、与党三党ですりあわせが行われました。私も与党三党ホームレス問題に関するワーキングチームメンバーである愛知県選出の公明党議員から二〇〇二年二月に意見を求められ、人権の保障を目的とすること、公共の場からの退去に関する条項は決して入れないことなどの意見を述べました。四月一一日に与党ワーキングチームの案がまとめられ、これが野党に対しても内々に提示され、「すり合わせ」が行われます。名古屋も含めて各地の運動体はそれぞれ意見・懸念を議員・政党に送りました。結局民主党もこの案に同意し、共産党・自由党を除く衆議院厚生労働委員の共同提案ということで、七月一七日に厚生労働委員会に「ホームレスの自立の支援等に関する特別措置法案」（一〇年の時限立法。施行後五年で見直し）が提出され質疑がなされたあと、一人の議員を除く賛成により可決されました。そして、七月一八日には衆議院本会議で賛成多数で可決、三一日には参院本会議でも可決され、法律は成立しました（法律全文は、三三九ページを参照）。

特別措置法をめぐる問題

前述した自民党と民主党とが合意した案と成立した法律とをおもなところで比較すると、第一条（目的）で、「ホームレスの人権に配慮して」が付加されたこと、ホームレスの定義で「都市公園、河川、道路、駅舎その他の施設を故なく起居の場所とし、日常生活を営んでいる者」のように「故なく」が付加されたこと、独立して第一一条に（公共の用に供する施設の適正な利用の確保）「都市公園その他の公共の用に供する施設を管理する者は、当該施設をホームレスが起居の場所とすることによりその適正な利用が妨げられているときは、ホームレスの自立支援等に関する施策との連携を図りつつ、法令の規定に基づき、当該施設の適正な利用を確保するために措置をとるものとする」が設けられたことなどの違いがあり、私たちからみるとそのほかにも民主党案より後退していることがいくつかあります。

ここで、そもそもホームレスに限定した特別立法が必要だったのかという点と、この法律の基本的な問題点などについて、私見を簡単に述べます。

1　新しい法制度が必要か

各地の調査で明らかなように、不況や経済構造の変化により失業者が増え、社会保障制度や政策の不備によって失業し住居を喪失して野宿者が急増し、公共施設で野宿をせざるをえない状況が生み出されました。さらに、野宿場所からの排除や襲撃事件が頻発し、多くの命が奪われています。いま必要なのは、ホームレスの生存権を含む人権保障です。

まずは違法な保護行政をただちに改めるべきです。生活保護法は一般法・現行法であり、全国各地でただちに行えるのですから、こうした違法な運用を改めるだけでも各地の状況はかなり改善されます。

次に、安定した就労の場、安定した住居の確保と入居支援が必要です。実効ある就労の場と安定した住居の確保などは、現行制度だけでは困難です。これらの確保のために、政府や地方自治体の責務を明確にする法律が必要でしょう。

また、社会に存在する〈ホームレスに対する偏見や差別〉を取り除くことが必要です。特に、行政みずからがホームレスをさまざまな方法で排除していることが、さらなる偏見・差別を助長させています。この現実を反省しつつ、ホームレスの人権保障を正面から掲げることが、偏見や差別を取り除くうえで必要です。

こうした課題を実現する場合に、今回のようにホームレスに限った特別法にするのか、一般法にするのかが問題となります。私は、基本的には「ホームレス問題」としてとらえるのではなく、失業問題、貧困問題、社会からの排除の問題としてとらえ、「反排除」「人権保障」を基調にした一般法がよかったと考えます。フランスでは、ホームレスも含む失業者・極貧者などを社会から排除された人々とみて、その市民権を回復して再び社会に参入できるように、雇用、住宅、医療、市民権、生活手段など、広範囲にわたる諸施策と機関の設置を内容とする「反排除法」が、一九九八年に成立しています（都留民子「フランスの『反排除法』にみる『ホームレス』対策」『市政研究』一二四号、一九九九年七月）。フランスのような一般法、しかも広い意味での「反排除」という視点が絶対に必要です。そして、ホームレスが貧弱な施設への入所や「自立の強制」をされることなく、みずから多様な選択肢の中から道を選ぶことができるような法制度を作ることが必要だったと考えます。

2　特別措置法の法文上の基本的な問題点

この法律にはいろいろ問題点があるのですが、ここでは四点だけに留めておきます。

まず、公共の場の適正利用という問題を立てるべきではないということです。法律は、ホームレス自立支援法でありながら、人権は配慮するにとどまり、公共施設の適正利用すなわちホームレス退去が実質的に目的のひとつになっています（法案提出者の趣旨説明で、「公共の用に供する施設の適正な管理も、早急に対処すべき課題」とされています）。このような問題意識と条文に、危惧を感じます。野宿を強いられないように施策や環境づくりをして人権を保障し、その結果として野宿者が減るように目指すべきなのです。今でも野宿者は、公園などから退去させられたり、排除されたり、襲撃されたりしているのが現状です。法第一条での問題意識と第一一条によって、ますます排除や襲撃が増加することを私は恐れます。

重要なのは、法の目的・理念なのです。憲法や生活保護法は、健康で文化的な最低限度の生活や人間の尊厳・人権を保障していますが、それ以下の生活を余儀なくされていることや、差別・偏見による人権侵害が最大の問題であることから、法の目的には、ホームレスの人権保障を高らかに掲げる必要があったのです。この点は民主党案でも不十分で、もっと明確に人権確保を目的とした法案を作っておくべきだったと思います。

次に、特別措置法は「ホームレスの自立の支援」を大きな目的にしていますが、「自立の意思がある ホームレス」に対象を限定しているかのような表現になっているのは問題です。一人ひとりが個人として人格的に認められ、自分の生き方を主体的に決定し、自己実現を図ることができるようにすることが自立支援であり、そのために多様な選択肢を整えるべきなのです。また、「自立をさせる」「自立に努める」という表現が出てくるのですが、これは一人ひとりの尊厳や主体性を無視し、「自立」を強制するもので、誤った自立観に基づくものです。

「ホームレス」の定義として書かれている、「施設を故なく起居」という言葉は、後述するように（二八五ページ参照）理由があるにせよ、非常にまずい表現です。第一条にあるように「ホームレスを余儀なくされた者が多数存在し、健康で文化的な生活を送ることができないでいる」のであり、各地の調査からも、やむえず公共施設などで野宿していることは明らかです。こうした表現を使った定義は、偏見・差別を助長します。

また、厚生労働大臣および国土交通大臣が策定する基本方針に即して、都道府県は施策を実施するための計画策定をしなければならないとしていますが、あくまでも「施策を実施するため必要があると認められるとき」と限定しており、都道府県が必要でないと判断すると策定しなくてもよいことになります。同様に、計画策定した都道府県の区域内の市町村も、必要があると認めるときに限って、施策を実施するための計画を策定しなければならないとされており、果たしていくつかの大都市以外の都市がどこまで施策計画を策定するか心配されます。

注目すべき「法の運用に関する決議」

社民党は与党案の共同提案者になるにあたり、「特別措置法案の提出に伴う決議（案）」を提案し、これをもとに「特別措置法の運用に関する件（案）」が全政党の議員により作成され、先の厚生労働委員会で決議されました（全文は三三五ページ参照）。

そこでは、「政府及び地方公共団体は、わが国においてホームレスの急増が、看過できない極めて大きな問題となっている現状を踏まえ、ホームレスを含め社会的に排除された人々の市民権を回復し再び社会に参入することができるようにすることは、憲法第一一条（引用者注：「基本的人権の享有」）および第二五条（引用者注：「生存権、国の社会的使命」）の精神を体現するために必要不可欠な施策であることに深く留意し、本法の施行に当たっては、次の事項について適切な措置を講ずるべきである」という前文があり、次のような項目があげられています。

①自立にいたる経路や自立のあり方について、可能な限り個々のホームレスに配慮した多様な形が認められるように努めること。②入居施設では、人権尊重と尊厳の確保に万全を尽くすこと。③第一一条の措置をとる場合は、国際約束の趣旨（引用者注：すべての人には適切な住まいで生活する権利〔居住の権利〕があり、公共の場などからの強制退去は許されないことなどが国際法の流れである〔コラムを参照〕）に十分配慮すること。④不当に生活保護が不適用とされることのないよう、適正な運用に努めること（原案では、「生活保護の適用が行われるべきホームレスについて、不当に生活保護が不適用になっている事例の早急な是正に努めること」となっていた）、⑤「実施計画」を策定しない都道府県および市町村の区

域においても、ホームレスの自立支援および余儀なくホームレスとなることの防止の諸施策の実施に可能な限り努めること、などです。

こうした内容は、当事者・支援団体などの「排除をしやすくすることに反対」「人権保障という観点からの法にすべき」などという意見を踏まえざるをえなかったからだと思われます。

こうしたことを決議しなければならないということは、本法は問題が多いということであり、むしろこれらには本来法律に明記すべき内容が含まれています。

コラム「居住の権利」

一九六六年の国連総会で採択され、日本でも七九年に効力が発生している国際人権規約では、「締結国は、自己及びその家族のための適切な食糧、衣類および住まい……についてのすべての者の権利を認める」(社会権規約第一一条第一項)と定めています。そして、社会権規約の解釈ではもっとも権威のある公的なものとして国連社会権規約委員会が採択する「一般的意見」があり、「適切な住まいについての権利」が即時的に充足されねばならないケースとして、「強制立ち退きからの保護」をあげています(一般的意見四号)。ここでの「強制立ち退き」とは、「適切なかたちの法的もしくはその他の保護を与えられることも、それらへのアクセスをもつこともないまま、その意に反して、個人や家族やコミュニティを、占有中の住まいや土地から、恒久的または一時的に移動させること」（同七号）を意味します。そして九三年、国連人権委員会は「強制立ち退きに関する決議」（一九九三年、七七号）を、日本政府を含め満場一致で採択しましたが、この決議は「強制立ち退き行為は、人権なかんずく適切な住宅への権利に対する重大な違反である」と明言しています（これは、無権利占拠者や仮テント居住者や「路上生活者」に対しても等しく適用されるものです）。

さらに社会権規約委員会は、ホームレスの人々に対する強制立ち退きがあとを絶たないという人権侵害状況を憂慮して、九七年五月「（強制立ち退きに関する）一般的意見七号」において改めて「追い立てを被る当事者自身との誠実な協議の機会」などをあげ、すべての締約国に対し、「いかなる追い立てにもそれに先だって、強制力を行使する必要を避けるか少なくとも最小にとどめるべく、あらゆる可能な代替案が、追い立てを被る当の人々との協議によって検討されることを保証すべきである」「追い立ては、その結果として個々人をホームレスにしたり、他の種類の人権侵害にさらされやすい状態に導くようなものであってはならない」と勧告しています（参考：穂坂光彦「野宿生活者の『居住の権利』」「〈笹島〉問題をめぐる現状と政策提言」一九九八年八月）。

特別措置法と私たち

問題点もあるとはいえ、「特別措置法」が現実に施行されたわけですから、大きな影響を与えると思われます。一日だけとはいえ審議過程で懸念されることなども議論されましたし、運用に関する重要な決議もされました。こうしたことを踏まえ、私たちとしてはこの法律をいかにホームレスの人権保障になるようにするのか、人権侵害になるようなことを防ぐのかという課題が課せられています。

笹沼弘志さん（静岡大学助教授、憲法学）は、「各法令は、それに正当性を付与し、解釈の基礎を与える根本規範たる日本国憲法を基準とし、論理的かつ体系的に解釈されるべきものである」としており、この特別措置法も、「上位規範たる憲法、最低生活保障の一般法である生活保護法などを解釈基準」にする必要があり、「憲法とりわけ人権条項に反するものは違憲無効となる」としています。この立場から、「ホームレス自立支援法概説」（『季刊Shelter-less』一四号、二〇〇二年一〇月）を書いておられますが、これも参考にしながら考えたいと思います。

特別措置法第七条は、「国民は、ホームレスに関する問題について理解を深めるとともに、地域社会において、国及び地方公共団体が実施する施策に協力することなどにより、ホームレスの自立の支援等に努めるものとする」と定めています。私たちは、ホームレスの状況に正確かつ深い理解を求められているわけです。

第一条では、「自立の意思がありながらホームレスとなることを余儀なくされたものが多数存在し」ており、「ホームレスの人権に配慮し」、「ホームレスの自立の支援、ホームレスとなることを防止するための生活上の支援などに関し、国などの果たすべき責務を明らかにする」とし、また第二条のホームレスの定義に関する厚生労働委員会の議論で提案者代表は、「故なく起居の場とし」と規定したのは、災害などにより住居を失い、公園などに設置された仮設住宅に身を寄せて公共施設を起居の場所としている人が含まれないようにするためである、と説明しています。こうしたことを踏まえると、この法では社会に多くみられるホームレスは怠け者であり、自業自得であるという見方を否定し、人権問題として自立の支援を目的としていると解釈できます。前述の「運用に関する決議」では、ホームレスを含め社会的に排除された人々の市民権を回復し、再び社会に参入することができるようにすることは、憲法第一一条(基本的人権の享有)及び第二五条(生存権、国の社会的使命)の精神を体現するために必要不可欠な施策」と位置づけています。

自立の支援という場合、笹沼さんがいわれているように、憲法第一三条の個人の尊重と自己決定権、幸福追求権や、第二四条の個人の尊厳を踏まえ、ホームレスの自己決定権の尊重を第一の原理にすることが必要です。なお、厚生労働委員会の質疑で、厚生労働省社会・援護局長は、「自立の意志の有無をメルクマールとして、こういうことはするとかしないということではございませんで、今の状態に着目して、そして必要な方であれば支援をするということでございますので、……自立の意志の有無によって支援をする、しないを分けるわけではございません」と答えています。今まで人権保障を行ってこなかった(いや人権侵害を行ってきた)行政が、自立を妨げてきたことを踏まえるならば、この「自立」という言葉使いに問題があるとはいえ、このことは当然のことです。このことを言葉だけでなく、実際の施策として実行させることも課題です。

先に、法第一一条に関して大きな危惧を感じると書きましたが、法が成立したからには、危惧が現実にならないようにすることが市民に課せられているといえます。「地域社会とのあつれき」(第一条)については、今まで市民の苦情に議員や自治体が応え、ホームレスの意思を無視して一方的にホームレスを排除してきました。しかし、本法ではホームレスの生活保障と自立支援策に市民が協力することを定めています。笹沼さんは、自立支援策により野宿からの脱出を遂げるまで、野宿によって惹起される不利益を市民は受忍する義務を負わされたとしています。私もそう思います。第一一条は、公園管理者が施設の適正な利用を確保するために必要な措置をとる要件として、①適正な利用の妨げ、②自立支援等に関する施策との連携、③法令の規定に基づくこと、をあげ、「運用に関する決議」では、「人権に関する国際約束の趣旨に十分配慮すること」が明記されています。すなわち、当事者の真の意味での了解(「説得」という名の強制ではなく)、自己決定の厳守、現状よりベターな住環境・生活の保障なくして、追い出すことは違法であるということです。

ところが、すでに各地で行政による相変わらずのホームレス退去問題が起きており、しかも名古屋のシェルターに関しても、開設以前から「説明」という名のもとに度重なる「説得」が行われており、事実上の追い出しになる可能性が現実としてあります。政府の対応としても、法が公布・施行された後の二〇〇二年八月二七日付で国土交通省は「ホームレスの自立の支援等に関する施策について」という文書の「3. ホームレスによる公共的施設占拠への対応［通常の公共施設管理費で対応］」という項目で、「公共施設を占拠するホームレスに対する口頭による指導、公共施設管理内の巡視、一斉清掃、看板の設置等の対応策を実施するほか、都市公園法等について、適正な利用を確保するための必要な措置を検討」と述べています。このようなことが日常的に行われれば、これまで以上にホームレスは公園等から移動せざるをえなくなるでしょう（事実上の追い出し）。とりわけ、支援者・当事者運動のない地域、自立支援施策がなされていない地域では、人に知られることもなく、あちこちに追い立てられることでしょう。

行政にこうした事実上の排除をさせないようにすることが、私たち市民の非常に大事な務めであるわけです。

どういう問題として考えるのか

ホームレスの現状に関する政府の具体的な動きのきっかけを作った自民党議員の本音・問題意識は、公共の場（皇居広場まで）を占拠している不埒な「浮浪者」によって社会構造にも影響が出かねないというものであり、政府によるホームレス問題連絡会議も、ホームレスをいわば「良いホームレス」と「悪いホームレス」とに分け、後者に分類されている「社会的束縛を嫌う者など社会生活を拒否する者」と判断された人を、公共の場から排除することさえ示唆しています。

他都市に比べてやや施策が進んでいるといわれる東京都の場合も、「ホームレス問題は次の二点に集約され、もはや放置できない社会問題です」として、「ホームレスは、極めて厳しい生活状況におかれ、社会システムから排除されやすくなっています」という点と、「公共空間を占拠しており、地域社会との摩擦が生じています」という点をあげています（東京都福祉局「東京のホームレス――自立への新たなシステムの構築に向けて」二〇〇一年三月）。名古屋市当局も、施策実施にあたり「ホームレスの自立支援」と「公共の場の適正利用」とを掲げています。

そして成立した「ホームレス自立支援法」も、前述したように人権は配慮するにとどまり、公共施設の適正利用すなわちホームレス退去が実質的に目的のひとつになっています。

こうした問題の立て方には、たとえば政府の「ホームレス問題連絡会議」がいうように、「ホームレスにいたる大きな要因は失業であるが、社会生活への不適応、借金による生活破たん、アルコール依存症などの個人的要因によるものも増加し、これら社会経済的背景や個人的要因が複雑に絡み合っている」というように、野宿の原因が社会矛盾とする見方と個人的要因とする見方の両義的な認識があります（ただしどちらを強調するかは、立場や人によって異なりますが）。

両義的な問題の立て方が、混乱を招いている

私たちも、百パーセント（失業を最大の原因とする）社会的要因であるというつもりはありません。しかし、社会的要因と個人的要因を「無難に」併記して施策を進めようとしているところに、実は大きな問題があり、かえって社会的解決に混乱をもたらしていると考えます。

主要な問題は失職・失業問題であり、さらに社会保障制度の不備や生活保護法の誤った運用です。

前述したホームレス問題連絡会議では、社会保障制度の不備や生活保護法の誤った運用についてはなんら触れておらず、非常に問題があります。こうしたことを明確にしないで、個人的要因もあるということでは、問題の本質が見失われるのです。

そのために、今まで青少年たちが「社会のゴミとして片づけ」るためにホームレスを殺したり（横浜の連続殺傷事件）、襲ったり、嫌がらせをしたりすることが各地で起こったり、公園などの周辺住民が要請して、行政がホームレスを排除することが繰り返されてきたのです。

こうしたことを深く反省することがないために、ホームレス施策といいながら、「公共空間利用の適正化」などが必ずといっていいほど掲げられ、有形無形の圧力でホームレスが排除されているのです。

名古屋における緊急一時宿泊施設（シェルター）建設問題でも、周辺住民に対して行政は、「問題の本質は人権問題であり、野宿の主要な原因は就労の場がなく、住居がないことであり、そのための施策を進めるし、みんなで協力してほしい」と、実情を具体的に示しつつ呼びかけるべきであるのに、「みなさんに日頃から迷惑をかけて申し訳ない。今回シェルターをぜひ建てさせてもらいたい。その代わり公園にあるテント・小屋を撤去します」という趣旨のことを説明会で述べているのです。これでは、ホームレスに対する偏見や差別はなくならないどころか、偏見を前提として「利益誘導」しているのです。

名古屋市当局が述べている「コインの裏表」論は誤りです。人権問題としてとらえて生存権保障の施策を実施しつつ、ホームレスが生み出される状況を明らかにして、それを市民に訴え、ホームレスに対する偏見・差別を是正していくということがなされてこなかったからこそ、野宿という現実があるのです。施策の誤りと野宿とは、原因と結果の関係です。人権問題として社会的に取り組むなかで、結果として基本的には野宿をしなくてもよい状況が生まれるのです。

今正面から問題の本質を訴え、社会的に蔓延している偏見をただしていかなければ、いつまでたっても社会的な解決は困難です。

まずは失業対策・公的就労対策が必要

野宿を強いられている最大の原因は失業ですから、失業対策・就労対策が必要です。戦後の「緊急失業対策法」は、大不況の最中の一九九五年に打ち切られました。その間、日雇労働者や支援者が失業対策を要求しても、「失業対策は一度はじめると止められないので、二度と行わない」と言い続けてきた政府ですが、ここ数年の失業率の増加に驚いて、時限的な失業対策をしています。ただし、もっとも困っているホームレスに対してではありません。

ホームレスが求職活動をしても、住居・連絡先がない、身元保証人がない、資格や経験がない、高年齢であるなどということで、就職は非常に困難です。私たち笹島診療所は、こういう状況を踏まえて、診療所のある笹島労働者会館を連絡先にしてもらったり、身元保証人になったり、職業安定所での求職を支援したりしていますが、多くは職種が保安職（ほとんどは交通警備員）や清掃などの仕事に

仕事と生活の保障を求めて名古屋市役所前に坐り込み

限定されてしまいます。それすら就職は困難で、まれに就職しても、「職安紹介というかたちを止めて、採用したい」と言って、職安紹介の条件より劣悪な勤務をさせるとか、採用されたが仕事は毎日ではなく、前日の夕方でないと明日仕事があるかどうかわからないという状況であったりすることをよく耳にします。

すなわち、民間労働市場に任せていてはごく一部の人しか就職ができない、あるいは「就職」ができても、不安定な仕事が多く、またいろいろな理由をつけて解雇になりやすいという状況なのです。四カ所ある東京都の自立支援センターの二〇〇二年四月現在の退所者一一〇六人の退所理由は、就労自立（住宅確保）二八・八％、就労自立（住み込み）一七・七％、就労自立の可能性なし（自立困難）一二・一％、規則違反一一・七％です。これをもって行政側は約半数が就労自立したといっていますが、住み込み就職は病気や解雇と同時に再び定まった住居がなくなり、ホームレスに戻らざるをえないのです。

就職者の職業内訳をみても、管理・警備（ガードマン）二三・七％、清掃関係一六・六％、建築・土木一五・三％、飲食調理九・八％、サービス業七・八％と、大半が不安定な職業です。

大阪の「自立支援センターおおよど」は、職業開拓、施設のあり方の検討、退所後のフォローなどを積極的に取り組んでいるところで、注目されています。私も何度か職員の話を聞く機会があったのですが、ホームレスとわかると不採用になったりする（理容士の資格をもった人が、自立支援センターおおよどから愛知県に就職しましたが、「元ホームレス」ということがわかって解雇になり、笹島診療所に相談に来られたという事実もあります）ので、自立支援センターと名乗らないようにしているとか、就労開拓チームを作ってやっているが、今のところ成果なし（二〇〇二年三月末）、五〇歳以上の人は就職が難しい、いろいろなところから問い合わせがあるが、「安く使えるのではないか」という姿勢である、人材派遣会社はずっと続く仕事ではない、一〇〇人の就職者のフォローをしたが、仕事の継続中の人は四七・〇％、再野宿一一％、居宅保護六％、生活保護施設入所二一％、不明三二％で、継続率四七％と報告しています。

以上のことからも、安定した就労先の確保が必要であり、それには公的な就労対策が重要課題であることがわかります。こうした現状では就労収入だけでは生活が困難な人も多いので、生活費が足らない分は、生活保護で補うことも必要です。

住宅施策と入居時・入居後支援の必要性

アパートなどで生活できる人は、中間施設ではなく最終的には住宅での生活が必要となります。しかし入居できる住居を探すことは容易ではありません。住宅そのものが見つからないことや、保証人がいないということがあります。入居後も地域でのつながりがない状況ですから、なんらかの支援も必要です。しかし現在のところ、名古屋市当局は具体的な施策を示していません。

住宅確保については、公営住宅への優先的入居施策が考えられます。その際、公営住宅法では、自治体が決めれば保証人がなくてもいいことになっています。この施策はただちに可能なのですから、早急に実施すべきです。国土交通省も、「公営住宅における単身入居や優先入居の活用を図るよう要請する」（二〇〇二年八月二七日）としています。

民間住宅の確保については、高齢者には、二〇〇一年四月に公布された「高齢者の居住の安定に関する法律」を活用して、高齢者の入居を拒まない賃貸住宅の登録を行い、閲覧ができるようにすることが可能です。滞納家賃の債務保証を国土交通大臣が認可した高齢者居住支援センターが実施するという仕組みです。この制度を参考に、ホームレスについても、家主や不動産業者の協会などに賃貸住宅の登録を呼びかけ、その情報を提供すると同時に滞納家賃の債務保証制度を行うべきでしょう。

そのほかに、生活保護施設が不足していることは前述しましたが、アパート生活に慣れていない人に自炊生活に慣れてもらうためにも、宿所提供施設を増設ないし新設すべきでしょう。

なお、どこでもいいから、とにかく住居に入れればいいというのではなく、当事者の人間関係などコミュニティを重視する人々には、同じアパート・公営住宅に入居できるように、またもし住み慣れた地域があるのであればそうした地域に住めるようにするなどの工夫も必要です。

また、食事を自炊したりするアパートでの生活が困難と思われる人で、施設入所までにいたらない、あるいは希望しない人のために、食堂付き（できれば娯楽室付き）の住宅を建設することも必要だと私は考えています。グループホームのような形態の居宅（施設）の整備も早急に求められます。

保証人は、私個人や笹島診療所は数年前までに、十数年間で百数十人の人の保証人になっていましたが、二〇〇一年には月平均三人弱、二〇〇二年には月平均三・六人以上のペースで保証人にならざるをえなくなっています。不動産屋の話では、一般的にいってアパート入居者の数％の人がサラ金などの問題があってアパートからいなくなるということですが、そうした場合や亡くなった場合に、未払い家賃や家具の片づけを保証人がしなくてはならない場合が多く、正直にいって今のままではカンパなどに頼っている財政的裏づけのない私たちでは限界があります。

やはり、行政が積極的に保証人制度を含む入居支援施策を行うべきです。川崎市では、民間保証会社に上限つきで損失補償をすることにして、保証料を入居者から取って、滞納家賃補償をしています。東京都大田区では区が加入費用を助成して、財団法人東京都住宅・まちづくりセンターによる「入居支援制度」を作り、入居者から保証料を取り、やはり滞納家賃を補償しています。前述した「高齢者の居住の安定に関する法律」に準じた賃貸住宅の滞納家賃債務の保障制度も考えるべきでしょう。こうした保証人の役割を担い、家賃の支払いや入居後の病気、事故などの家主が抱く不安を解消し、入居機会の確保と安定した居住継続を支援する制度などが今後ますます必要になってきます。入居支援・入居後支援を行う支援団体に助成することも考えられます。

また、生活保護を受けている人が亡くなり親族から家財道具の処分費などの援助が得られない場合は、生活保護費でできるように、厚生労働省は早急に運用を改善すべきです。

みんなにとってよい「生活保護運用の改善」

全国的に違法な生活保護運用が行われています。そのことによって、アパート生活をしていた人が失業によって生活に困窮しても保護が受けられず、野宿を強いられる状況があったり、野宿を強いられている人も「働けるから」とか「若いから」とか「住居がないから」などの理由で保護を要する人も保護が受けられない状況があったり、入院したり施設に入所しても、その後再び野宿を強いられるという状況があります。

林訴訟の成果によって、「働けるから」「ホームレスだから」という理由で生活保護が拒否されることは違法であるということが社会的に明らかになりましたが、多くの自治体は相変わらず運用のあり方を改善していません。名古屋市当局は、現在では失業による生活困窮の場合にも生活保護を適用するという姿勢を示していますが、野宿という厳しい状況を無視してハードルの高い基準の求職活動の証拠（二日に一度職安に行くこと、そうした求職・就労活動の三カ月程度の証拠）を条件にしており、事実上失業している野宿者の生活保護を拒否しているといえます。早急に現実的な基準にすべきです。

大阪・釜ヶ崎の日雇労働者の佐藤さんが、難聴などがあるため施設入所ではなくアパートでの生活保護を求めた裁判では、二〇〇二年三月に一審で勝訴しました。ホームレスだから、生活保護の必要があっても施設入所か入院しか認めないという全国的な運用の誤りを裁判所が認めたわけです。生活保護法にあるように、居宅保護の原則をホームレスについても適用すべきであり、施設入所は例外的にすべきです。名古屋でも、要保護性のある野宿者に対しては居宅保護を認めず、一五畳に六人とか一〇畳に四人などの集団生活をする更生施設への入所しか認めていません。しかも、更生施設を退所できる状況になっても、アパート生活に移すことをしないで何カ月（半年以上も多い）もの施設生活を強いられるのです。アパート生活ができる人には宿所提供施設（アパートのような生活保護施設）やアパートでの生活保護を認め、更生施設入所の場合も、退所できる状態になればアパート生活を認めるべきでしょう。宿所提供施設がいっぱいであったり、アパートがすぐには見つからない場合は、とりあえず簡易宿泊所での生活保護を認め（横浜、東京、神戸、川崎などは簡易宿泊所の生活保護を認めている）、早急にアパートを探すようにすればよいでしょう（二〇〇二年一二月一〇日の通知で、名古屋市も三カ所の簡易宿泊所での生活保護を認めることにしました）。

施設収容主義については、つい最近（二〇〇二年一二月）宮城県が施設の知的障害者四八五人を全員地域に帰すと宣言しましたし、政府も障害者が施設入所や入院中心の施策から地域で生活する「脱施設」に転換することを特徴とする「新障害者基本計画」と「新障害者プラン」を決めました。障害者もかつては「はずかしい」ということで家に閉じこめられ、やっと外に出られるようになっても施設収容主義という施策により施設に閉じこめられてきました。そこには一貫して偏見と差別がありました。障害者の粘り強い運動のなかで日本でもここ二〇年くらい前からそのことが大きな問題となり、ノーマライゼイションという流れになるわけですが、ここにいたって施設収容主義の問題が「脱施設」という方向で具体的に克服されようとしているわけです。それなのに、なぜ「ホームレス」に対しては、相も変わらず施設収容主義なのでしょうか。一刻も早く施設収容主義をやめて、地域（居宅）でみんなと共に生きられるようにしなければなりません。

また、入院した場合ですが、「働けるから」とか「若いから」などの理由で、退院後保護の廃止をしている場合が多い状況です（これも全国的に）。しかし、最低生活ができるだけの収入がない人がほとんどなのですから、法的には当然保護を継続すべきです。名古屋をはじめとする都市での不服審査請求で退院即保護廃止という運用が違法であるとの裁決が出ています。にもかかわらずこの違法な運用が改善されないのはなぜでしょうか。違法な運用をしてもホームレスだから違法だと訴えることはないと、行政が考えているとしか思えません。また、二～三カ月で次々に転院される人が多いという現実もあります。病院としては次々に入院者を迎えるほうが診療報酬が多くなるからです。わけもわからず次々に転院させられ、退院できる状態なのに退院させてくれないと訴える人もかなりいます。福祉事務所に訴えても、「病院には頼む立場なので強く言えない」とか、「医師が退院許可を出してくれない」というばかりです。

経費の面から見ると、居宅保護がいちばん安く、次に施設入所、いちばん高いのはいうまでもなく入院です。にもかかわらず、入院がいちばん多く、次に施設入所、居宅保護は少数です。必要なら入院や施設入所でいいのですが、そうではなく、現在の運用ではほかに方法がないという理由や職員が忙しいので、入院させておくのがいちばん楽というのが実情のようです。職員を増やすと人件費が増えるので今の状況ではまずいということでしょうが、トータルでみれば職員を増やすほうが要保護者にとっても、経費からみても、そして職員にとってもいいのです。

違法かつ矛盾だらけの保護行政の現実です。早急に改善されなければなりません。

違法な運用をすすめる厚生労働省

「ホームレス特別措置法」が施行された二〇〇二年八月七日、厚生労働省は法の趣旨を踏まえて定めたと称する「ホームレスに対する生活保護の適用について」という文書を自治体に流しました。これは、二〇〇一年三月に厚生労働省が出した「ホームレスに対する基本的な生活保護の適用について」とほぼ同じ内容です。ところが、このなかには違法な内容があると思われます。

まず、「要保護者に対する基本的対応」において、「就労意欲と能力はあるが失業状態にあると判断される者については、その地域に自立支援センターがある場合には、まずは自立支援センターへの入所を検討をする」としていますが、失業して生活困窮になっているわけですから、生活保護を受ける権利があります。生活保護法第四条では、「他の法律に定める扶助は、すべてこの法律による保護に優先して行われるものとする」としていますが、現在では自立支援センターが法律に定める扶助とは考えられません。またセンターの入退所や処遇に関する決定の適法性について争う権利も保証されていません。各地の自立支援センターが最低生活基準を満たしているかどうかも疑問です。生活保護を受ける権利のある人を、こうした法外援護に追いやることはやはり違法な見解です。また、ホームレスに対しては居宅保護という原則を適用しないで、施設入所が原則という差別的な運用でもあります。

次に「自立支援センターの入所者については、入所中の生活は自立支援センターで保障されており、生活保護の適用は必要ないものである。ただし、治療が必要な場合は、医療扶助を適用することとなる」としていますが、これも違法な見解です。仮に最低生活が保障されていても、今述べたように自立支援センターは法外援護ですから権利性がなく、生活保護とは決定的に違います。求職活動をしても仕事見つからない人は一カ月程度で失業状態と認めて、生活保護（アパート生活）を認めるべきなのです。

また、自立センターから通勤をさせて入居費用を貯めよという今のやり方をするのではなく（貯まらないで退所せざるをえない人もかなりいる）、就職先が決まった場合も能力を活用しているわけですから、生活保護を適用してアパート入居費用を出し、最低生活以上の収入が安定して得られるようになってから保護を廃止するのが、生活保護法の趣旨です。実際名古屋における例ですが、警備会社の（仮）採用が決まったものの生活費がない四六歳の人が、生活保護が認められなかったので不服審査請求をした結果、二〇〇一年五月の愛知県の裁決は、「求職活動の結果、就職がおおむね内定していたことから、請求人の稼働能力不活用を理由に保護の要件を欠いていたものとする判断は妥当ではない」というもので、生活保護を認めています。

増える不安定就労者、青年ホームレスも増加

戦後最大の不況、産業構造の変化、そして構造改革というなかで、ますます不安定就労者が増加しています。厚生労働省の発表した「二〇〇一年パートタイム労働者総合実態調査結果」では、パート労働者は一一一八万人となり、労働者の四人に一人はパート労働であることがわかりました。正社員からパートへの置き換えが急速に進んでいるのです（『中日新聞』二〇〇二年九月一八日）。

また若者には、「フリーター」（別の見方をすれば不安定就労者）が非常に増えています。以下は新聞記事からの紹介ですが、厚生労働省はフリーターを一五歳から三四歳までのアルバイトまたはパートで働く人と定義していますが、九七年には全国に一五一万人、すでに二〇〇万人に達したとみられています。フリーターの多くは賃金が低く、仕事がなくなり家族の支援がなくなれば、極貧に陥りかねない状況です。青年ホームレスは横浜、福岡など各地で増加の兆しがみえるといわれ、東京都内でインタビューした約七〇〇人のうち七％が三〇代以下でした。調査を担当した日本女子大学の岩田正美教授によると、欧米では七〇年代に青年ホームレスの増加が問題になったのですが、「フリーターがこのまま増えれば、日本でも社会問題化するでしょう」と述べています（『朝日新聞』二〇〇一年一月七日）。

「ホームレスは、もはや他人事ではない」という投書が新聞で見られる状況なのです。生き方、働き方が多様化するなかで、どんな働き方でも生活の基盤が保てるよう、社会保障制度やそれぞれのペースで生きられる仕組みを整えていく必要に迫られています。

今までは具体的な施策について述べてきましたが、以下ではどういう社会を展望するのかを一緒に考えていきたいと思います。

自立とは？　自立支援とは？

1　誤った自立観と障害者運動が獲得してきた自立観

政府のホームレス連絡会議、成立した特別措置法、名古屋市のホームレス援護施策などでは、「自立支援」とか、「自立の意思があるホームレス」のように、「自立」という言葉が頻繁に使われています。ところが、「自立」の意味はいずれも書かれていません。「自立＝自活」に近い使われ方がされている一方、「福祉等の援護による自立」という言い方もされています。「キーワード」であるにも関わらず、定義や内容を説明せずに、「自立＝自活」という意味合いや、「自立の意思がない者はどうしようもない」というような感じで使われ、場合によっては自立の意志の有無が援助の必要性の有無の基準になっているように受け取れることもあります。そこでは、問題を社会保障制度の不備など社会の側の問題としてとらえるのではなく、ホームレス個人が現在の社会に適合する能力があるかどうかという問題として考えてしまっているのです。果たしてこれでよいのでしょうか。

ホームレス自立支援法案に関する質疑（衆議院厚生労働委員会）で、厚生労働省社会・援護局長は、

「自立の意思があるホームレスとは、就労等によりましてホームレスの状態を脱却する意欲のある方を指すものというふうに考えるのが普通ではないか」と答え、「脱却する意欲があるかどうか」の判断については、「過去に就労行動をとったかどうか、そういうところを総合的に判断する」と答えています。

しかし、障害者運動において獲得されてきたことですが、現在では、自立とは、社会の中で個人として人格的に認められ、自分の生き方を主体的に決定し、自己実現を図ることができること、というようにとらえており、自立支援とはそういうことが可能となるように状況を整え、支援することです（注）。重度の障害者である金沢市の高真司さんが、二四時間の介護を受ける権利を求めた裁判の一審判決で、障害者の自立、自己決定権が存在すること、さらに「（生活保護）法の目的とする「自立」の概念も、単なる経済的自立（施しを受けない生活）にとどまらず、たとえば他人の介護なくして生きることのできない障害を有する要保護者との関係では、その自律的な生活を助長するとの意味をも含めた、より広い概念ととらえるのが相当」と判示しています（高訴訟は、一審、二審とも勝訴して現在最高裁で審理中）。障害者もかつては地域から離れた施設に閉じ込められていましたが、今では「ノーマライゼイション」とか「バリアフリー」ということで、お金がかかっても誰でも地域で生活できることが権利として認められつつあるのです。

誰でもが複数の選択肢の中から自分の生き方を納得して選べるような社会を目指し、みんなでそうした社会を作る努力をしたいものです。

（注）笹沼弘志さんは、「（憲法）二四条の『個人の尊厳』は、保護に依存せざるを得ないが故に服従を強いられてきた女性（など）に、国家による保護を提供し、自律への権利を保障するものである」「自律への権利は、まず何よりもあらゆる権力への抵抗の権利である。第二に、国家に対し自律のために必要かつ適切な保護を請求する権利である。保護の請求は「依存」ではなく、権利行使という極めて自立的な行為である」「生活保護法一条の『自立の助長』は、『自立の強制』ではなく、自律・自立の条件を欠く個人に、自律・自立のために適切な援助を提供する義務を国家に課したものと解すべきである」と述べています（「現代福祉国家における自律への権利」『法の科学』第二八号、一九九九年）。

2 「自立の意思のない人」を切り捨ててよいのか

人生のなかで希望を見失うことは誰にでもありえます。意欲がなくなることもあります。まして、さまざまな社会問題によって貧困や住居の喪失を強いられ、社会から切り捨てられたり、冷たい目で見られてきたホームレスが、生きる意欲・希望を失っても不思議ではありません。社会問題のなかで自分の状態をとらえることができなくて、自分に責任があると考えているホームレスが多く、自分の希望や意思を伝えることをあきらめたりする人もいます。なかには人間としての誇りを失いがちな人もいます。

最近路上や公園などで亡くなったり、病院に運ばれた直後に亡くなったホームレスの死体検案記録を精査した研究者の調査結果が報道されました（『読売新聞』大阪版、二〇〇二年一〇月二二日）。二一三人のうち餓死一八人、凍死一九人でしたが、的場梁次大阪大学教授は、「栄養失調になると体力と気力が低下し、食べ物を求める行動さえできなくなる。目の前にあっても固形物は食べられなくなる」と述べていますが、ホームレスになる過程やこうした野宿生活の厳しさを考えるならば、生きる意欲を削がれることは十分想像できます。こうしたことになることは、決して個人の責任の問題ではないと私は考えます。いわば「自立の意欲」すら奪われたといってよいのではないでしょうか。これは決してホームレスだけの問題ではありません。

いわば「自立の意欲」を社会的に奪ってきたのであり、それを取り戻してもらうには、時間がかかります。そうした人を理解することもなく、しばしば私たちは偏見や差別によって切り捨ててきたわけですが、そうしたことを改め、環境を整え、生きる希望や意欲が回復できるような社会を作っていきたいものです。

「野宿者をなくす」という発想の問題性

比較的ホームレスに好意的な人から、たまに「野宿者をなくす」ということを聞きます。

私はこの発想に問題を感じます。ひとつは、この発想は、「野宿はいけないこと」という価値観があることです。たとえいくら施策があっても、人生の過程であるいはいろいろな事情で一時的に野宿になる人もいるでしょう。場合によっては野宿という形態に逃げ込みたいという状況のときもあるでしょう。そういう状況にあっても野宿を許容しない社会は、人間に厳しすぎて、息苦しい社会だと思います。社会には、ある程度の隙間が必要です。柔らかい社会が、すべての人が生きやすい社会だろうと思います。

また、先の発想だと、施策をするから野宿をするな、ということになる危険性があります。

現に二〇〇二年二月の名古屋市議会の審議で、「公園の適正化という観点になって、やはり相当な決意で強制排除も視野に入れてやってもらわぬと名古屋市民は納得しませんですわね。それなりの予算を投入するのですから」「私はシェルターを作ったら強制的に、もし聞かれなかったら強制的に入れるということは私は何も人権侵害につながらないと思うのですよ。むしろ、いいところへ入れてあげるのだから、しかも食事もつけてあげるのだから」(市議会議事録より)という発言が堂々と議会の場で何度もなされています。本当に良い施策ならば、当事者が進んで選ぶでしょう。こういう発言をする議員は、人間の尊厳、個人の尊重や人権ということがまったくわかっていません。しかしそういう人の声が大きく、声の大きいことによって施策が決まり、場合によっては強制力をもっていくのです。恐ろしいことです。

私は、さまざまな施策をしつつ野宿をしなくてもよい状況を目指すこと、あくまでも一人ひとりの選択に任せること(逆に言うと魅力的な施策を実施すること)、一人ひとりのテンポに合わせることが重要だと思います。そうしたなかで、結果として野宿をする人が少なくなると思います。それでも完全に野宿をする人がなくなることはないでしょう。先ほど言ったように、そういう場合、野宿者をみんなで温かく見守ればいいではないでしょうか。

「社会復帰」でよいのか

現在の社会は、きわめて過酷な競争社会です。「過労死」ということがかなり前から社会問題になっています。私がいつもお世話になっている自転車屋さんの息子さんも若くして過労死で亡くなられました。誰でも過労死などしたくないのに、過労死に追い込まれています。私は、なぜその前に休養なり、労働条件の改善なりを要求しなかったのか、と思うのですが、当事者や周辺の人も含めてそういうことができない状況が今の社会にあるわけです。そして一方では大量の失業者が生み出されているのです。こういう社会はいびつです。こういう社会に決別する必要があります。過労死ということでなくても、前述したように、現在の労働条件は非常に劣悪になっています。過酷な労働条件のもとに、賃金をもらうために人間らしい生活・ゆとりをなくしている状況がさらに進行しています。

こういう社会を前提に、「ホームレスの社会復帰を目指そう」と本当に言ってよいのでしょうか。そもそも私たち自身が、過酷な競争社会や物質的に豊かさを追い求め続けるあり方に疑問をもっているのではないでしょうか。私はそういう価値観を捨て、むしろ、これまでの社会のあり方自体も変えていく努力をすべきだと考えます。

生産者協同組合（コラムを参照）など、世界的にはかなり以前から新しい労働のあり方が試みられていますが、ホームレスや支援者のなかでも、前述したような問題意識をもちながら、失業対策・仕事保障だけでなく新しい労働のあり方、つまり物質的には豊かでなくても人間関係が豊かな、ゆとりをもった労働、他人を蹴落とすのではなく協同していく労働、などを考えようという動きがあります。

コラム「生産者協同組合」（ワーカーズコレクティブ）

資本が雇用契約によって労働力を集めるのではなく、市民が個人資源（金、知恵、時間、労力）を出しあって参加する組織で、雇用契約労働によらず、組合員みずからが出資し、経営し、労働を担う非営利の組織です。労働者協同組合（ワーカーズコープ）とも呼ばれています。たとえば、日本労働者協同組合連合会は、次のことを原則としています。①仕事おこしと〝よい仕事〟の原則、②「全組合員経営」と剰余金配分の原則、③コミュニティへの貢献の原則、④人間発達の原則、⑤自立と連帯の原則、⑥非営利・協同セクター形成の原則、⑦人類的な連帯の原則

悪化する状況――退去への圧力、死者の続出

名古屋市の施策が進むなかで、白川公園では、テント・小屋に住んでいる人がいるにもかかわらず、名古屋市の職員などが錠を壊して小屋の扉を無理やりにこじ開けて中をのぞき込んだり、朝の四時にたたき起こしたり、何度も「説得」と称して来たり、「赤紙」を貼って「小屋を取り除く」と「警告」したり、いろいろなイヤガラセや追い出し行為が行われています（二〇〇三年一月二三日に三〇人くらいで抗議行動がされました）。名古屋城外堀の大津橋の下に住んでいる野宿者には、二〇〇二年一二月一七日付で所有者・管理者である名古屋鉄道が「名古屋市の要請によりこの土地は締め切らざるを得な

くなりました」という貼り紙をし、数人が追い出されました。また、鶴舞公園などでは、木が取り払われたり（職員は「地震の時に地崩れになるといけない」と説明しているよう）、東屋が撤去されたりして、テント・小屋がよく見えるようにされ、非常な圧力となっています。

そして、私たちに持ち込まれた情報だけでも二〇〇二年一二月と二〇〇三年一月に襲撃や病弱・衰弱などのために一四人のホームレスが亡くなっています。非常に深刻です。多くは小屋・テントがない人です。テントや小屋のない人はいっそう危険な状態にさらされており、最も緊急な援助が必要です。

以上のように、昨年の「ホームレス特別措置法」や名古屋市の「施策」が行われるなかで、むしろ追い立てが強まっているといえます。「緊急一時宿泊所」であるシェルターが、白川公園でテント・小屋がある人のみを入所させているように、ごく一部を対象とした施策と引き替えに、多くのより困った野宿者が今までより悪い状況に追い込まれつつあるとさえいえるのです。市民が、表面的なことに目を奪われないでこうした深刻な事態を正確に知り、本当の意味で「野宿をしなくてもよい状況」をつくるために、考え、行政に働きかけていく必要があります。

いろいろな立場の人が議論する場を

いろいろなことを述べてきましたが、最後にこの問題で社会的に議論する必要性を述べて終わりたいと思います。すなわち、ホームレス施策なのですから、ホームレス当事者はもちろんのこと、その支援者・研究者などの意見も聞き、当事者とともに施策を計画し、実施するということが必要ですが、今までの経過からもわかるように、現在の行政・名古屋市当局にはこの姿勢がありません（シェルターについても、当事者などを抜きにして計画し、まずマスコミに情報を流し、住民説明会を行い、いわば外堀を埋めてから当事者に説明するというやり方のように受けとめられます）。

また、議会は議会で偏見をもったり現実を誤解したまま、あるいは人権が何たるかも知らないまま「審議」し、住民は住民で被害を受けているという観点から一方的に発言するということが行われてきています。

そうではなくて、住民・当事者・支援者・研究者・議員・行政当局など、さまざまな立場の人が一堂に会して、事実を確認しつつ、冷静に議論をすべきです。誤解があっても、事実をもとに話し合ったり、直接関係者同士が議論する、ぶつかり合うことによって、誤解が解けたり、相手が人間として見えてくるはずです。そうしたなかで、社会的にどうすればよいのか、どう折り合っていくのかが見えてくるはずです。

一見時間がかかる方法ですが、実はこれこそが社会的に「解決する」方法です。結論もいいものが出てくるでしょうし、実はそのプロセス自体が重要で、そういうプロセスを経ることで、相互理解が出てきたり共通の理解が生まれてくるのです。

今からでも遅くないと思います。ぜひみんなで実現したいものです。

おわりに

数年前から二人は毎年のように〈笹島〉に関する本を出版しようと言っていたのですが、やっと二〇〇一年の春に企画案をつくり風媒社と相談し、年内に出版する予定で原稿を書き進めることにしました。ちょうど名古屋市のホームレス施策が始まったので運動として精力的に動かねばならず、また急展開するためにその状況が書きにくく、結局一年以上遅れてしまいました。

私たちが重視したことは、〈笹島〉に関する基本的な事柄さらには展望を提示しつつ、いかにわかりやすく書くかということです。同時に、〈笹島〉を題材にしながらも普遍的な問題でもあることを伝えることです。時期が時期だけに施策の進展に耐えられる内容をどう提起するかが問われることになりました。これらに関して、それなりに工夫し提起したつもりですが、どこまでその課題に応えられたかは、読者の判断次第です。ご意見や忌憚のない批判をいただけると幸いです。

もっといろいろ書きたいことがありました。野宿を強いられている現状（とくに生活保護行政の誤った運用により野宿を強いられたり死に追い込まれている状況、適切な運用をすれば野宿から脱することや死を防止することができることなど）、施設・病院の問題などを、具体的な事例を通してもう少しくわしく示したかったのですが、紙数がないのでかないませんでした。

最近の各地でのホームレスに対する襲撃事件の頻発をどう考えればいいのでしょうか。本文で述べたように、現在こそ、社会的な予断・偏見や差別を是正し、事実に基づいて人権保障という観点から社会的合意をつくりだす絶好の機会であるにもかかわらず、そうしたことを回避し、とりあえずの「施策」で取り繕っている政府・自治体・議会の現状に、大きな責任があるように思えます。

執筆は、テーマごとに二人で分担しましたが、お互いの原稿を読んで、気づいたことを指摘し納得できるところは修正しましたし、基本的なところは二人の共通理解があるといえるでしょう。もちろん最終的には受け持った部分はその担当者の責任ですが。

原稿を書く際には、野宿を強いられている方々、名古屋さらには全国各地で運動しておられる皆さん、研究者の皆さんなど、多くの方々から示唆を与えられました。この場を借りてお礼申し上げます。

今も追い出されたり、襲撃によって殺されたり、凍死などで亡くなっている人たちがいるという厳しい現状を前にしながら、「おわりに」を書かざるをえないのが残念です。

この運動をはじめたときと、状況が基本的に変わっていないのではないかという疑問にかられつつ……。

（藤井克彦）

＊

宇都宮に職場が変わってから早六年が経ちました。引っ越したあとも、〈笹島〉問題を考える会の活動などで平均月一～二回は名古屋に行っていましたが、最近は回数も減り、名古屋が少し遠くなってきました。逆に、東京の寄せ場である山谷や野宿する人が多く集う東京都内の公園などに行く機会が増え、現在は、「東京のホームレス」をおもなテーマとして作業を進めています。とはいえ、野宿や寄せ場についての問題意識や視点は、なによりも名古屋におけるさまざまな人々・現実との出会いや体験によって育まれてきたものです。

〈笹島〉で、最も多くの時間を共有させてもらったのが藤井さんとささしま食堂の角瀬さんです。藤井さんとは、笹島診療所や〈笹島〉問題を考える会等の活動を通じて、共同作業を行ってきました。診療所の活動に一番深く関わっていた時期には、年末年始を含め、二～三日に一回の割合で会っていたでしょうか。ささしま食堂は、〈笹島〉で活動する人たちの拠点である笹島労働者会館の一階にあり、日雇など労働者のために安くてボリュームのある食事を提供しているところです。ぼくにとっての食堂は、解放的に酒が飲めるということにとどまらない非常に貴重な場でした。角瀬さんとの会話はもとより、角瀬さんと労働者の客および客同士の会話などから実にさまざまなことを考えさせられたものです。この年末年始も名古屋にいたことの大きな誘因は、やはり食堂の存在にあります。

亡くなってしまった方のことも思い起こされます。ささしま食堂で出会ったＩさんは元板前の腕を振るって、ときどき営業時間終了後に食堂で料理をつくってくれました。日雇労働者のＯさんは毎日食堂に来ていて、「宇都宮に帰る列車は止まってしまったから泊まっていけ」というような冗談をよく言ってくれました。Oさんは昨年末に結核で入院し、今年の初めに亡くなってしまったのですが、まだ実感がわきません。野宿者のなかでは、もうかなり前になりますが、越冬活動で知り合ったMさんの思い出が鮮明です。Mさんとは何度も福祉事務所に行き、入院先にお見舞いに行き、野宿場所に招待してもらい、一緒に酒を飲みました。なぜかれにこだわったのか、今でもよくわかりませんが、「支援」とか「助ける」という関係とは違う、いわば一緒にいて楽しく人として惹かれるという、そんな当たり前の関係であったような気もしています。

「おわりに」を前に、いろいろな人の顔や光景が浮かんでは交錯する状態が続いています。何ができなかったのか、何が求められているのか。一応の作業が終わろうとしている今、気持ちを新たに、どのようにして、野宿と寄せ場、偏見と共生、そして名古屋と向き合っていくか、改めて考えていこうと思っています。

一人一人名前を挙げることはできませんが、〈笹島〉に関する調査研究や支援活動そして本書を完成させるうえで、多くの方にお世話になり、感謝しています。今後とも建設的な関係を築いていきたいと考えています。

最後になりましたが、風媒社の稲垣氏には、出版事情が困難ななか、本書の意義をご理解いただき、刊行を引き受けていただきました。作業の遅れにも辛抱強く待っていただいた点とあわせ、心より感謝申し上げます。

（田巻松雄）

林訴訟資料集およびパンフレット、〈笹島〉の現状を明らかにする会聞き取り報告書（一九九五年）、〈笹島〉問題を考える会の政策提言（一九九八年）と聞き取り報告書（一九九九年）の入手方法については、下記に問い合わせ下さい。

電話／ファクス：〇五二—六七一—六五三七（藤井）

資料編

野宿者たちの主張

『1999名古屋野宿者聞き取り報告書〔速報版〕』質問三一（仕事や住居及び生活全般に関することで、名古屋市や愛知県、または国に対してご意見や訴えたいこと、提案などがありましたら、自由に述べてください）の自由回答より抜粋。一人ひとりの発言には、仕事と住居をはじめ生活全般に関わるさまざまな面での要望や意見などが含まれているが、読みやすさを考慮し、おおまかな分類別に掲載した。

〈社会全般へ〉

・おたくら俺らの立場で考えてみな。働きたいと思っても五〇過ぎたら働き口見つからん。今の生活を脱したいと思っても仕事がないと脱せない。一般の人にももっと温かい目で見て欲しい。炊き出しを見ても、こんなちょっとの量をもらうのにあんなに並んでいる。ここでもすごく並んでるよ。七〇〇人以上いるよ。国はなんとかできないのか？　おにぎり一個とバナナで腹いっぱいになると思う？　炊き出しをやっとる人は頑張っとるよ。国が面倒（補助）見んとあかんと違うん？　追い出しやっても、また違う場所で寝とるよ。安い寮やサウナでもあればこんなとこにおらんですむ。こういう生活はしたくない。国もこんなに多くの人がいる現実を見んとあかん。海外に出すもの（援助）があるなら、こういうところに使ったら、どれだけよくなるか？

・アオカンやっとるおじいさんや、おばあさんはいっぱいおる。そういう人達をなんとかしたってくれんか。

・仕事を作って欲しい。施設に入りたいとき、簡単に入れるように。市は頭からホームレスをバカにしている。平等にしてもらいたい。一般の人がじっと見てくる事が、一番ハラが立つ。畳の上で、思いっきり、何も考えずにずーと寝たい。

・言ってもしゃあない。勝手だけど人に迷惑かけてない。言ってもきりがない。今日食べれても明日食べれない。人は毎日食わんとやっていけん。きばって野宿するわ。みんな誰かに助けて欲しいと思っている。

・なにもしてもらえなくても構わない。人間なんでも拾って食べていける。

・無いといったらうそになるが、自分の希望を言い出したらきりがない。世間が悪いとか、仕事がないとか人のせいにしたくない。ただ、アルミを拾うとか、一生懸命やっている人には、足らん分だけ政府が補助金をやって欲しい。

・結局福祉政策の問題だと思うが、野宿者本人達も（求めるばかりでなく）働く意欲がなければならないと思う。国は仕事を作ってやらなければ……。年寄りには施設。国はもうちょっと福祉政策を充実させるべきだ。

・ホームレスをもっと大事にして欲しい。温かい目で見守って欲しい。役人は悪い。

・ホームレスといえども生きている以上人間だから差別するな。パンやミルクの配給をして欲しい。

・七〇歳にもなったら希望もない。やりたくて野宿をしているわけではない。働けるうちは自分で何とかする。

（おもに仕事面）

・高齢、若齢に関係なく、一日も早く仕事を出してください。

・高齢者でも、できる仕事をまわして欲しい。寄せ場では、五〇歳を過ぎれば、仕事も少なく限られてくる。

個人の問題も重要。ああして欲しいと希望を言っても、実際やるのは、個人だから。
・できれば、仕事を紹介していただくと、一番よろしいのですけど、大卒でさえ、仕事がないのに、中卒の私は仕事がない。仕事さえあれば、何でもすることができるのに、ただで、炊き出しの食事がもらえるのは、嬉しい。
・仕事をみんなに与えてもらいたい。国、愛知県が仕事を作って欲しい。世の中、だめだね。新しい人間を増やして、古い人間を捨てる、そういう会社においてもしようがない。
・とにかく仕事が欲しい。
・仕事が欲しい。役所が作って欲しい。公共事業を出して欲しい。
・第一、仕事のこと、高齢であってもできる仕事。お金が入れば住む所もどうにでもなる。
・日雇いの仕事を増やして欲しい（建設業）。
・国に対しては公共事業をもっと出して欲しい。どこの業者にも印紙を持たせて欲しい（雇用保険、失業保険がもらえるように）。
・定期的な仕事が欲しい。野宿者の団結みたいなものがないので、何かやろうとする時に……。盆以降の仕事がなくなるのではないか不安。
・仕事と飯をよこせ。土方の仕事だけでなくバラエティに富んだ仕事を。炊き出しの回数を増やせ！ いいものを出して欲しい。
・とりあえずあつかいがつめたい。職安でも、年齢を聞かれて答えるとどうしようもない。役所は規則の一点張り。柔軟性がない。名古屋市で、一番薄情なのは中村区、次に中区。大阪は無料のアパートがある。仕事があったら行く。
・仕事が欲しい。できれば昔から慣れてる建設業関係で働きたい。

・何でもいいから仕事が欲しい。仕事さえあればアパートにも住める。
・ちゃんと仕事につけるようにして欲しい。公園の掃除など。後は自分で考える。とにかく仕事。
・仕事のこと。個人的なものではなく、公的なものが欲しい。直接的な仕事（下請けでなく）で手配師を介さない仕事を希望。すると公的な仕事になる。専門的仕事、外郭団体があればいい。働くための前提となる（健康診断書、足、道具など）がしっかりしていれば。
・仕事が欲しい。野宿者の多くは、誰でもそう思っている。
・建設会社に対して、工事現場の人達の契約システムを一回限り（短期間、三―一〇カ月）で終わるのでなく、複数契約（長期間、一年くらい）にして欲しい。安定した生活の要求。
・土方を集める時にやくざの関わっていない仕事を紹介して欲しい。
・笹島などでもっと仕事を増やして欲しい。市で誰でも（条件をゆるくした）安く泊まれる施設をつくって欲しい。
・住みこみでサービス業の仕事が欲しい。
・年をいった人で仕事をしたい人がいるが、仕事にありつけないことを考えると、職安では順番を決めて、公園の清掃など、単価が安くても、皆にいきわたるようにすれば（月一、二回）皆が自分の働いた賃金をもらえるのではないか。（希望者でも良い）
・とにかく仕事が欲しい。政府には、公共の仕事をまわして欲しい。少しぐらい給料が安くてもやる人が多いだろう。

（おもに住居・住所面）
・寒い時期がくる前に、収容・スペースを作って欲しい。自分達は野宿する前に、税金は納めていた。税金を納める能力があるのに納めていない人がいるというのに、扱い方が全く違うことに腹立たしい。外国からの支援（モントリオール、ブラジル、ニューギニアなど）がある。ニューギニアから、尼さんが五、六人公園を訪れ、おにぎりなどを支給してくれた。どのような支援がよいのか、各国で模索していて、また、日本国内のホームレス問題の現状をよく知っている。だが国内においては、政府をはじめ行動が何もない。

・金銭的負担の少ないアパートを市に提供してもらいたい。年齢が高齢でも体が元気なら働けるようにして欲しい。

・住むところを作って欲しい。食事を提供してくれ。仕事が欲しい。

・自分でアパートを借りるのは大変なので、中村区役所がアパートを借りる段取りをしてくれたらいい。とにかくアパート借りられるようにして欲しい。

・プレハブでも何でもいいので、憩いの家のもっと大きいものを作って欲しい。シャワーや浴室などがあって、休めるところが欲しい。

・アパート保証して欲しい。

・夫婦で住めるところが欲しい。

・住むところを安く貸して欲しい。保証人がいなくて困るので、何とかして欲しい。仕事を出して欲しい。

・住所が欲しい。住所があれば年金がもらえる。自分のできる仕事を行政から出して欲しい。

・仕事よりもとにかく住むところが雨風しのげる場所が欲しい。まず働くためには体力をつけないと。行政はきちんと人間扱いをして欲しい。

・衣食住がしっかりした施設に仕事が見つかるまでいさせてほしい。

・とにかく一日三食、毎日食べたい。船見寮を年中開放して欲しい。私たちのことを見てみぬ振りするな！

・ドヤをもっとつくって欲しい。一泊五〇〇円か一〇〇〇円で。

・橋などで、雨を防いでいると役所に怒られるけど、適当にごまかしている。誰もいないところに行くと、役所の人に何か言われるので、人が多いところにいる。ドヤなど作ってもらって、仕事を欲しい。
・自分たちが、年間通して、安心して寝起きでき、食事も取れる住居施設が、もっとみんなで利用できるようになると良い。仕事があればする。しかし、五〇過ぎるとこれまでのように雇ってもらえない。健康状態も含め、この先不安である。
・公園内に住まわせてもらっているという意味で、感謝している、という気持ちのほうが強い。見まわってくれているので心強い。たまに「荷物を少なくして下さい」と言われることもある。
・一カ所に集まって生活したい。同じような人々が集まって生活する。

〈行政全般〉
・まず親身になって、話を聞いて欲しい。一定の距離をもって話しているから、よくならない。そこから対策をこうじるべき。五時過ぎたら帰るのではなく……。ミーティングの場を持つようにするべき。
・住めるものなら医療や看護を受けられる集合住宅に住みたい。わしらは公園に寝起きしているが、したくてしているのではない。野宿している時、公園担当の職員が福祉事務所の職員を連れてきた。根掘り葉掘り聞かれた。その時、困ったことがあったら福祉事務所に相談に来いといわれた。三、四カ月後冬風邪をひいて体の具合が悪くなりその人を訪ねたらまったく何も覚えていない振りをし、また根掘り葉掘り一から聞かれた。結局、福祉事務所にあった風邪薬を何錠か新聞紙に包んで差し出された。腹が立ってそれを投げつけて帰ってきた。
・なんでもかんでももっていかれる。市長が親身になって、食事、仕事とか助ける必要がある。いらん金ばっか使うな！

・何を言っても名古屋市は何もしてくれない。一番対応が悪いし、人情味はない。
・保護を受けられれば、受けたいが、みんなの話を聞くと福祉事務所の人は、全然分かってくれないと言っている。自分でも、行ってみなければと思うが、どこも悪くないしピンピンしていたら、話を聞いてくれないかなと思う。これまで、いろいろと言ってきたのに、こんな状態なのでこれ以上言っても仕方がない。仕事の顔付けはなくして、交代で仕事に行けるようにして欲しい。行ける人は毎日行けるのに、自分は全然行けない。
・行政は困っている人がたくさんいるから、うわべだけでなく、きちんとやって欲しい。こっちから出向くだけでなく、向こう（行政）の方からも来て欲しい。特に動けない人優先に何とかして欲しい。区役所にいくのを嫌がるのは、いろんな細かいことを聞かれたり、偉そうにしたり、バカにしたりするから。親身になって話を聞くべきだ。（行政は）みんなが頼れる場所があればいい。みんなで住めるような場所をつくって欲しい。そこから仕事へいければいい。
・役所は野宿している人間を助ける気があるのか？ないのか？　あるのなら、我々は今現在困っているのだから、即手立てが必要だ。今すぐ行動を起こして欲しい。役所はヘリクツばかり言って私達を相手にしない。役所が仕事を作って私達を雇ってくれたら、野宿している人の数は減る。
・無駄なことにお金を使わないで、俺たちのために使って欲しい。風呂券とか週に3枚でいいから欲しい。昔税金払った事もあるのに、今野宿しているからって、見捨てるな。駅等で野宿者だけ注意して、一般に注意しないのは変。差別だ。
・保証人とか言わずに貸して欲しい。人を信用して欲しい。万博はやめてほしい。無駄。もうかるのはゼネコンだけ。みんな権利ばかり主張し義務を果たさない。まず義務を果たしてから。仲間はいるが話が合わない。名古屋市には何もできない。
・今までの市のやり方が差別的。それを今後なくして欲しい。同じ人間なのだから差別しないでもっと早い時期から助けるべき。みんな好きでホームレスしてない。事情がいろいろある。土地が余っているのだから、押し付けあわずに、追い出したりもせずに施設作ってみんなを助けるべきだと思う。衣食住の保障をして欲しい。
・突き放すんじゃなくて、もう少しあたたかく接して欲しい。福祉事務所は対応悪い。住所や保証人と言われても困る。食事も最低一日二食は欲しい。今は、一日一食あるかないかの炊き出しで何とか命をつないでいる状態である。必死に仕事を探しているのに高齢で見つからない。何とかして欲しい。
・住所不定だから生活保護は出来ないというのはおかしい。自分達で福祉をやっていないのに、出て行けというのはおかしい。立退き料（生活保護）をしてくれればいいけど…。おたくら自分らの給料上がることばかり、考えているんじゃないのか。あんたらの給料一〇パーセント引いたら、もっといろんな所にお金まわせるんじゃないか。
・六〇過ぎたら、生活保護を受けられるようにしないといけない。本当に困っている人もいる。何のための政府なのか？名古屋市は地方からくる人は全然相手にしてくれない。福祉事務所は対応悪い。
・仕事があった時も印紙を張ってくれない会社が多かった。手帳あるが六日くらいしか張ってもらえず、職安行っても一〇日貼ってもらって来いと言うだけ。大阪と違って、名古屋の職安はまったくいいかげん。ちゃんと印紙を張ってくれる業者を登録すべき。行政も指導すべき。名古屋のドヤは一五〇〇円くらいのところはテレビは一〇〇円とられるし、大阪とぜんぜん違う。ケチ。
・アブレ手当てのことで、うちらばっかり取り締まって、暴力団はほとんど調べてない。現場（仕事場）で倒れると使ってくれなくなるので、健康には気をつけている。
・愛知県の方に、失業手当を受けるための手続きを簡単にして欲しい。
・自分自身、行政が言うことに妥協しようと思う。この周りの人達は余り無駄なことばかり言うべきでない。資金が出来、仕事があれば、いつでも出て行く。生活保護も無理ではないかと思う。（高齢でなく、仕事も出来るから）自立支援センターのようなのが出来れば自分は入ってもいい。しかしそういうところで団体生活してもいいと考える人は少数ではないか。
・行政に対して言いようがない。名古屋じゃだめだ。せめて、自分で小屋を建てることくらい許してほしい。
・自分は今、アルミ缶で生活をしているのだから、アルミ缶を市がとるなというのはやめてくれ。それなら他に何かが欲しい。施設を作って欲しい。とりあえず。雨や冬の時に過ごしたい施設から仕事へ行けたらもっと良い。
・毎朝食券を配ってせめて毎日食べられるようにして欲しい。商店街も助かると思う。
・高齢者に対しての仕事を。医療を。安く簡単に早く欲しい。健康相談を行って欲しい。福祉事務所の応対の改善を。年金を一八年間かけた。もらえない。
・施設は不信感が強い（そういう話を良く聞く）。笹島寮などの利用できる施設が少ない。一時的にでもいいから仕事が欲しい（立ち直るきっかけが欲しい）。現実的には笹島に行ってもつながりのない自分には仕事がこない。

（立ち退き関連）
・八月に若宮通り、白川公園からホームレスを撤去するという名古屋市に対してもう少し仕事が見つかるまで待ってもらいたい。
・名古屋は仕事ない。ビニールでも住めるところで無料のところを作って欲しい。立ち退きさせるならその先どうすればいいかも示して欲しい。
・野宿している人を公園などから追い出すのは何の解決にもならず焼け石に水。むしろ犯罪を増やすような結果を招くのではないか。野宿している人の中には失業者が多いということを知って欲しい。名古屋には笹島寮があるが、安く泊まれるところをもっと作ればいいのではないか。そうすれば野宿する人は減るだろう.
・名古屋市は、きれいな街（外観）づくりに専念していて締め出しばかり考えている。仕事のなさ、切実。
・市長が愛知万博までにホームレスを一掃すると言っているらしいが、それならば代わりの場所を用意せよ。なにより、市の遊休地に金をかける（購入・利息の返済）くらいなら、その金をもっと福祉にまわして欲しい。土地の取り引きの税金を時限立法で無税にすべき。そうすれば土地が流動化し、景気が良くなる。日本は税金が高すぎる。名古屋の福祉は遅れている。横浜ではアブレたらドヤ代やパン券の支給がある。自分は大阪（釜）や東京（山谷）の様子も知っている。愛知（名古屋）は行政の対応が不充分である。
・仕事探してくれと言いたいが無理やろ。毎月いくらかでもいいからお金が欲しい。ここも来年くらいになったらだめと違います（強制撤去）?-最近公園内に建造物が増えた。その時テントが一つ無理やりとられた。政府は面倒を見るというよりは、出ていってほしいんとちゃう? 役人が二カ月に一回くらい見回りに来て紙を置いていく。やさしい言葉で、「ここにいるのは違法です。○月○日までに物を集めて○○に置いてください。回収に来ます」と書いてある。
・特に強制撤去をやらないよう訴えたい。
・自分でこういう野宿生活になってしまったから、市に対して要望はないが、この若宮大通で生活させて欲しい。立ち退きなどの規制はしないで欲しい。
・よその国の難民の援助よりも、自分の国の難民の面倒をまず見よ。名古屋市は、工事をするから出ていって欲しいと言うが、追い出すのが目的。東京のように立ち退き先を作ってからにして欲しい。仕事を持ってくるか、いやだったら施設を作るべき。

（他地域と愛知・名古屋）

・名古屋はこういうの（政策）が遅れている。横浜では住所がなくても生活保護が受けられる。名古屋の行政の取り組み自体に問題。せめて、大阪、横浜並みにして欲しい。
・東京では、パン券ドヤ券があったので、それが欲しい。
・愛知県は冷たい。名古屋市は汚い。パン券なども配ってくれないし……。東京は面倒見がいい。日雇労働者については東京や大阪は団結しているので給料もいい。名古屋はばらばらで団結しない。だから待遇も悪い。
・名古屋市は行政のやることが細かい。パン券や風呂券などを作って欲しい。無駄遣いをせずに、自分たちが働けるようにしてくれれば盗みなどの犯罪も減る。
・デモで訴えることはみな一緒。屋根がある所、ご飯のある生活を保証して欲しいとデモをしたが、何もやってくれない。東京や横浜は、毎日パン券をくれるけど、名古屋はくれない。同じ人間、同じ日本人なのに、差別がある。
・植田寮は服もくれるしいい。名古屋は他（新宿・横浜・川崎など）と比べればいいほうだ。

（その他）
・自分で解決するからいい。他の人に、自分のことで迷惑かけたくない。
・調査するだけでは運動として成り立たない。（報告書の概要版を渡したら「こんなのがあるといい」と喜んでくれた）仕事についてはすぐに対応は無理だと思う。せめて毎日の食事だけでもなんとかしてほしい。名古屋では毎日炊き出しはしていない。やはり民間だけでは無理だと思う。たとえば行政が炊き出しに援助するというのはどうか……。財源も少しならなんとかつくれるのではないか。
・名古屋の行政はバカにしている。名古屋はちょっと冷たいよ。団結しなきゃあかんわなー、名古屋の人間自体がね。（市の人らも）もっと催しものに参加すればね。それが結局自分のためになるでしょ？炊き出しとかもっと利用したりしてね。大阪みたいにすればいいのに。
・自分はここの連中と違うから、支援や、福祉の対象でない。こういう生活をしていると兄弟に恥ずかしい。
・仲間と共に市役所へデモンストレーションを行ってもわれわれを無視し続け、話し合いの席に着かない市当局へ怒りを感じる。組織的な示威行動をとりながら、大衆を動員する方法が必要となると思う。具体的な案は出てこないが、（デモ）参加者を増やさないと、行政との話し合いのスタートラインにつけない。
・役所の対応は非人道的！病気・不況おかまいなし。宿泊施設が欲しい。名古屋市の力量がない。本気で取り組んでいない。憩いの家。五〇円が辛い。無料開放を。
・支援センターなど作るのはよいが、期間を決めて追い出されたら、元の木阿彌。遠くて、自転車で一、二時間もかかっては出て行く気もしない。場所を考えて欲しい。職務上や世間体だけで、選挙のダシに使われたくない。
・年寄りのホームレスの面倒を見てやって欲しい。六〇歳になると年金がもらえるようになるのが楽しみ。
・炊き出しが毎日あると良い。年齢が高くても仕事を世話して欲しい（賃金が安くても毎日出なくても、生活できればそれで良い）。県のホームレス対策は不十分。
・仕事欲しい。ホームレスの人を寮みたいなところに入れたらどうか、こんなにいたら大変なことになる。金曜日に夜回りの人が来てくれて助かる。どれだけ助かったか……。

ホームレスの自立の支援等に関する特別措置法

目次

第一章　総則

（目的）

第一条　この法律は、自立の意思がありながらホームレスとなることを余儀なくされた者が多数存在し、健康で文化的な生活を送ることができないでいるとともに、地域社会とのあつれきが生じつつある現状にかんがみ、ホームレスの自立の支援、ホームレスとなることを防止するための生活上の支援等に関し、国等の果たすべき責務を明らかにするとともに、ホームレスの人権に配慮し、かつ、地域社会の理解と協力を得つつ、必要な施策を講ずることにより、ホームレスに関する問題の解決に資することを目的とする。

（定義）
第二条　この法律において「ホームレス」とは、都市公園、河川、道路、駅舎その他の施設を故なく起居の場所とし、日常生活を営んでいる者をいう。

（ホームレスの自立の支援等に関する施策の目標等）
第三条　ホームレスの自立の支援等に関する施策の目標は、次に掲げる事項とする。
一　自立の意思があるホームレスに対し、安定した雇用の場の確保、職業能力の開発等による就業の機会の確保、住宅への入居の支援等による安定した居住の場所の確保並びに健康診断、医療の提供等による保健及び医療の確保に関する施策並びに生活に関する相談及び指導を実施することにより、これらの者を自立させること。
二　ホームレスとなることを余儀なくされるおそれのある者が多数存在する地域を中心として行われる、これらの者に対する就業の機会の確保、生活に関する相談及び指導の実施その他の生活上の支援により、これらの者がホームレスとなることを防止すること。
三　前二号に掲げるもののほか、宿泊場所の一時的な提供、日常生活の需要を満たすために必要な物品の支給その他の緊急に行うべき援助、生活保護法（昭和二十五年法律第百四十四号）による保護の実施、国民への啓発活動等によるホームレスの人権の擁護、地域における生活環境の改善及び安全の確保等により、ホームレスに関する問題の解決を図ること。
2　ホームレスの自立の支援等に関する施策については、ホームレスの自立のためには就業の機会が確保されることが最も重要であることに留意しつつ、前項の目標に従って総合的に推進されなければならない。

（ホームレスの自立への努力）

第四条　ホームレスは、その自立を支援するための国及び地方公共団体の施策を活用すること等により、自らの自立に努めるものとする。

（国の責務）

第五条　国は、第三条第一項各号に掲げる事項につき、総合的な施策を策定し、及びこれを実施するものとする。

（地方公共団体の責務）

第六条　地方公共団体は、第三条第一項各号に掲げる事項につき、当該地方公共団体におけるホームレスに関する問題の実情に応じた施策を策定し、及びこれを実施するものとする。

（国民の協力）

第七条　国民は、ホームレスに関する問題について理解を深めるとともに、地域社会において、国及び地方公共団体が実施する施策に協力すること等により、ホームレスの自立の支援等に努めるものとする。

第二章　基本方針及び実施計画

（基本方針）

第八条　厚生労働大臣及び国土交通大臣は、第十四条の規定による全国調査を踏まえ、ホームレスの自立の支援等に関する基本方針（以下「基本方針」という。）を策定しなければならない。

2　基本方針は、次に掲げる事項について策定するものとする。

一　ホームレスの就業の機会の確保、安定した居住の場所の確保、保健及び医療の確保並びに生活に関する相談及び指導に関する事項

二　ホームレス自立支援事業（ホームレスに対し、一定期間宿泊場所を提供した上、健康診断、身元の確認並びに生活に関する相談及び指導を行うとともに、就業の相談及びあっせん等を行うことにより、その自立を支援する事業をいう。）その他のホームレスの個々の事情に対応したその自立を総合的に支援する事業の実施に関する事項

三　ホームレスとなることを余儀なくされるおそれのある者が多数存在する地域を中心として行われるこれらの者に対する生活上の支援に関する事項

四　ホームレスに対し緊急に行うべき援助に関する事項、生活保護法による保護の実施に関する事項、ホームレスの人権の擁護に関する事項並びに地域における生活環境の改善及び安全の確保に関する事項

五　ホームレスの自立の支援等を行う民間団体との連携に関する事項

六　前各号に掲げるもののほか、ホームレスの自立の支援等に関する基本的な事項

3　厚生労働大臣及び国土交通大臣は、基本方針を策定しようとするときは、総務大臣その他関係行政機関の長と協議しなければならない。

（実施計画）

第九条　都道府県は、ホームレスに関する問題の実情に応じた施策を実施するため必要があると認められるときは、基本方針に即し、当該施策を実施するための計画を策定しなければならない。

2　前項の計画を策定した都道府県の区域内の市町村（特別区を含む。以下同じ。）は、ホームレスに関する問題の実情に応じた施策を実施するため必要があると認めるときは、基本方針及び同項の計画に即し、当該施策

を実施するための計画を策定しなければならない。
3　都道府県又は市町村は、第一項又は前項の計画を策定するに当たっては、地域住民及びホームレスの自立の支援等を行う民間団体の意見を聴くように努めるものとする。

第三章　財政上の措置等

（財政上の措置等）
第十条　国は、ホームレスの自立の支援等に関する施策を推進するため、その区域内にホームレスが多数存在する地方公共団体及びホームレスの自立の支援等を行う民間団体を支援するための財政上の措置その他必要な措置を講ずるように努めなければならない。

（公共の用に供する施設の適正な利用の確保）
第十一条　都市公園その他の公共の用に供する施設を管理する者は、当該施設をホームレスが起居の場所とすることによりその適正な利用が妨げられているときは、ホームレスの自立の支援等に関する施策との連携を図りつつ、法令の規定に基づき、当該施設の適正な利用を確保するために必要な措置をとるものとする。

第四章　民間団体の能力の活用等

（民間団体の能力の活用等）
第十二条　国及び地方公共団体は、ホームレスの自立の支援等に関する施策を実施するに当たっては、ホームレスの自立の支援等について民間団体が果たしている役割の重要性に留意し、これらの団体との緊密な連携の確保に努めるとともに、その能力の積極的な活用を図るものとする。

（国及び地方公共団体の連携）

第十三条　国及び地方公共団体は、ホームレスの自立の支援等に関する施策を実施するに当たっては、相互の緊密な連携の確保に努めるものとする。

（ホームレスの実態に関する全国調査）

第十四条　国は、ホームレスの自立の支援等に関する施策の策定及び実施に資するため、地方公共団体の協力を得て、ホームレスの実態に関する全国調査を行わなければならない。

附　則

（施行期日）

第一条　この法律は、公布の日から施行する。

（この法律の失効）

第二条　この法律は、この法律の施行の日から起算して十年を経過した日に、その効力を失う。

（検討）

第三条　この法律の規定については、この法律の施行後五年を目途として、その施行の状況等を勘案して検討が加えられ、その結果に基づいて必要な措置が講ぜられるものとする。

ホームレスの自立の支援等に関する特別措置法の運用に関する件

政府及び地方公共団体は、我が国においてホームレスの急増が、看過できない極めて大きな問題となっている現状を踏まえ、ホームレスを含め社会的に排除された人々の市民権を回復し再び社会に参入することができるようにすることは、憲法第十一条及び第二十五条の精神を体現するために必要不可欠な施策であることに深く留意し、本法の施行に当たっては、次の事項について適切な措置を講ずるべきである。

一　ホームレスの自立の支援に際しては、自立に至る経路や自立のあり方について、可能な限り個々のホームレスに配慮した多様な形が認められるよう努めること。

二　ホームレスに対する職業能力開発に当たっては、ホームレスの実情に応じた内容となることに深く留意するとともに、ホームレスの自立につながる安定就労の場の確保に努めること。

三　ホームレスに対する住宅支援策の実施に当たっては、その実効性を高めるため、地域の実情を踏まえつつ、公営住宅・民間住宅を通じた可能な限り多様な施策の展開を図ること。

四　ホームレスが入居する施設においては、入居者本人の人権尊重と尊厳の確保に万全を尽くすこと。

五　第十一条規定の通り、法令の規定に基づき、公共の用に供する施設の管理者が当該施設の適正な利用を確保するために必要な措置をとる場合においては、人権に関する国際約束の趣旨に充分に配慮すること。

六　本法による自立支援策と生活保護法の運用との密接な連携に配慮し、不当に生活保護が不適用とされることのないよう、適正な運用に努めること。

七　第十四条に規定する全国調査を早期に完了し、遅滞無く事業を実施すること。

八　本法を施行する中で実情との不整合等が生じたとき等においては、速やかに見直すこと。

九　「実施計画」を策定しない都道府県及び市町村の区域においても、ホームレスの自立支援及び余儀なくホームレスとなることの防止の諸施策の実施に可能な限り努めること。

右決議する。

二〇〇二年七月十七日　衆議院厚生労働委員会

〈笹島〉関連文献

1　著者既発表分

藤井克彦「名古屋市『ホームレス自立支援施策』始まる」『季刊Shelter-less』一五号、二〇〇二年一二月
――「ホームレス生活保護裁判の現段階――林訴訟の問は終わっていない」『賃金と社会保障』第一二九七号、二〇〇一年五月
――「ホームレス問題におけるソーシャルワーク的視点と課題――笹島診療所の場合」『社会福祉研究』第八〇号、二〇〇一年四月
――「失業者・就職決定者の生活保護、及び退院・退所者の保護継続を認めさせるたたかい」『季刊Shelter-less』七号、二〇〇〇年九月
――「林訴訟の現在と決意」『賃金と社会保障』第一二七〇号、二〇〇〇年三月
――「人間の尊厳に関わる生活保護制度の活用を！」『季刊Shelter-less』二号、一九九九年五月
――「ホームレス」の支援を通して」『法律時報』七一巻六号、一九九九年七月
――「失業者・野宿労働者の生存権を問う――林訴訟控訴審判決とわれわれの課題」『寄せ場』第一一号、一九九八年五月
――「家がない人も人間だもの」『人権賞ものがたり』名古屋弁護士会、一九九八年一二月、

――「なぜ野宿を強いられるのか、そして行政による生存権侵害の現実」『月刊むすぶ――自治・ひと・くらし』第三二三号、一九九七年一一月

――「林訴訟の争点と二審判決の問題点」（内河恵一と共著）『公的扶助研究』通巻一六八号、再刊第一〇号、一九九七年一一月

――「林生存権訴訟の控訴審報告――救貧法的主張をする名古屋市当局」『公的扶助研究』通巻一六七号、再刊第九号、一九九七年八月

――「野宿労働者に関する生活保護行政の実態と補足性の原則」『寄せ場』第一〇号、一九九七年五月

――「生活保護締め出し政策に痛烈な反撃」『部落解放』第四一六号、一九九七年二月

――「生活保護行政を揺るがす判決」『福祉のひろば』特集六九号、一九九七年一月

――「失業者・野宿労働者にも生活保護――生存権を問う林訴訟勝訴」『週刊金曜日』一九九六年一一月二二日号

――「失業者・野宿者の生存権を問う林訴訟」『法と民主主義』第三一一号、一九九六年九月

――「生活保護法に対する大いなる誤解」『週刊金曜日』一九九六年三月八日号

――「失業しても生活保護は受けられないのか――日雇労働者の生存権を問う林訴訟」『福祉研究』七八号（日本福祉大学社会福祉学会）、一九九六年一月

――「なぜ生活保護裁判を起こしたのか――日雇労働者の生存権保障を問う」『公的扶助研究』再刊第二号、一九九五年九月

――「『住所不定者』も生活保護が受けられる――日雇労働者による生存権訴訟」『東京ソーシャルワーク』第二五・二六合併号、一九九五年二月

――「寄せ場の生活保護行政――笹島での体験を通して」『釜ヶ崎協友会通信』三二号、一九九五年

――「寄せ場から生活保護行政を問う」『寄せ場』第七号、一九九四年五月
――「『住所不定者』は生活保護を受けられないのか」『泉』七号（愛知学泉大学人文研究会）、一九九四年四月
――「差別撤廃・人権確立に向けて」『鳥がいて・魚がいて・ひとがいて――オルタナティブな社会をめざして』市民自治わんわん会議（伊勢湾三河湾会議）政策グループ、一九九二年六月
――「笹島における医療問題」『寄せ場』第三号、一九九〇年
――「野宿をせざるを得ない労働者と「国際居住年」」『C&D』一九巻七七号、一九八七年一〇月
田巻松雄「東京都自立支援事業の何が問題か」『季刊Shelter-less』一五号、二〇〇二年一二月
――「アジア域内の労働力移動と下層社会」『寄せ場』第一六号、二〇〇二年六月
――"The Employment Structure of Homeless People: Preliminary Findings from the Eastern Tokyo Homeless Survey（山口恵子と共著）," *Journal of the Faculty of International Studies*, Utsunomiya University, 2001.
――「日本におけるホームレス問題を通して」（パネルディスカッション　グローバリゼーションと二一世紀の「開発」を考える）『開発教育』四三号、二〇〇一年二月
――「野宿層増大の背景と寄せ場の変容――『山谷、上野調査』からみる飯場労働の実態」（山口恵子と共著）『寄せ場』第一三号、二〇〇〇年五月
――A Study of Homelessness and Social Policy in Contemporary Japan: With a Special Reference to the "Sasashima Problem" in Nagoya, *The Faculty of International Studies*, Utsunomiya University, 2000.

――「野宿者の就労面――東京東部圏の野宿者聞き取り調査報告」（山口恵子との共著）『季刊Shelter-less』五号、二〇〇〇年
――「寄せ場を基点とした社会学の射程：『中央』と『周辺』および『怠け』と『勤勉』をキーワードに」および「寄せ場と行政――笹島を主な事例として」青木秀男編著『場所をあけろ！寄せ場とホームレスの社会学』松籟社、一九九九年
――「野宿者問題をめぐって――行政・支援・我々」『季刊Shelter-less』三号、一九九九年九月
――「寄せ場のポジティブ性とは何か」『寄せ場』第一一号、一九九八年
――「寄せ場と野宿に関する行政施策の現実と論理」『現代日本社会に於ける都市下層社会に関する社会学的研究』平成七年度〜平成八年度文部省科学研究費補助金、総合研究（A）成果報告書［課題番号：07301068］研究代表者　田巻松雄、一九九七年一二月
――「権力と都市下層―寄せ場笹島に関わる行政施策の変容」八木正編『被差別世界と社会学』明石書店、一九九六年
――「社会的『底辺層』とわれわれとの関係についての一考察――野宿者に対する『差別』と『支援』を中心にして」『名古屋商科大学論集』第三九巻第二号、一九九五年
――「戦後名古屋市の『浮浪者』『住所不定者』対策」『寄せ場』第八号、一九九五年七月
――「戦前期名古屋における日雇労働と労働行政に関するノート」『寄せ場』第七号、一九九四年六月
――「外国人労働者と都市下層―戦前期名古屋を中心にして」『ニッポン人と労働――移民・出稼ぎ・寄せ場』日本寄せ場学会第七回秋季シンポジウム報告書、一九九三年一一月

2　単行本・報告書・雑誌論文

（名古屋のホームレスおよび笹島に関するもの）

基礎生活保障問題研究会『二〇〇一年名古屋市「ホームレス」聞取り調査中間報告』二〇〇一年一二月

神戸女子大学庄谷ゼミナール『名古屋〈笹島〉野宿者第二次聞き取り報告書――生活史・生活構造』一九九八年三月

小林章雄・渡辺丈真「日雇労働者の生活と健康について――5年間の健診記録の分析」『日本公衆衛生雑誌』三三巻一二号、一九八六年二月

斉藤勇『名古屋地方労働運動史［明治・大正編］』風媒社、一九六九年

〈笹島〉の現状を明らかにする会『名古屋〈笹島〉野宿者聞き取り報告書――生活・労働・健康・福祉』一九九五年一〇月

〈笹島〉問題を考える会『1999名古屋　野宿者聞き取り調査報告書（速報版）』一九九九年一二月

〈笹島〉問題を考える会『〈笹島〉問題の現状と政策提言――寄せ場と野宿』一九九八年八月

庄谷怜子「名古屋笹島における野宿者の生活と政策課題」『アジアの労働と生活』社会政策学会、年報第四二集、一九九八年六月

高坂敏夫『名古屋　笹島　春夏秋冬』（写真集）、福信館、一九九五年

藤田博仁「ホームレスと市民」『季刊Shelter-less』一四号、二〇〇二年一〇月

水谷聖子／杉浦裕「笹島診療所の活動と課題――名古屋市における野宿労働者の結核対策の現状を踏まえて」『季刊Shelter-less』三号、一九九九年九月

水谷幸生「住所不定者の保護と自立助長」『福祉研究』三五号、一九七七年一月

山田壮志郎「更生施設A寮入所者調査――二〇〇一年名古屋市「ホームレス」聞取り調査・その三」『季刊Shelter-less』一五号、二〇〇二年一二月
山本寿雄『小説　水車無宿』一九八六年

（本書で直接引用・参照したものに限定）
青木秀男『現代日本の都市下層』明石書店、二〇〇〇年
青木秀男編著『場所をあけろ！寄せ場とホームレスの社会学』松籟社、一九九九年
江口栄一／西岡幸泰／加藤佑治編著『山谷――失業の現代的意味』未来社、一九八〇年
加藤孝『建設労働者雇用改善法の解説』労務行政研究所、一九八五年
釜ヶ崎キリスト教協友会編『釜ヶ崎の風』風媒社、一九九〇年
ジョン・フリードマン『市民・政府・NGO――「力の剥奪」からエンパワーメントへ』新評論、一九九五年
中島寧綱『職業安定行政史』労働省職業安定局、一九八八年
花崎皋平『アイデンティティと共生の哲学』筑摩書房、一九九三年
筆法康之『日本建設労働論』御茶ノ水書房、一九九二年
ホームレス東アジア交流日本側実行委員会『ホームレス東アジア交流　路上からアジアへ、アジアから路上の明日へ』二〇〇一年五月
寄せ場・野宿者支援運動全国懇談会『基礎資料　野宿者の全国的な概況』一九九九年七月

3　行政資料

（戦前に刊行されたものおよび主に戦前に関するもの）

「相愛会―朝鮮人同化団体の歩み」『在日朝鮮人史研究』第九号、一九八一年一二月
『管内各県下に於ける労働事情』名古屋地方職業紹介事務局、一九二六（大正一五）年
『細民地域住宅統計』名古屋市社会課、一九二二（大正一一）年一一月
『市内各町細民状態調査統計』名古屋市社会局、一九二四（大正一三）年九月
『市内各町細民状態調査』名古屋市社会局、一九二五（大正一四）年三月
『事業概要』名古屋市職業紹介所、一九二五（大正一四）年
「資料　名古屋協和会の事業概要」『海峡』一一号、朝鮮問題研究会、一九三一年一二月
「瀬戸地方における朝鮮労働事情」（林慶植編「在日朝鮮人関係資料集成」第二巻、三一書房、一九七四年、所収）
「鮮人問題」『在日朝鮮人史研究』第一一号、一九八三年三月
『大正昭和名古屋市史』第八巻、名古屋市役所、一九五五年
『大名古屋』名古屋市役所、一九三七年
「朝鮮人労働者に関する調査」一九二八年（朴慶植編「在日朝鮮人関係資料集成」第一巻、三一書房、一九七四年、、所収）
「築港方面における労働調査」名古屋市社会部『失業応急事業及び就労統制概要』一九三四年三月
『名古屋市教育部社会課調査報告』全一〇巻、一九二一～一九二六（大正一〇～大正一五）年
「名古屋市における仲仕労働事情」（三沢房太郎）『港湾』第一五巻第四号、愛知県号、一九三七年四月
『名古屋社会事業概要』名古屋市厚生局社会部、一九四一年
『名古屋港における仲仕労働事情』名古屋地方職業紹介事務局、一九三四年
『貧困者生活状態』名古屋市社会局、一九二四（大正一三）年

『不良住宅地区に関する調査』愛知県社会課、一九三七年六月
『労働統計実地調査の概要』第一回〜第五回、愛知県、一九二四（大正一三）年〜一九三六年
『労働統計実施調査　名古屋市結果概要』名古屋市教育部社会課、一九二六（大正一五）年三月
『労働統計実施調査名古屋市結果概要下編』名古屋市教育部社会課編、一九二六（大正一五）年
『六大都市細民集団地区比較統計』内務省社会局、一九二二（大正一一）年一二月

（戦後〜）
『愛知県における労働市場の基本構造変化の展望』愛知県労働部・東海労働研究会、一九八八年度
『愛知県労働運動史　第一巻　昭和二十年〜昭和二十五年』愛知県、一九八二年四月
『愛知県労働運動史　第二巻　昭和二十六年〜昭和三十年』愛知県、一九八三年四月
『駅裏の一ヵ年―浮浪児、浮浪者の生態』（平山甫）名古屋市公共福祉事業団、一九四九年
『港湾労働調査報告書』名古屋港管理組合総務部振興課編集、名古屋港管理組合発行、一九七八年三月
『検討結果報告書』名古屋市〈住所不定者対策年末年始対策検討委員会〉（第二専門部会）、発行年不明（一九八七年頃）
『失業対策年鑑』労働省職業安定局、一九七〇年度版および一九八〇年度版
『事務概要』愛知県労働部・地方労働委員会事務局、一九九七年度
『住所不定者の対策にかかる提言』名古屋市住所不定者対策検討委員会、発行年不明（一九八一年頃）
『職業安定事業概要』愛知県労働部職業安定課・職業対策課、一九九三年度
『職業安定年報』愛知県労働部、一九五〇年
『戦後復興誌』（戦災復興誌編集委員会編集）名古屋市計画局発行、一九八四年

「専門的な取扱機関設置等対策」名古屋市住所不定者対策検討委員会（第1分科会）、発行年不明（一九八七年頃）

『中村区住所不定者対策資料集（年末年始対策を含む）』名古屋市職員労働組合中村区役所支部、発行年不明（一九八三年頃）

『名古屋港史』名古屋港史編集委員会、一九九〇年

『名古屋市の民生事業』名古屋市民生局、一九五八年

『なごや100年』名古屋市制100周年記念誌編集委員会監修、名古屋市総務局発行、一九八九年

『名古屋戦災復興誌』建設省計画局区画整理課監修、名古屋市計画局発行、一九六一年

『平成四年度年末における住所不定者援護対策の実施結果について』名古屋市民生局

『平成一〇年度「市民の声」――広聴年報』名古屋市市民局広報情報部広聴課、一九九九年九月

4　林訴訟関連

林訴訟を支える会編・発行『いのちと権利を守れ！林訴訟――資料集』

『資料集（1）―今までの経過と現状、名古屋市のデタラメサー』一九九五年九月

『同資料集（2）―証言集―』一九九六年四月

『同資料集（3）―勝訴報告集―』一九九六年一一月

『失業者・野宿労働者の生存権を問う　林訴訟資料集（4）控訴審全記録』一九九七年一一月

『失業者・野宿労働者の生存権を問う　林訴訟資料集（5）上告審記録（1）』一九九八年四月

『失業者・野宿労働者の生存権を問う　林訴訟資料集（6）上告審記録（2）』一九九九年六月

『失業者・野宿労働者の生存権を問う　林訴訟資料集（7）上告審記録（3）』二〇〇〇年一一月
『失業者・野宿労働者の生存権を問う　林訴訟資料集（8）林訴訟総集編&上告審記録（4）』二〇〇二年五月
林訴訟弁護団／林訴訟を支える会『すべての人の生存権保障のために――林訴訟の意義と振り返り』二〇〇二年六月
『いのちと権利を守れ！林訴訟を支える会ニュース』一―二八号
岩田正美「林訴訟が問いかけたこと」『賃金と社会保障』一一九三・四号、一九九七年一月「『特集2』失業・ホームレス・生活保護――林訴訟・名古屋地裁判決が問いかけること」
上畑恵宣「何故野宿（路上生活）なのか」『賃金と社会保障』一一九三・四号、同上特集
――「野宿（路上生活）者に〝稼動能力の場〟はあるのか」『賃金と社会保障』一二一二号、一九九七年一〇月下旬号
――「公的扶助の周縁グループ『住所不定者』への公的扶助の対応」『密教文化』第一九五号、一九九六年一二月
木下秀雄「最低生活保障における稼働能力活用義務と扶助支給制限――ドイツ連邦社会扶助法を手がかりとして」『賃金と社会保障』一二七〇号、二〇〇〇年三月下旬号
嵯峨嘉子「ホームレスと生活保護――名古屋笹島における野宿者の実態と福祉の課題」『賃金と社会保障』第一一七六号、一九九六年四月
尾藤廣喜「林訴訟と名古屋地裁判決」『賃金と社会保障』一一九三・四号、一九九七年一月「『特集2』失業・ホームレス・生活保護――林訴訟・名古屋地裁判決が問いかけること」
笛木俊一「林訴訟・勝訴判決の社会的意義」『賃金と社会保障』一一九三・四号、同上特集
――「林訴訟の社会的意義・再論――名古屋高裁判決の特徴と問題点（上）」『賃金と社会保障』第一二一

三号、一九九七年一一月上旬号

——「同上論文（中）」同誌、第一二二五号、一九九七年一二月上旬号

——「同上論文（下）」同誌、第一二二六号、一九九七年一二月下旬号

——「現代の貧困問題と人権——『住所不定者』問題と生活保護裁判」『社会福祉学』第三八—一号、一九九七年六月

——「生活保護裁判の社会的機能——住所不定者の裁判を中心に」『法と民主主義』第一一号、一九九六年九月

——「生活保護制度の歴史的推移に関する覚書——生存権保障と補足性原則の対抗関係の視点から」『社会福祉研究』第六六号、一九九六年七月

堀勝洋「社会保障法判例」『季刊社会保障研究』三三巻第一号、一九九七年夏

前田雅子「失業中の野宿生活者に対する生活保護と能力活用要件」『ジュリスト』第一一二〇号、一九九七年一〇月

柳川和雄「京都経由・名古屋からの便り」第一報「〝第二の柳園事件〟と名古屋市生活保護行政——名古屋・林訴訟の経過と争点」『公的扶助研究』再刊第三号、一九九六年一月

——同第二報「〝原点〟から飛翔した名古屋市生保行政——名古屋・林訴訟：生保ワーカーが証言台に立った日」再刊第四号、一九九六年三月

——同第三報「〝無法地帯〟と化した生保行政の実相——名古屋・林訴訟：医療ソーシャルワーカーが証言台に立った日」再刊第五号、一九九六年七月

——同第四報「笹島と〝無法行政〟の現在と過去——名古屋・林訴訟：大阪府立庄谷教授が証言台に立った日」再刊第五号、一九九六年七月

――同第五報「〃無法行政〝と「適正化」を切る！――名古屋・林訴訟：中川健太朗教授が証言台に立った日」再刊第六号、一九九六年一〇月
――同第六報「聞いてちょうよ！〃ビルの谷間〝からの声――名古屋・林訴訟：原告・林さんが証言台に立った日」再刊第六号、一九九六年一〇月
――同第七報「生活保護行政が法廷で裁かれた日――名古屋・林訴訟：原告完全勝訴の判決」再刊第七・八号、一九九七年三月

5　支援団体などの発行物

大西豊（笹島日雇労働組合／あるすの会［滞日アジア人労働者と共に生きる会］）「悪徳料理店『インドヤ』糾弾の闘い＝現代奴隷労働バクシ王国崩壊序曲＝」（抜粋が『季刊Shelter-less』一四号、二〇〇二年に掲載されている）
『奪われた健康を取り戻すために――日雇労働者医療の現場から』笹島診療所、一九八六年一二月
『ささしま』（笹島労働者会館広報委員会）一―五八号
『笹島の歴史』（笹島の歴史を語る会）第一号―第一〇号
『笹島の歴史』別冊一号（「大正期・名古屋における宿泊援護事業」掲載）ソテツ会、一九九八年七月
『笹島の歴史』別冊二号（「明治期から大正期にかけての水車地区寄せ場における細民性と労働者性」および「加藤清之助と蘇鉄町親愛会」掲載）ソテツ会、一九九八年一二月
『笹島一号』笹島日雇労働組合『笹島』編集委員会、一九八六年一〇月
『笹島二号』笹島日雇労働組合『笹島』編集委員会、一九八八年七月
『笹島三号』笹島日雇労働組合「笹島」編集委員会、一九九四年五月

『名古屋越冬活動報告書』名古屋越冬実行委員会、第五回から第二七回までほぼ毎年発行
『名古屋越冬裁判冒頭陳述』名古屋越冬弾圧を許さない会・名古屋越冬弾圧問題全国キリスト教対策委員会、一九八四年八月
『名駅在住日雇労働者らに対する「実体調査」阻止活動報告書』、どっこい人間節を上映する会、一九七六年一〇月
『名駅炊き出し活動報告書（一九七六年一月～五月一四日）』、どっこい人間節を上映する会、一九七六年七月
『夜まわり通信』（野宿労働者の人権を守る会）、一号―一二三号

7月：中職安課長が賄賂受け取りで実刑判決（暴力団に近い「業者」の不正受給を見逃し）。
12月：無料宿泊所600人予定、588人入所。1月1日は臨相を開設せず（次年度も）。

2月：市が一時保護所事業実施（定員60人）。
3月：市長「シェルター設置を検討する」と議会で答弁。
3月：市保護課長「住居のない者（ホームレス）に係わる生活保護の適用について」を各区福祉事務所に通知。
8月：「名古屋市ホームレス援護施策推進本部」（本部長名古屋市長）発足。
9月：名古屋市による野宿者調査（委託）行われる（12月に中間報告書）。
10月：白川公園シェルター住民説明会開始。
11月：「愛知県ホームレス問題連絡調整会議」（副知事が座長）が設置される。
12月：無料宿泊所600人予定、733人入所。

7月：緊急一時宿泊施設（シェルター）運営要綱施行。
8月：白川公園前シェルター建設開始。
　　：「ホームレスの自立の支援等に関する特別措置法」公布・施行。
10月：白川公園前シェルター入所開始。
　　：自立支援事業実施要綱施行。
11月：自立支援センターあつた入所開始。
12月：名古屋市保護課長が、民間簡易宿泊所（3カ所）での生活保護適用の通知。
　　：無料宿泊所750人予定、647人入所。1月2日も臨相を開設せず。

00年	10月：東京での全国行動と交流集会に名古屋からも参加。 労災もみ消しの長谷建施行労働争議（笹日労）〔月日は不明〕。 11月：ホームレス2人が、「退院即保護廃止」に対する審査請求で勝つ。
01年	1月：再度の賃金不払いのインドヤ争議（2月に勝利）。 2月：林訴訟上告審で棄却の判決（敗訴）。 5月：インドヤによるコックさん拉致事件起こる。 　　：審査請求で、就職決定の野宿者の生活保護が認められる。 6月：差別本『こじき大百科』の絶版・回収を認めさせる（笹日労）。 8月：炊連協が、「NPOささしま共生会」を設立。 10月：連絡会が市に要求していた恒常的な話し合いについて合意が成立し、10月から推進本部事務局との話し合いが始まる。 11月：要求していたシェルターに関する野宿当事者説明会始まる。
02年	3月：白川公園での定期的な寄り合いを開始（笹島連絡会）。 7月：第4回当事者説明会で、市と野宿者側が「決裂」。 　　：シェルター建設予定地の野宿者退去で抗議行動。 9月：連絡会、白川公園に監視小屋建て監視活動開始。 10月：シェルター入所対象者制限に抗議行動。 　　：8月に虐殺された野宿者大橋さんの虐殺抗議集会。 　　：要保護者が法外援護にされたことでの2人の不服審査請求で、棄却の裁決（11月に再審査請求） 11月：公的就労保障を求める署名と一言運動準備。 12月：野宿者吉本さん虐殺される。中川区の現場で追悼集会。 　　：連絡会、公的就労保障を求める運動を市内の野宿者に呼びかける。

3月：市農政緑地局長が議会で「強制立ち退きを検討する」と答え、7月より「公園指導パトロール」が始まる。

9月：名古屋市は、若宮大通公園で、全国で初めての強制代執行法による野宿者排除（話し合いを拒否して）。
10月：県は、〈笹島〉問題を考える会との継続的な話し合いに応じる（市は拒否）。
12月：無料宿泊所500人予定、553人入所。無料宿泊所の門から事務所の間に、バリケードを設置。無料宿泊所でのアナウンス拒否に越冬実が抗議中に、職員が門扉を閉め、労働者がケガ。

2月：政府が「ホームレス問題連絡会議」を発足させる。

5月：政府の「ホームレス問題への当面の対応策」決まる。

7月：豊田市職員による野宿者置き去り死亡事件。

12月：無料宿泊所600人予定、600人入所。

2月：更生施設植田寮職員が入所者の預金165万円を窃盗したとして起訴（有罪判決）。

98年	1月：高齢野宿者の年金を使い込んだり暴行を加えていたTへの糾弾行動を理由に野宿者・支援者8人が逮捕される。(7－8月全員に執行猶予付きの懲役1年－1年半の判決)。 4月：連絡会行政部会を発展的に解消し、政策提言を目指す「〈笹島〉問題を考える会」が発足。 6月：5月に中京ＴＶが野宿者差別・偏見の番組（日本ＴＶ制作）を放映した件で、日本ＴＶ、中京ＴＶに抗議。 5月：バクシ兄弟経営インド料理店での賃金不払いへの労働争議（10月に勝利)。 8月：『〈笹島〉問題をめぐる現状と施策提言』発刊（〈笹島〉問題を考える会)。市、県及び市議会会派に要請書とともに提出。 7－9月：若宮大通公園での野宿者退去問題で反対運動。 9月：居宅者の自助グループ「あゆみの会」発足。 12月：名古屋夜回りの会発足（広域方面を重点に)。 12－1月：野宿者17人が死亡（1人は無料宿泊所入所予定者で、救急搬送されるも手当のみで野宿となり死亡)。
99年	4月：名古屋も含む全国各地の運動体連名で、政府に要望書を提出し、申し入れ。 6月：緊急対策を求める6月連続行動（毎週火曜日)。 　　：笹日労、北海総業労働争議（強制貯金・賃金不払い。後に勝利)。 7月：県・市に仕事と生活保障を求める「月一行動」が始まる（笹島連絡会)。 8月：野宿者199人の聞き取り（〈笹島〉問題を考える会。報告書は12月に発刊)。 10月：東京での反失業全国集会に名古屋から60人参加。林訴訟原告林勝義さん亡くなる。 12月：診療所と野宿者が中村福祉事務所に要求書を出し、話し合い（40人)。
00年	9月：2カ所の炊き出しを、若宮大通公園（高速下）の１カ所にする（炊連協)。

12月：無料宿泊所450人予定、391人入所。

1月：無料宿泊所で職員が越冬実メンバーを写真撮影をしたことで越冬実が抗議。市は機動隊を呼ぶ。

12月：無料宿泊所450人予定、449人入所。市当局は、無料宿泊所門をガードマンで固め、宿泊棟から面会室に直接行けなくし、外出許可を取って面会室に行かねばならないようにする。越冬実にも面会室外の立ち入りを禁止する厳しい態度をとる（次年度以降も）。

12月：無料宿泊所450人予定、447人入所。

3月：愛知県が反対を押し切って笹島労働者簡易宿泊所を廃止。
4月：笹島寮1泊200円→250円へ。

12月：無料宿泊所450人予定、522人入所。

8月：市民生局保護課長通知「住所不定者の稼働能力に係わる補足性の要件判断等について」(3カ月の就労活動をみて失業による保護を判断)。
12月：更生施設植田寮増築（定員100人→150人）。
　　：無料宿泊所500人予定、470人入所。
　　：左記の越冬実の抗議行動中に、市は職員がケガをしたと警察を呼ぶ。

93年	超える。 春以降：集団で福祉事務所へ生活保障要求や集団保護申請。 9月：林勝義さん、生活保護行政を問う不服審査請求。 12月：無料宿泊所入所者が船見寮闘争委員会を結成し、要求書を出し闘う（従来は越冬実と入所者有志で要求）。
94年	93年12月－94年2月：野宿者20人が亡くなり、衝撃を受ける。 4月：名古屋炊き出し連絡協議会の炊き出しが、地下鉄名古屋駅構内から、西柳公園に変わる。 5月：林勝義さん、名古屋市等を相手に名古屋地裁に提訴（林訴訟）。 7月：「日雇労働者に仕事と生活を保障しろ！7.19集会」とデモ。県と市に要求書。行政は回答拒否。 12月：野宿者の聞き取りを名古屋で初めて実施（〈笹島〉の現状を考える会）。95年11月報告書発刊。年末年始の越冬闘争で公園での共同炊事を試みる。
95年	春：笹日労、労働法違反の藤田工業闘争に勝利（雇用保険に入らせ印紙貼付させる）。 4月：笹島診療所初めての有給スタッフ（週2日）。
96年	6－7月：仕事と生活の保障を求める6－7月連続行動。 8月：行政等に継続的に働きかけるために笹島連絡会行政部会を設置。 　　：若宮大通公園高速道路橋脚工事にからむ野宿者退去問題に関する監視活動開始（笹島連絡会）。 8－9月：ランの館建設に伴う野宿者退去反対運動。 10月：林訴訟第一審全面勝訴。
97年	4月：若宮大通公園冒険砦撤去による追い出し反対運動（市は話し合いを拒否し8月27日早朝強制排除）。 8月：林訴訟、控訴審で敗訴の判決。 12月：市が無料宿泊所の集会室を娯楽室に変更したという理由により、今まで認めてきた寮内の面会を拒否したことや越冬実来訪のアナウンスも拒否したことに、越冬実は抗議し、外で面会・交流。

ら野宿者を閉め出す。

12月：無料宿泊所330人予定、252人入所。

2月：日雇雇用被保険者手帳新規取得時に住民票・写真提出が義務となる。
8月：笹島寮老朽化のため全面改築工事

12月：無料宿泊所330人予定、278人入所。

12月：無料宿泊所330人予定、273人入所。

4月：笹島寮1泊50円→100円に。

12月：無料宿泊所330人予定、376人入所。

1月：市は無料宿泊所で成人病検診も始める。
4月：笹島寮全館改築完了。1泊100円→200円に。
12月：無料宿泊所400人予定、420人入所。

88年	5月：度重なる中学生の襲撃に反撃した野宿者Nさん逮捕される（連絡会議は救援活動、略式起訴で釈放）。右記の地下鉄からの締め出しに対する反対運動。 7月：4－5月の事件をきっかけに、連絡会議レベルで話し合い、「野宿労働者の人権を守る会」を結成。毎週土曜日のパトロールを開始。 9月：3年前から診療所が民生行政の改善と話し合いを求め、3500人と80賛同団体の署名を市に提出。議員・市職員労働組合などへの働きかけ、市庁舎前でのビラ配りなどの結果、ついに市民生局が話し合いに応じる。 12月：笹島診療所主催の初の「笹島体験プログラム」。 ：団体広聴制度を使って市との交渉（以下毎年）。
89年	地下鉄6号線開通に伴い、地下鉄名古屋駅構内での炊き出し中止要望をめぐって反対運動。 12月：笹日労、知的障害者を7年以上1日1500－2000円で使っていた信濃興業（元請け鈴木自動車興業豊川工場）の闘い（90年3月に全面勝利）。
90年	アジア人出稼ぎ労働者への賃金不払いなど労働問題が頻発しはじめ、笹日労取り組み強化。
91年	炊き出し活動団体が「名古屋炊き出し連絡協議会」を結成〔月日は不明〕。 1月：無料宿泊所で医療班が健診（翌年から行わず）。 3月：名古屋駅構内以外に、栄でも炊き出し開始（以降、名駅・栄の2カ所での炊き出し）。 12月：越冬闘争において今まで地下鉄構内（炊き出し・診察）と西柳公園を拠点にしていたのを統一し公園での拠点越冬となる。 12月14日－2月22日に12人が路上などで亡くなる。
92年	4月：笹日労、渥美組闘争で謝罪と改善の約束をさせる。
93年	5月：夜回りで出会う名古屋駅・栄周辺の野宿者が400人を

12月：無料宿泊所（12年29日－1月11日）250人予定、284人入所。

12月：無料宿泊所（12月29日－1月10日）280人予定、301人入所。

1月：名古屋市が初めて無料宿泊所で健診。以下毎年（前年の越冬実医療班による健診結果を踏まえてやらざるをえなくなる）。
12月：無料宿泊所（12月29日－1月9日。翌年から同じ）300人予定、331人入所。

ホームレスのための国際居住年：政府・自治体はホームレスのためには何もせず。

12月：無料宿泊所330人予定。296人入所。

3月：市簡易宿泊所船見寮廃止。
5月：市交通局が地下鉄6号線工事やデザイン博を名目に地下鉄か

84年	という名で医療活動を継続。 8月：名創建設争議（笹日労）。 11月：笹島求人業者200社に笹日労要求書提出（賃上げ、印紙）。
85年	1月：越冬実医療班による無料宿泊所での初の一斉健診（要治療25人）。6人が入院となる。以降毎年健診。 　　：笹日労、国鉄駅手配業者名建会会長新光建設闘争。寄せ場熱田・大曽根で情宣。 6月：東海鋳造直行労働者10人解雇撤回闘争。居宅保護・入院者を対象に映画交流集会開催。 10月：笹島労働者会館及び笹島診療所設立（1階ささしま食堂、2階笹島日雇労働組合、3－4階診療所）。診療所は、日曜日の診察を開始。会館広報委員会『ささしま』発刊開始。 　　：日雇労働者を駅から連行し精神科に拘禁していたK病院糾弾闘争。 12月：『山谷－やられたらやりかえせ』東海地方上映運動開始（87年まで約4000人参加）。
86年	1月：寄せ場笹島での暴力支配の中枢清水総業闘争。 笹日労、吉川建設争議（～87年1月に勝利）〔月日は不明〕。
87年	4月：各支援団体の緩やかな協議体である「日雇労働者解放運動連絡会議」が結成される。 　　：野宿者が笹島の市有地に「家無者の家」をつくる（9月に強制代執行で撤去される）。 7月：名古屋市など行政が行った「国際居住年フォーラム」に対抗して、海外の活動家を交えて「もう一つのフォーラム」で笹島からも問題提起をし交流。 8月：CBCラジオの野宿者差別発言に抗議し、後日謝罪と新番組を作成させる。
88年	4月：名駅近くのガード下で野宿者3人が襲われ２人が死亡、１人重体（後日追悼集会）。

1月：3日市当局、無料宿泊所入所を希望した6人に対して、満杯を理由に入所拒否。

12月：年末年始対策入院協力金支払制度実施（通年の病院への協力金より多額）。

：愛知県、回答も話し合いも拒否。市は、街頭相談廃止。臨相29日－1月4日。無料宿泊所（12月29日－1月12日）100人予定、124人入所。

5月：住所不定者緊急ベッド確保対策事業実施。

12月：県と初めての話し合い（ゼロ回答）。市は、臨相12月29日－1月3日（以降毎年同じ）。無料宿泊所（12月29日－1月11日）予定140人、167人入所。越冬実、要求して無料宿泊所から早朝バスを2回出させる。

10月：厚生院新築移転（瑞穂区から名東区へ）。

12月：市当局に数人で回答内容確認。無料宿泊所（12月29日－1月11日）予定170人、228人入所。

5月：「住所不定者の対策にかかる提言」（市「住所不定者対策検討委員会」）。住所不定者入院時の生活用品支給を実施。

12月：宿所提供施設熱田荘、単身世帯利用要綱施行。無料宿泊所（12月29日－1月11日）180人予定、258人入所。

1月：15人の無料宿泊所希望者の入所を拒否し、市当局は機動隊を導入して中村区役所から強制排除。

1月：移送費支給事務と取扱要綱施行。

4月：植田寮、更生施設定員を70人から100人に変更。

79年	あった医師が、越冬実行委医師団を結成。1月1日－3日も直接船見寮に入所申し込み（1月1日－2日入所させる）。
80年	1月：市当局の無料宿泊所入所拒否に対して泊まり込みの抗議運動。警察に強制排除され、やむなく西柳公園に越冬小屋をつくる（越冬団結小屋の始まり）。名駅暴力手配師刺傷事件被告Hさん救援運動。 3月：カトリックの福信館炊き出しの会が名古屋炊き出しの会より独立。 7月：三和建設闘争。名西土木（後八起建設）闘争。 12月：越冬実、愛知県に初めての要求書提出。越冬実、初の一斉健診。
81年	1月：6日－9日無料宿泊所改善闘争。 1月：笹島日雇労働組合準備会結成。 11月：第三次悪徳八起建設闘争（～82年1月） 12月：越冬実、市と県に要求書。市は話し合い拒否。
82年	2月：笹日労（準）、毎週水曜日の定例労働相談開始。 6月：全国日雇労働組合協議会結成（笹島日雇労働組合も発足し、支部となる） 8月、10月、12月：朝の寄せ場で笹島日雇労働者健診。 10月：笹日労、親和建設（元請鴻池組）闘争（～1月） 12月：初の越冬活動記録映画の撮影開始
83年	5月：横浜「浮浪者」連続殺傷事件を考える討論集会。 8月：初めての笹島労働者追悼集会・夏祭り開催（牧野公園） 11月：記録映画『越冬』連続上映集会。
84年	1月：3日の15人の無料宿泊所入所拒否に対して4日、市庁舎に抗議と保護申請に行ったところ、支援者3人が不退去罪で逮捕される。救援運動は全国に拡がった（87年12月「限りなく無罪に近い」判決）。 夏頃：支援会議と炊き出しの会とが合同で、越冬実医療班

（作成：藤井克彦）

行政の動きなど
12月：不況笹島や行路死亡の新聞記事。
5月：国鉄・行政が駅構内野宿者の「実態調査」計画。支援者が実質的排除と反対し、中止。
10月：名古屋駅夜間閉鎖に伴い利用者が急増し、市は笹島寮3階部分を増築。 12月：名古屋市が「住所不定者対策」を開始。年末年始対策としては、12月28日－29日街頭相談。無料宿泊所（船見寮）80人予定。89人入所。
年始より、年末のトラブルを理由に市当局は話し合い拒否（次年度以降も基本的に拒否）。 10月：名古屋市住所不定者の診察・入院に伴う病院への協力費支給制度実施。 12月：救護施設植田寮定員140人から170人に増員。 ：名古屋市、「住所不定者対策基本方針」を策定。また、緊急宿泊援護事業実施。 ：年末年始対策は、28日街頭相談。29日－31日に臨時相談所。無料宿泊所（12月29日－1月8日）64人予定、18人入所。
12月：市当局、回答のみで話し合いせず。12月28日、街頭相談。29日－31日臨相。無料宿泊所（12月29日－1月7日）64人予定、73人入所。

年表　〈笹島〉をめぐる運動・行政の動き

※この年表では、本書の内容に関係する重要なものを中心に掲載した。

年	運動の動きなど
75年	12月：「『どっこい！人間節』上映する会」による上映運動。
76年	1月：野宿者への支援活動始まる（炊き出し・医療） 5月：上映する会が「排除」を巡って初めての行政交渉。 12月：「越冬炊き出しの会」による越冬活動。その後毎年、越冬・年末年始活動が行われる。
77年	3月：越冬活動終了。その後年間を通じて医療活動。 10月：「上映する会」と「炊き出しの会」などが国鉄による駅構内からの野宿者排除反対運動。福祉事務所・市役所に泊まり込んでの対策要求。市当局と施策実施等の確認書を交わし自主退去。 11月：国鉄駅構内排除反対運動の中で日雇労働者Gさん誤認逮捕される（80年10月、懲役6カ月、執行猶予2年の判決）。
78年	1月：市職員による野宿者への不適切な対応への抗議行動（77年12月）の件で日雇労働者Mさん逮捕される（82年3月、懲役4カ月、執行猶予1年の判決）。 4月：越冬活動後、「第2次越冬炊き出し会」は解散となり、「名古屋炊き出しの会」として医療活動を（夏頃から炊き出しも）行う。上映する会は「名古屋日雇労働者支援会議」と改組し労働問題・救援活動に取り組む。 8月以降：日雇労働者と共に吉田建設興業闘争。「寄せ場労働者有志の会」結成。精神科患者に暴力を振るうM病院告発運動。 12月：越年対策に関する要求書を市当局に受け取り拒否される。
79年	5月：藤貴建設に2人の解雇を撤回さす。カトリック教会が支援活動の場として「福信館」を建設。 7月：安元工務店労災もみ消しへの取り組み。 12月：越冬実、市当局に要求書提出。今まで個人的参加で

[著者紹介]
藤井克彦（ふじい かつひこ）
1942年生まれ。65年、神戸大学工学部工業化学科卒業。東亜合成化学工業株式会社研究所（名古屋）勤務（1987年退職）。76年からホームレス支援活動。97年、名古屋弁護士会から人権賞を受賞。2000年4月から笹島診療所職員。

田巻松雄（たまき まつお）
1956年生まれ。79年、筑波大学第一学群社会学類卒業、84年、同大学大学院社会科学研究科博士課程満期退学。92年、社会学博士（筑波大学）。名古屋商科大学を経て、現在、宇都宮大学国際学部教授。国際社会論、地域社会論などを担当。

JASRAC 出0301866-301

偏見から共生へ
――名古屋発・ホームレス問題を考える

2003年4月10日　第1刷発行　（定価はカバーに表示してあります）
2004年5月28日　第3刷発行

著　者　藤井克彦　田巻松雄

発行者　稲垣喜代志

発行所　名古屋市中区上前津2-9-14　久野ビル
振替00880-5-5616　電話052-331-0008
風媒社

乱丁・落丁本はお取り替えいたします。
ISBN4-8331-1059-8

＊印刷・製本／モリモト印刷
＊装幀／田端昌良

風媒社の本

樺嶋秀吉

脱・田中康夫宣言

変革知事よ、どこへ行く

1500円十税

田中康夫は自らを改革できるのか――。大胆な発想を持ち込み、新しい知事像の代名詞となった田中知事。待ったなしの改革を迫られる長野県の現実を、彼はどこへ導こうとするのか。知事・田中康夫の2年3カ月を地域の視点からレポートし、その功罪を検証する。

中部日本放送報道部

NO MORE! 医療事故

1600円十税

なぜ同じ過ちが繰り返されてしまうのか？はたして日本の病院は安全なのだろうか――。小児科医不足、ずさんな院内感染対策、「研修」になっていない研修医教育など、さまざまな問題を抱える医療現場のいまと事故再発防止への改善策を鋭くレポート！

山田昭義／星野広美 編

バリアフリーの住まいをつくる

2000円十税

高齢者／障害者に住みやすく、社会に開かれた住環境整備の具体的な在り方を、保健・福祉・医療・建築それぞれの分野の専門家が解説。住宅リフォームの具体例、介護サービスの利用法から家づくりの理念までを分かりやすく説く連続講座を収録。愛知県建築部監修。

山田昭義／星野広美 編

人にやさしい街づくり

2000円十税

高齢者・障害者・身障者・子ども…すべての人がともに住み，暮らす街をつくるには何が必要なのか――専門家と市民が一緒に考えた連続講座。医療・福祉・建築など幅広い視角から、バリアフリーの現在と未来を探る21世紀のまちづくり入門。

杉本裕明

官僚とダイオキシン

ごみとダイオキシンをめぐる権力構造

1800円十税

なぜ日本のゴミ行政は立ち遅れるのか？　環境庁の“省”への格上げは，環境行政の転換点たり得るのか。現役の環境庁担当記者が「藤前干潟」「所沢汚染」「能勢汚染」等の取材を通してゴミをめぐる腐蝕の連鎖の中枢にメスを入れた渾身のルポ！

杉本裕明

環境犯罪

七つの事件簿《ファイル》から

2400円十税

役人が犯罪の片棒をかついだ和歌山県ダイオキシン汚染事件。産業処分場をめぐって起きた岐阜県御嵩町長宅盗聴事件。フィリピンへのゴミ不法輸出事件。諫早湾干拓事業と農水省等、未来を閉ざす「環境汚染犯罪」の背景に迫る7つのルポ。